新形态系列教材

高等院校通识教育

微课版

通识素养

写作与沟通

孔琦 李楠 / 主编

徐传明 魏倩茹 杨海涛 刘丁溢 / 副主编

人民邮电出版社

北 京

图书在版编目（CIP）数据

写作与沟通：微课版 / 孔琦，李楠主编. -- 北京：
人民邮电出版社，2025. --（高等院校通识教育新形态系
列教材）. -- ISBN 978-7-115-65998-9

Ⅰ. H152.3；C912.11

中国国家版本馆 CIP 数据核字第 2024X22Z75 号

内 容 提 要

本书聚焦逻辑性写作与说理表达，涵盖写作与沟通的基础知识、技巧及实践，从应用文基础到具体
的文书写作，从语言沟通到非语言沟通，全方位提升学生的表达能力。本书分为 6 章，前 4 章聚焦写
作，涵盖应用文、事务、科教及职场文书；后 2 章则介绍沟通理论与技巧，帮助学生在不同场合自信交
流。每章中的"场景写作"专项训练，旨在帮助学生提升写作与口语表达能力，同时培养其思辨能力、
创造精神、文化意识、逻辑思维和批判性思维。期望学习这本书的每位学生都能成长为自信、独立、有
修养的沟通者，为其个人成长和职业发展奠定基础。

◆ 主　编　孔琦　李楠
　　副主编　徐传明　魏倩茹　杨海涛　刘丁溢
　　责任编辑　刘向荣
　　责任印制　胡　南
◆ 人民邮电出版社出版发行　　北京市丰台区成寿寺路 11 号
　　邮编　100164　　电子邮件　315@ptpress.com.cn
　　网址　https://www.ptpress.com.cn
　　北京鑫丰华彩印有限公司印刷
◆ 开本：787×1092　1/16
　　印张：12　　　　　　　　　　2025 年 1 月第 1 版
　　字数：268 千字　　　　　　　2025 年 8 月北京第 2 次印刷

定价：49.80 元

读者服务热线：(010)81055256　印装质量热线：(010)81055316
反盗版热线：(010)81055315

近年来，众多高校纷纷开始开设"写作与沟通"课程，但大学生们的焦虑，似乎只出现在需要写论文、交报告等特定时间节点。其实不论是写作还是沟通，在任何时刻都具有重要的意义与价值。

写作和沟通之所以至关重要，原因在于它们不仅仅是文字或言语的简单输出，而是一个深度思考与精心构建的过程。这一过程涉及逻辑思维的运用，以合理规划文章结构并有序组织思想；要求我们搜集并审慎筛选证据与素材，确保信息的准确性和相关性；通过精确的语言表达，清晰传递意图与信息；通过提炼核心观点并有效展示结论，使信息接收者能够迅速把握要点。因此，写作与沟通不仅关乎表达技巧，更是一种深度整合思想、证据与语言，以实现有效说服与信息交流的高级思维活动。这样的过程超越了基础层面的写作与表达，是思想深度与论证严谨性的综合体现。

从教学目标分类来看，"写作与沟通"的教学属于通识教育，重在促进学生的自我完善，开阔视野和格局，促进"学以成人"；培养思辨能力和创造精神，形成文化上的自觉意识。"写作与沟通"课程定位为非文学写作，偏向于逻辑性写作和说理写作，专注于学生写作和沟通能力的培养，以期通过高挑战度的专项训练，显著提升学生的写作表达能力及沟通能力，培养学生的逻辑思维和批判性思维。

本书整合写作知识、沟通理论和场景实践，为学生提供丰富多样的学习资源和实践机会，旨在帮助他们全面提升沟通技能，提高其品德修养。通过学习应用型写作知识，学生将掌握有效的组织结构和逻辑思维，从而能够清晰地表达自己的观点。通过口语表达和沟通技巧的训练，学生将学会如何在不同场合运用恰当的语言和姿态，与他人建立良好的互动关系，并有效解决问题。

除了技能的培养，本书还注重品德修养的培养。通过学习写作和沟通，学生将逐渐培养出尊重他人、倾听他人、理解他人的品质，从而在沟通中展现出更高的素养和情商。这些品质将在他们未来的学习和工作中发挥重要作用。

本书共6章，旨在提升学生的写作和沟通能力。前4章主要针对写作，包括应用文写作基础、事务文书写作、科教文书写作和职场文书写作，结合多种场景帮助学生进行实践训练。应用文写作基础一章引导学生学习如何准确、简洁地撰写各种应用文，包括公告、通知等，从而培养学生良好的文字表达能力。事务文书写作一章引导学生学习如何撰写计划、总结、策划书、调查报告等事务文书，培养学生清晰有逻辑的写作风格。科教文书写作一章引导学生学习如何撰写实习报告、论文等科教文书，培养学生扎实的学术写作能力。职场文书写作一章引导学生学习如何撰写个人简历、竞聘词、讲话稿、述职报告等职场文书，提升他们在职场中的竞争力。这4章旨在帮助学生掌握不同类型应用文写作的技巧，培养他们在实际情境下准确、清晰地表达观点和想法的能力。

后 2 章则着重介绍沟通方面的知识。学生将了解到不同的沟通方式和技巧，这能帮助他们在日常生活和工作中更好地与他人交流和合作。通过这 2 章的学习，学生将了解沟通的重要性，掌握不同的沟通技巧，并学会有效地与他人交流和互动。这 2 章将为学生打开沟通的大门，让他们自信地表达自己的观点和想法，为他们在各种场合展现出更加专业的沟通能力奠定基础。

本书注重实用性，突破传统的写作分类方式，更加贴近学生需求，培养学生实际应用能力。例如，本书特别注重场景实践的设置，通过模拟真实情境的练习，学生将有机会将所学知识应用到实际生活和工作中。这种强调实用性的学习方式让学生不仅能理解和掌握知识，更重要的是使学生在不断的挑战和反思中成长，提升自己的写作表达能力和沟通能力，为未来的学习和职业发展打下坚实基础。

同时，本书注重系统性，知识结构完整。系统性设计不仅仅是为了帮助学生全面理解、掌握写作与沟通技巧，更是为了培养他们的批判性思维和解决问题的能力。通过系统性学习，学生将提升对知识的深入理解和应用能力，从而在实际情境中灵活运用所学技能。系统性学习使学生能够逐步提升自己的表达能力，塑造积极向上的品格，逐渐培养出自信心和责任感，成为具备综合素养的沟通者和领导者。

在本书的编写过程中，我们参考了大量资料，在此向这些资料的作者致以诚挚的谢意！囿于学识阅历，本书难免存在疏漏和不足之处，恳请各位同行专家和广大读者批评指正。

编者

2024 年 12 月

06

01

第一章　应用文写作基础

【知识目标】

1. 理解写作的意义。
2. 掌握应用文写作的基本规范。
3. 掌握写作的结构框架。

【素养目标】

1. 树立对写作的积极态度，肯定自身写作能力，初步培养良好的写作习惯。
2. 培养逻辑思维，并进一步培养批判性思维。

第一节　应用文概述

一、关于写作

（一）写作的定义

写作是人类特有的一种实践性精神创造活动，就其过程而言，写作是一种借助书面语言传递信息，表达思想、情感和认识，制作文字作品的精神劳动。写作不仅仅是一种工具，更是一门艺术。它具有综合性、实用性和人文性的特征，可以通过各种形式如散文、诗歌、小说、剧本等来实现。通过写作，我们能够思考、探索和表达自己的内心世界，与他人建立联系，并传递信息。无论在日常学习、工作还是生活中，写作都扮演着重要的角色，帮助我们发展职业能力，提升沟通和表达能力，同时也促进了个人成长和社会进步。写作不仅仅是将想法转化为文字，还需要选择恰当的词汇、句式以及组织结构，以确保作品的逻辑性和吸引力。

无论是学术写作、商业写作还是创意写作，都有独特的目的和要求。学术写作旨在分享知识并进行理性分析，要求准确性和严谨性；商业写作旨在促进销售或传达信息，要求简洁明了和易于理解；创意写作则注重想象力和个人表达，追求感性和趣味性。无论形式如何，写作都需要我们不断练习，这样才能提高作品的表达能力和影响力。

总之，写作是一项具有挑战性和审美价值的技能，通过它我们能够与他人沟通、启发思考和留下自己的痕迹。通过不断学习和提升，我们可以不断完善自己的写作技巧，使作品更加出色和引人注目。

（二）写作的意义

1. 实现生命的延续、精神的流传

曹丕在他的《典论·论文》中写下了这样一段话："盖文章，经国之大业，不朽之盛事。年寿有时而尽，荣乐止乎其身，二者必至之常期，未若文章之无穷。是以古之作者，寄身于翰墨，见意于篇籍，不假良史之辞，不托飞驰之势，而声名自传于后。"

当作者把人生的经历与领悟、独立思考形成的观点与思想诉诸文字、形成文章，这些文章被整理保存、传播甚至传承之后，可以不断地被不同时空、背景、地域的人阅读，作者的思想因此可以跨时空交融、升华，人类的知识文化由此累积，社会因此而发展进化，这种思想的传播与传承是不会因个体的消亡而消失的。

写作作为一种复杂的精神生产活动，可以超越个体生命的局限，实现生命的延续、精神的流传。

2. 促进思维深化，促进精神发展

朱光潜在《漫谈说理文》中写下了这样一段话："在说理文的写作中，思想和语言总是要维持辩证的关系：不想就不能写，不写也就很难想得明确周全……我发现不但思想训练是写说理文的必有的准备，而写说理文也是整理思想和训练思想的一个很好的途径。"

思维是表达的基础，思维与写作并不能截然分开，二者互相促进、互相推动。写作可以促进思维深化，促进精神发展。

3. 写作是个人步入职场和社会必备的技能

美国著名的未来学家约翰·奈斯比特在他的《大趋势：改变我们生活的十个新方向》一书中曾经这样说过："在这个文字密集的社会里，我们比以往任何时候都更需要具备最基本的读写技能。这里所说的'读写技能'，首先就是足以应付日常工作和生活所需的写作能力，也就是应用文写作能力。"

一封能在众多求职材料中脱颖而出的求职信，一份独具创意的广告策划书，一份别具慧眼的市场调查报告，乃至一份条理清晰的工作总结，都有可能为个人的职业生涯发展带来新的契机。

二、应用文写作的相关知识

（一）应用文的概念

我国古代有不少优秀的应用文传世，如诸葛亮的《出师表》、李密的《陈情表》等，如今应用文写作已经走上了规范化、科学化、系统化的道路。

应用文是人民群众、国家机关、社会团体、企事业单位经常使用的，具有自身写作规律和惯用格式，能够用来办理公私事务、传播信息、表达意愿的实用性文体。

（二）应用文的作用

应用文作为党政机关、社会团体、企事业单位以及个人在日常工作和生活中必不可少的关键工具，对于社会而言，其作用是无可估量的。从其根本的社会功能来看，应用文的影响力主要体现在以下 4 个方面。

1. 指挥管理作用

应用文特别是公文，是党政机关处理国家事务的有效工具，它承担着记录和传输社会管理信息的基本任务，发挥着让整个社会及其构成部分有序运行的纽带和规范作用，成为社会管理工作的重要组成部分。

2. 宣传教育作用

大部分公文的发布都是为了向大众传达党和国家的路线、方针、政策，宣扬个人和单位的突出成就，从而起到教育和引导的作用。在市场经济环境中，各企业通过应用文来传播公司文化、经营策略以及标语，以提升知名度，从而提高经济效益。

3. 沟通协调作用

在现代社会，人们之间、地区之间，甚至国家之间的交流与合作日益增多。在这种情况下，应用文在建立联系、交换信息、处理情绪、协商事务、协调行动以及互相支持等方面扮演着关键的角色。

4. 凭证依据作用

公文可用于上下级机关之间传达政策、布置工作任务以及开展工作；凭证类文书，如合同书、协议书等，规定了当事人双方的权利和义务，并作为法律证据。总的来说，应用文不仅具有现实意义，同时也是历史的记录，可作为后人参考的文献资料。

（三）应用文的特点

1. 目标导向

应用文的写作是针对特定的目标读者或机构进行的。它需要明确表达目标，并与目标的要求相匹配，因此需要在写作过程中始终保持目标导向性。

2. 实用有效

应用文是根据社会生活的实际需要，为解决工作或生活中的实际问题，达到某一特定的目的而产生的，因此它在内容上十分重视实用性和实践性。

3. 内容真实

不同于文学作品源于生活又高于生活，"真实"是应用文的生命，应用文需要提供真实、详尽和准确的信息。因此，应用文中反映的问题与情况、叙述的事实、提供的细节和数据等材料都必须真实，不能有丝毫虚构，发布和传达的上级指示精神是确有的，不能经过任何艺术加工，否则无法达到反映实际、解决问题的目的。

4. 时效性强

应用文在传递信息、解决实际问题、处理实事方面要想取得好的效果，就必须注意时间、效率，讲求时效性，即在规定的时间内解决特定的问题，如发文机关不及时发文，拖拖拉拉，时过境迁再放"马后炮"，就会使文章丧失实用价值。

5. 格式规范

根据行文目的和行文内容的不同，应用文有其惯用的行文格式。有的写作格式是社会长期约定俗成的，如计划、策划案等；有的写作格式是国家统一规定的，如公文。不论写作格式如何，都是为了提高写作及利用应用文办理实事的效率，更好地发挥文章的工具性作用。

三、应用文写作的环节

（一）明确主题

微课堂

应用文的
基本概念与
写作环节

主题是作者在文章中所表达的基本思想和创作意图，是客观事物和作者主观感受融合的产物。它通过具体材料来表达作者的思想、观点、见解和主张，是文章内容与形式共同集中表述的核心思想。

主题是文章的精神内核和生命，是文章的凝聚点，体现了文章的思想情感力量，决定了文章的价值和社会效果。它决定了材料的取舍和提炼，支配着文章的谋篇布局，制约着文章表达手法和技巧的运用，同时也影响着文章的遣词造句。

一篇应用文的主题应具有以下特征。

1. 客观性

表达主题的材料源于客观生活。作者的观点、思想、情感都是在日常生活中慢慢积累而来的，因此，主题的选择要能够反映客观事物的基本规律，符合科学规律，经得起时间的检验。

2. 主观性

不同作者拥有不同的先天气质、成长环境、经验阅历、学识素养，因此同样的场景、同样的人或事，在不同的作者那里肯定会留下不同的印象。

3. 时代性

任何作者的认识都受到其所处时代的制约。每个时代都有其特定命题，文章也被深深打上了时代烙印。

4. 集中性

一篇应用文应该只有一个主题，做到一事一文，这要求文章用明确而严密的语言高度概括基本观点，将不同的观点与事项以内在的逻辑关系统一为一个整体。

（二）积累材料

在应用文写作中，材料是作者用来表现主题的客观事物、现象、理论依据、数据等，是构成文章的核心内容。一旦主题基本明确之后，就需要使用合适的材料来支撑它。因此，应用文写作的过程就是分析、整理、加工和重组材料的过程。

可以说材料是写作的前提，也是形成主题的基础和表达主题的支柱。在选择材料时，需满足以下要求。

1. 围绕主题选择材料

材料要与主题相关，能充分体现文章主题和核心，无关的、无用的、似是而非的材料无论多精彩都需要舍弃。

2. 材料必须真实准确

要保证应用文的真实性，必须保证所选取的材料都是真实可信的，传达的精神是确有其事的。

3. 选择典型的材料

针对同一主题搜集到的材料是海量的，只有典型的材料才具有说服力，才能充分支撑主题、体现主题。

4. 选择新颖的材料

选择材料时要选取新近发生的、能反映时代气息与时代特点、体现时代风貌的材料，新人、新事、新的统计数据往往能表明行业热点及研究的新方向。

（三）确定文种

写作应用文前，应在明确写作目的和主要内容的前提下，确定应该采取的文种，如事务文书、科研文书、求职文书等。

> **小贴士**
>
> 文学功底好的人不一定能写出好的应用文。要写出规范的应用文，必须掌握其写作格式和要求，经过系统训练来提升写作技能水平。
>
> 应用文与文学作品的差异如下。
>
> （1）应用文的逻辑结构要求条理清楚，段落之间的逻辑关系清晰，陈述的事实不能交叉混杂；文学作品则讲求创新思维，比起逻辑思维更依靠于天马行空的想象力。
>
> （2）应用文的主题表达鲜明、突出，最怕语义不清引起歧义，应用文常常开门见山，开宗明义；文学作品的主题表达常常是含蓄、委婉的，其主题由作者所描绘的社会生活现象自然显现或流露出来。
>
> （3）应用文的语言朴实无华、简洁明了；文学作品的语言生动、形象，富有艺术感染力。
>
> （4）应用文写作要求严格的真实性、高度的思想性、很强的针对性；文学作品不可能完全还原现实生活，它必然高于生活，融入各种矛盾冲突，方能让作品显得更具张力。

第二节　应用文的主旨与材料

应用文写作是我们在生活和工作中无法避开的一种重要写作形式。不论是申请信、建议书，还是公文、报告，我们都离不开应用文写作。明确的主旨、恰当的材料是应用文写作的两大核心要素。每篇应用文都有其明确的写作目的，也就是主旨。主旨是文章的灵魂，它直接决定了文章的写作方向和要点。缺少主旨的应用文就如同航船失去了方向，很难达到预期的效果。因此，我们在写作应用文时，首先要明确主旨，确立目标。准确、真实、充实的材料是应用文写作的基石。应用文不同于一般的议论文和想象文，它更强调实事求是，依赖于真实的、具有说服力的材料。因此，获取、选择和运用恰当的材料非常关键。我们在写作应用文时，要善于从日常生活和工作中收集和整理材料，用以支撑应用文的主旨，更好地表达思想，实现目标。总之，一篇高质量的应用文，应当有明确的主旨、充实的材料，句句有力，点点见功，达到以言明志、以文传意的效果。

一、应用文的主旨

（一）应用文主旨的要义

应用文是一种常见的书面表达形式，旨在传递特定的信息或执行某项任务。应用文的主旨是指文章的写作目的、核心目标和主要内容，是读者在阅读过程中所要了解的关键要点。

（二）应用文主旨的特点

应用文是为了传达特定信息或实现特定目标而编写的文本。为了确保应用文能够有效地达到其目的，应用文主旨应具有以下特点。

明确性和准确性：应用文的主旨应该清晰、明确，并准确地传达信息或目标。它应该能够帮助读者快速理解文章的核心内容。

简洁性：应用文的主旨应该用尽量少的文字表达出关键要点，不应该使用冗长或复杂的语句，以免让读者产生困惑。

相关性：应用文的主旨应与整篇文章的内容紧密相关。它应该恰当地涵盖并概括文章的核心信息，避免偏离或混淆主题。

具体性：应用文的主旨应该具有具体性，针对特定的情境或问题，提供明确的指导、建议或解决方案。

具有吸引力：应用文的主旨应该具备吸引读者注意的特点，与目标受众的背景、需求和期望相契合，以激发他们的兴趣。

二、应用文的材料

（一）应用文材料的分类与作用

应用文的材料是指作者从现实生活和工作中搜集、整理（综合、归纳、提炼）的事实、现象和论据的总和。这些材料可以包括真实的案例、统计数据、调查结果、专家观点等，用以支持文章的主题和论点。引用具体的材料可以使文章更有说服力和可信度，让读者更好地理解和接受作者的观点。选择合适的材料并巧妙地运用它们，是提升应用文写作质量的重要一环。

1. 应用文材料的分类

（1）感性材料和理性材料

感性材料指现实生活中存在的事物和具体事实，包括人物、事件、情况等。它们通过描写、叙述和描述的方式来呈现，能够给读者带来直观的感受和体验。感性材料通常更加具体、生动，可以通过真实的案例、故事或个人经历来支持和说明作者的观点。

理性材料则是基于生活和工作而产生的主观思想、观念、看法、结论和主张等。它们可以是作者的分析、推理、解释，也可以是对社会、国家的路线、方针、政策、法律法规、规章制度等的引用和说明。理性材料通常更加抽象，通过逻辑推理和专业知识来支持和证明作者的观点。

在应用文中合理地运用感性材料和理性材料，能够丰富文章的内容和表达，使文章更具说服力和可信度。

（2）现实材料和历史材料

现实材料指当下发生的事实、现象，包括当前有效的法律法规、规章制度，以及路线、方针、政策等。这些材料反映了当前社会的状态，能够提供具体、实际的参考依据，支持和说明作者的观点。引用现实材料，可以使文章更加接地气、有说服力，并与读者的日常生活紧密联系在一起。

历史材料则指过去发生的事实、现象，包括曾经使用的法律法规、规章制度等。这些材料可以通过回顾历史事件、引用历史数据和文献等呈现。历史材料提供了对过去的了解和思考，可以帮助读者理解问题的演变和发展趋势，从中获得启示和借鉴。

在应用文中合理运用现实材料和历史材料，可以丰富文章的内容，提高文章的可信度和影响力。根据不同的写作目的和需要选择合适的材料类型，能够更好地满足读者的需求和期望。

（3）直接材料和间接材料

直接材料指作者亲身经历、亲自搜集、亲自处理的第一手材料。这些材料往往通过调查采访、观察感受等途径获取，具有直接性和实证性。例如，作者自己参与了一项研究或实地考察，并由此获得了一些数据、事实并产生了见解。直接材料能够提供真实、准确的信息，更加可靠且有说服力。

间接材料则是指非作者亲身经历，通过文献档案、网络报刊、广播电视等途径获得的资料和信息。这些材料可以包括专业书籍、学术论文、报纸新闻、网络文章等。间接材料提供了其他人或机构的观点、数据和研究成果，可以为作者的观点提供支持和背书。引用间接材料，能够丰富文章的内容和论证，使文章更具权威性和可信度。

在应用文中根据具体需求和写作目的，选择合适的直接材料和间接材料，能够更好地支持作者的观点和论证，提升文章的质量和说服力。

2. 应用文材料的作用

材料的作用主要体现在材料与主题相辅相成的关系中。一方面，材料受到主题的制约，另一方面，主题依靠材料来表现。应用文材料的作用主要体现在以下方面。

（1）材料是应用文写作的前提。就应用文的写作过程而言，就是作者通过思维活动对各类原始材料进行整理、分析、提炼、再加工的过程，只有搜集到充分的材料，加工才有对象，写作活动才能进行下去，否则写作活动就如同"巧妇难为无米之炊"。

（2）材料是表现主题的支柱。应用文写作需要摆事实、讲道理，言之有理、言之有物，"事实"就是材料，"道理"就是主题，只有材料丰富明了，依托于具体的事实和数据，才能摆脱主题空洞的说教感，达到观点与事实的有机统一。

（3）材料是组织结构的条件。"组材"是应用文写作的重要一环，通过合理的材料安排来构建文章的逻辑结构，才能让读者从内容叙述的前后顺序、详略程度上明白写作者的意图。

（二）应用文材料的选择原则

在编写应用文材料时，选择合适的内容和形式非常重要。以下是一些选择应用文材料时应遵循的原则。

（1）目标受众：考虑目标受众的需求、背景和期望是选择应用文材料的关键。确保所选材料能够与目标受众产生共鸣，并传达所需的信息或实现特定的目标。

（2）清晰简洁：选择以清晰、简洁方式表达所需信息的材料。避免冗长复杂的语句和不必要的修饰词语，以便读者能够轻松理解和记忆。

（3）相关性和典型性：所选材料应与主题或目的的紧密相关，具有突出的代表性或普遍的指导意义，确保所选材料能够对读者产生合适的影响，并解决他们的问题或满足他们的需求。

（4）真实准确：真实是应用文的生命，因此选用材料也必须坚持真实性原则，不能杜撰、虚构事实，凡是引文要注明出处，在引用材料的解释上也必须坚持科学的态度，实事求是。

（5）可靠性和权威性：选择来源可靠、权威的应用文材料，以确保所传达的信息具有可信度和可靠性。这有助于建立读者对内容的信任。

（6）新颖生动：所选的材料要以新近发生的事实为主，如新人、新风貌、新的统计数据等，这些鲜为人知的新材料往往最能反映时代的气息，引领新的风气。

（7）合法合规：在选择应用文的材料时要抱有审慎的态度，确保所选材料符合相关的法律法规和道德要求。避免使用不当、冒犯或违法的内容，而引起混淆、不必要的争议或过度宣传，甚至给自己和组织带来不必要的风险和麻烦。

总而言之，选择应用文材料时应充分考虑目标受众，秉持着清晰简洁、相关典型、真实准确、新颖生动、合法合规等原则，以确保所选材料有效地传达信息。

以下是不同应用文写作中主旨与材料的不同要求。

（1）商业信函：主旨应明确，如请求会议、查询信息或申请合作。材料需要具体、翔实，包括相关事项、时间、地点和联系方式等。

（2）求职信：主旨是申请特定职位，材料应包括申请人的技能、工作经历并表现申请人对工作的热情等。

（3）投诉信：主旨是表达不满并寻求纠正，材料应详细描述问题的发生经过和对解决问题的具体期待。

（4）感谢信：主旨是表达对他人的感激，材料应列明受惠的具体事例和所带来的正面影响。

> **小贴士**
>
> （1）了解应用文写作的主旨与材料，有助于明确表达目的，有效地组织和传递信息。
>
> （2）在实践中，需要熟悉各种类型的应用文写作，灵活运用主旨与材料，以满足不同的沟通需要。

第三节　应用文的结构

应用文的结构是指如何组织和安排文章的内容，使其形成一个有机的整体。它包括开头和结尾的设计、层次和段落的划分、过渡和照应的运用等方面。合理的结构安排能够使文章的内部构造更加清晰、逻辑严密，提高文章的可读性和表达效果。

> 微课堂
>
> 应用文的结构

在整体写作中，应以逻辑思维为主导，确保文章的整体布局完整而严密。首先，在开头部分引起读者的兴趣并明确文章的主题和目的；其次，在主体部分进行逐层的展开和论证，保持层次清晰、条理分明；再次，合理分割段落和设置过渡句，使文章的结构紧凑且流畅，并且要注意段落之间的照应和衔接，使内容相互关联、连贯有序；最后，巧妙地设置结尾，对文章进行总结或提出展望，给读者以完整感。

整体而言，良好的应用文结构能够帮助作者清晰地表达观点和传递信息，使读者更容易理解和接受作者的观点。因此，在写作过程中，需要认真考虑文章的整体结构，合理安排内容的呈现方式，以提升文章的质量和可读性。

一、应用文结构的特点

应用文是一种具有特定目的和任务的书面表达形式，其应该主题突出，段落有序，句子简明扼要，重要信息突出，以便读者能够轻松理解、记忆和采取相应的行动。以下是应用文的结构要求。

（1）**明确的开头段落**：应用文的开头段落应该明确、简洁地介绍文章的目的和主题。它可以包括引入背景信息、提出问题或挑战，以及概述后续内容等。

（2）**按逻辑顺序组织中心段落**：中心段落是应用文的核心部分，用于展开论述、提供详细信息或解决问题。这些段落应按照逻辑顺序进行组织，使读者能够清晰地理解文章。

（3）**简明扼要的句子和段落**：应用文的句子和段落应该尽量简洁明了，避免使用冗长复杂的句子和过多的修饰词语。短小精悍的句子和段落更容易被读者理解和记忆。

（4）**重要信息的突出呈现**：应用文中的重要信息应该通过特殊格式、字体加粗等方式来突出呈现，从而吸引读者的注意力并让其更易于识别关键要点。

（5）**适当的过渡和连接词语**：为了使应用文的内容流畅且连贯，应使用适当的过渡和连接词语，如"首先""然后""此外"等，以确保段落之间和句子之间的衔接紧密。

（6）**简洁的结尾段落**：应用文的结尾段落应该简洁明了，并进行总结或提供进一步行动的建议。它可以概括主要观点、重申目的，或鼓励读者采取下一步的行动。

（7）**清晰的标题和标注**：对于长篇应用文或包含多个部分的应用文，作者应使用清晰、有意义的标题和标注来帮助读者快速定位所需信息，并提供整体结构的指引。

二、应用文结构的类型

应用文的结构通常有以下几种类型。

（一）并列式结构

并列式结构，即在开篇阐明主旨，各层次内容为并列关系，这种结构使文章层次分明、条理清晰，是一种易于掌握的结构。

（二）递进式结构

递进式结构，以时间顺序或以因果顺序为线索，按照事物的内部联系层层深入主题。时间顺序是日常生活中最容易被察觉和感知到的一种顺序，按照事件发生及时间推移的顺序来写作，便于读者理解和记忆。因果顺序则是以是什么、为什么、怎么办的顺序进行写作，能不断深化主题，使文章前后连贯、首尾圆合。

（三）总分式结构

总分式结构，即先表明观点和结论，明确文章主旨，再以此为中心进行阐述与分析，最终在结尾再次点题，总结文章的观点。这种结构重点突出，能强化文章的中心思想，为读者增加记忆点。

在应用文的写作中，无论采取哪种结构，都要做到开头精简凝练、不可拖沓；主体内容丰富，切忌空洞；结尾沉稳有力，避免浮泛；文章整体完整严谨、比例恰当，各个段落之间既联系紧密，又层次分明。

三、应用文的结构要素

（一）标题

应用文标题通常有以下 4 种。

1. 公文式标题

此类标题由 3 部分组成，即"发文机关（文章作者、制发者）+ 事由（事项）+ 文种"。发文机关（文章作者、制发者）与事由（事项）之间用"关于"连接。公文、一部分事务文书常用此类标题，如下所示。

《×××关于申请参加××培训课程的申请书》

《×××关于更换办公设备的申请报告》

《×××关于发起新产品研发项目的立项报告》

《×××关于调整员工工作岗位的通知》

《×××关于组织年度庆典活动的邀请函》

《×××关于开展环境保护宣传活动的倡议书》

《×××关于举办职业技能培训班的通知》

2. 论文式标题

此类标题一般包括以论题为标题和以论点为标题两种情况，学术论文和部分调查报告等常用此类标题，如下所示。

《基于××技术在金融行业的应用研究》

《××国家高新技术产业政策对企业创新能力的影响研究》

《××产品在电子消费品市场的竞争力分析研究》

《××教育政策实施效果评估报告：以××地区高考改革为例》

《××健康项目推行效果评估报告：以心血管疾病防治项目为例》

《××技术在医疗行业的应用综述》

《××理论在社会科学领域相关研究中的应用综述》

《××领域发展趋势研究综述：以可再生能源为例》

3. 新闻式标题

此类标题包括两种情况。一种是消息类标题，标题的主要部分直接陈述主要事实，如下所示。

实时报道：《特大风暴袭击××城市，造成严重破坏》《重大事故发生！××地区发生火灾导致多人受伤》

专题报道：《新能源行业的发展现状与未来趋势》

活动宣传：《××公司举办创新科技论坛，邀请全球专家参与》

行业动态：《汽车行业迎来新能源车销量飙升，传统燃油车市场受挤压》

另一种是通讯类标题，常包括正副标题，正标题点明主旨、揭示意义、烘托气氛，副标题标明事由和文种，或进行补充陈述，如下所示。

月报发布：《有志者，事竟成——××公司××××年第一季度工作成果喜人》

内部通知：《假期是我们重新装载生活的时间——公司关于节假日安排的重要通知》

外部通告：《勤奋是成功之母——关于改变服务时间的公告》

行业简报：《为有源头活水来——××××年××月中国服装行业经济运行简报》

在事务文书中，简报、部分调查报告常采用新闻式标题。

4. 文种式标题

此类标题将文书的文种直接作为标题。诉状类文书、合同、启事、部分礼仪文书等常采用此类标题，例如《委托诉讼请求书》《起诉状》《索赔状》《销售合同》《租赁合同》《委托合同》等。

（二）开头

开头部分是文章的引入部分，旨在吸引读者的注意力并明确文章的主题和目的。可以使用引言、提问、引发讨论等方式来引起读者的兴趣，并简要介绍文章要探讨的话题，为后续内容做好铺垫。在应用文的开头部分，通常可以采用以下几种常见的写作方式。

1. 引出问题或现象

引出一个有趣的问题或引人入胜的现象，可以引发读者的兴趣并激发他们的思考。这种写作方式可以让读者产生共鸣并使他们渴望深入了解答案或解决方法。

例如："你是否经常感到压力很大，无法有效管理时间？"或者"近年来，手机成瘾问题日益严重，如何有效控制手机使用时间已成为社会关注的焦点。"

2. 提出观点或论题

提出一个明确的观点或论题，可以给读者一个明确的参考点，同时也能展示作者对于这个话题的专业性和深度思考。

例如："在当今数字时代，互联网安全已成为一个越来越重要的话题，我们应该如何保护个人隐私？"或者"良好的沟通技巧是成为成功职场人士的关键，如何提高自己的沟通能力呢？"

3. 引用名言或引述权威观点

引用名言或引述权威观点，可以增加文章的可信度和说服力。这种写作方式能够吸引读者的注意，并让他们对接下来的内容更加感兴趣。

例如："爱因斯坦曾经说过，'想象力比知识更重要，因为知识是有限的，而想象力概括着世界的一切。'这句话告诉我们想象力的重要性。"或者"哈佛大学的一项研究显示，每天早晨做一些简单的锻炼可以提高工作效率和生活质量。"

以上是应用文开头常见的写作方式。根据具体的应用文类型和目的，选择适合的写作方式可以帮助我们打动读者，引起他们继续阅读后续内容的兴趣。

（三）主体

主体部分是文章的核心内容，用来展开论述和阐述观点。在主体部分，作者可以根据需要使用多个段落，并对其进行有逻辑的组织和呈现。每个段落应该包含一个明确的观点，并通过论据、例证、数据等来支持和论证观点。

1. 文面形态

文面形态是指应用文主体部分的实际呈现方式，涉及段落划分、标题和字号使用、图表和图片的插入等方面。良好的文面形态可以使文章具备更高的可读性和清晰度，帮助读者快速理解和掌握信息。

（1）段落划分：将主题相关的内容划分为不同的段落，每个段落都有一个明确的观点，并通过过渡句相连接。

（2）标题和字号使用：使用恰当的标题和字号来突出主题和重点内容，使读者可以迅速浏览文章并找到感兴趣的信息。

（3）图表和图片的插入：插入适当的图表和图片，可以更直观地展示数据、说明概念或提供实例，增强内容的可视化效果。

2. 逻辑形态

逻辑形态是指应用文主体部分的信息组织和展示方式，包括问题解决结构、因果推理结构和比较对照结构等。良好的逻辑形态可以使文章内容有条理、连贯，清晰地传达作者的意图。

常见的逻辑形态包括以下几类。

（1）问题解决结构：根据问题的性质和复杂程度，采用问题解决结构来组织内容，即先提出问题，再给出解决方法或建议。

（2）因果推理结构：根据事件或行为之间的因果关系，采用因果推理结构来展示内容，即先呈现原因，再阐述结果或影响。

（3）比较对照结构：通过比较不同事物或观点的异同，采用比较对照结构来组织内容，即先列举相似之处，再指出差异或优劣。

文面形态和逻辑形态在应用文主体部分的编写中密切相关，它们共同构成了一个完整、有序和易于理解的应用文框架。根据具体的应用文类型和目的，选择合适的文面形态和逻辑形态可以帮助我们更好地呈现信息和达到预期的效果。

（四）结尾

结尾部分是文章的总结和结束部分，也是给读者留下最后印象的部分，多用于概括和回顾主要论点，并给出结论或建议。结尾还可以通过扩展讨论、提出问题或展望未来等引发读者的思考和进一步探索。以下是应用文结尾的几种常见类型。

1. 总结式结尾

总结式结尾回顾并总结文章的主要内容和要点。这种结尾强调了文章的核心信息，并帮助读者更好地理解和记忆。

例如："综上所述，在当前竞争激烈的就业市场上，不断学习和提升自己是非常重要的。通过培养良好的沟通技巧和增强团队合作能力，我们可以在职场中脱颖而出，实现个人职业发展的目标。"

2. 引用名言或观点式结尾

引用名言或观点式结尾即引用相关的名言、格言或权威观点作为结尾，可以加强文章的说服力和影响力。这种结尾可以激发读者的思考和共鸣。

例如："如苏格拉底所说：知道自己不知道什么，正是智慧的开端。通过不断学习和探索，我们可以不断提升能力和增长见识，从而迈向成功。"

3. 提出行动建议式结尾

提出行动建议式结尾给读者提供具体的行动步骤或建议，帮助他们将文章中的信息转化为实际行动。这种结尾激发了读者的积极性，并使文章更具实用性。

例如："如果您想提高自己的写作能力，我建议您每天坚持写作练习，并寻求他人的反馈。同时，阅读优秀的作品也是提高写作能力的有效途径。只有通过实践和学习，才能不断进步。"

以上是应用文结尾的几种常见类型。根据具体的应用文类型和目的，选择合适的结尾方式可以帮助我们给读者留下深刻印象，并增强文章的可读性和影响力。

（五）落款

应用文的落款通常包括发件人的姓名、职务、单位名称和联系方式等信息。以下是一种常见的应用文落款写法。

发件人姓名

职务

单位名称

地址

电话号码

电子邮箱地址

范例

发件人姓名：李明

职务：人力资源经理

单位名称：ABC 公司

地址：1234号街道，城市，省份

电话号码：（123）456-7890

电子邮箱地址：example@email.com

在落款中，提供发件人的姓名和职务可以让收件人知道信函是由谁发送的，并对其进行正确的归档。同时，提供单位名称和地址可以让收件人了解发件人所属的组织。另外，提供电话号码和电子邮箱地址等联系方式有助于收件人与发件人进行进一步的沟通。

请注意，在实际应用中，根据具体情况和要求，可能会有一些变化或差异。因此，在编写落款时，请确保提供准确和最新的联系信息，以便收件人能够及时与自己取得联系。

（六）过渡与照应

过渡是文章层次或段落之间衔接转换的结构形式，对文章起到承上启下的作用，使全文节奏更加紧凑、连贯，帮助读者理解段落间的逻辑关系，避免内容转换的突兀感，增强文章的逻辑性与可读性。

常见的过渡词有"因此""总之""那么""由此可见""综上所述"等。通常置于段首或句首。

例如：

综上所述，党的二十大报告提出的"在全社会弘扬劳动精神、奋斗精神、奉献精神、创造精神、勤俭节约精神，培育时代新风新貌"，将中国共产党百余年奋斗历程中所展现出的对理想信念的坚守、伟大建党精神的传承、中国式现代化道路的开拓等高度凝练于其中，充分说明"五种精神"对提高全社会文明程度具有重要精神引领作用。

照应是指在应用文中使用代词、连接词或重复关键词等，引用前文中已经提到的内容。照应的作用是使文章内部各部分之间产生关联，增强文章的连贯性和一致性。

常用的照应手法包括：使用代词、重复关键词或词组、使用连接词等。运用这些照应手法，可以使读者更好地理解文章的信息，并在不产生歧义的情况下建立起上下文之间的联系。

例如：

"我们提供了详细的产品说明书，其中包含了所有必要的信息。它可以帮助您更好地了解我们的产品，如果有任何问题，请随时与我们联系。"

"市场调研显示，消费者对环保产品越来越感兴趣。因此，我们公司将全力开发更多的环保产品，以满足消费者的需求。"

合理运用过渡与照应，可以使应用文更具逻辑性和连贯性，为读者提供清晰易懂的阅读体验。同时，过渡与照应也是表达作者思想和观点的重要方法，能够更有效地传达信息和引导读者。

> **小贴士**
> （1）任何文章都要按照一定的规则组织安排材料、谋篇布局，确保上下文、各层次之间有内在逻辑性，不相互矛盾，同时层次结构的划分要恰当，脉络要清楚，这样文章才能浑然一体、条理清晰。
> （2）在行文中，可用小标题的形式将文章主旨分解成几个部分，并将各部分内容归纳出来，这有助于读者理清文章内在的逻辑层次与发展顺序。

第四节　应用文的语言

一、应用文语言的类型

应用文是用来处理公私事务和解决现实问题的工具，因此其语言以实用性为准则，一般不追求生动感人、形象逼真的表达效果。为了达到写作目的，应用文必须使用通用书面语体，以免造成阅读理解上的误解与偏差。应用文不应使用个性化语言、方言俚语、口语以及生僻字词。

为了保持表达的庄重和简洁，应用文中还保留了一定数量的文言词语，例如"拟""兹""予以""业经""为盼"等。这些文言词语的使用，使应用文的语言更具书面语特征。

应用文的语言应注重实用性和准确性，避免夸张、浮夸的修辞手法。使用通用书面语体，避免个性化语言和方言，可以确保信息准确传达和容易理解。同时，在语言的选择上，适当使用一定数量的文言词语，可以增加文章的庄重感和书面语特征。

（一）模式化语言

在长期的使用过程中，应用文形成了许多模式化语言。这些模式化语言在应用文写作中被广泛沿用，凝练庄重、言简意赅。

（1）开端用语：根据、查、兹、兹因、兹有、为了、关于、按照、前接、近查等。

（2）称谓用语：本、我、贵、你、该等。

（3）经办用语：兹经、业经、即经等。

（4）引述用语：悉、近悉、惊悉、欣悉、收悉、前接、近接等。

（5）期请用语：即请查照、希即遵照、希、希予、请、拟请、恳请、务必、务求等。

（6）表态用语：照办、同意、可行、不宜、不可、不同意、遵照执行等。

（7）征询用语：当否、可否、妥否、是否可行、是否妥当、是否同意等。

（8）期复用语：请批示、请批复、盼复、请批准、请告之、请批转等。

（9）结尾用语：为要、为盼、为荷、特此通知、特此函达等。

（10）承接用语：为此、据此、综上所述、现将……如下等。

这些模式化语言在应用文中的使用，使得应用文更加规范和专业，使读者更易于理解和接受信息。然而，在使用这些语言时，也要注意避免过度使用和机械地套用，以保持语言的自然流畅和真实性。

（二）书面辅助语言

在应用文中，经常使用书面辅助语言来代替或补充文字语言，以使表述更直观和简洁。图形、表格、符号、公式等是应用文中最常见的书面辅助语言。

（1）图形在应用文中可以用来描绘数据、展示关系、说明过程等。例如，柱状图、折线图、饼图等可以直观地呈现数据的比例、趋势和变化，流程图、示意图等可以帮助读者理解复杂的工作流程或系统结构。

（2）表格将信息按照一定格式进行整理和呈现，可以清晰地列出数据、条件、要点等，便于读者理解。

（3）符号和公式在应用文中可用于代替一些具体的操作或计算步骤。它们能够简化表达，减少篇幅，并确保信息的准确传达。

使用这些书面辅助语言，应用文能够更好地传递信息，提升可读性。然而，在使用这些书面辅助语言时，需要注意合理选择和布局，确保其与文字内容相互补充和协调，以达到更好的传达和表达效果。

二、应用文语言的要求

语言流畅是对作文语言最基本的要求，而应用文则需更加注重语言的规范、准确、连贯，做到言之有理、言之有物、言之有序。

（一）表达准确

应用文的语言表现为书面语多、口语少，遣词造句要严谨，避免含糊不清引发歧义；专用词多，语气词、修饰性的词语少，要常用数字语言，避免空洞无物。

（二）用语规范

应用文的语言必须符合国家颁布的有关规定，特别是对专有名词的使用不得有误，以免造成混乱。开端用语、称谓用语、递送用语、拟办用语、过渡用语、期请用语、谦敬用语等必须规范，以得体庄重为主。

（三）言简意赅

应用文的语言应力求简洁，用较少的文字表达尽可能多的内容。在应用文中，主要采用叙述、议论和说明这3种表达方式。

1. 叙述

叙述是记叙人物的经历或事情的发生、发展、变化过程。叙述与时间的关系最为密切，需要包含时间、地点、人物、起因、经过、结果等6个要素。叙述的方法包括顺叙、倒叙和插叙。

顺叙：按照时间的推移、地点的转移、事件发生的先后顺序叙述。

倒叙：先写结果或先写后发生的事情（某个突出片段），再按照事情发生的顺序叙述。

插叙：在顺叙的过程中插入与中心思想有关的事件，对情节和人物塑造起补充作用。

2. 议论

议论是对人和事物的好坏、是非、价值、特点、作用等发表意见，以陈述、论证和辩证的方式表达自己的观点，引导读者形成相应的认识和态度。

3. 说明

说明是用简明扼要的文字解释事物的形状、性质、特征、成因、关系和功用等，清晰地解说事物的相关信息，使读者更好地了解事物的本质和特点。

这 3 种表达方式在应用文中起着不同的作用，根据具体情况选择合适的方式进行表达，可以增强文章的逻辑性、清晰性和有效性。

微课堂

应用文的语言特点

> 📖 **小贴士**
>
> 应用文多用书面语而少用口语，多用专用词而少用语气词，连接词多用介词而少用修饰性词语，并常用数字语言展现说服力。

第五节 场景写作

一、人物简介的场景写作

📖 情景创设

文学名著塑造了诸多经典的人物形象，正是这些人物的存在让作品的故事性更强、可读性更强，这些经典人物形象在特殊环境下的境遇在一定程度上成就了这些名著。《西游记》是由明代小说家吴承恩创作的一部章回体长篇神魔小说，达到了古代长篇浪漫主义小说的巅峰，与《三国演义》《水浒传》《红楼梦》并称中国古典四大名著。

孙悟空是《西游记》中最受读者喜爱的人物之一，又名孙行者、悟空，被花果山众猴尊为"美猴王"，玉帝封其为"齐天大圣"，有七十二般变化。他是由东胜神洲花果山一块仙石吸收日精月华而迸裂形成的天产石猴，被众猴推举为水帘洞主。他求仙访道，遇须菩提祖师，须菩提祖师为他取名为孙悟空。他从须菩提祖师处学到七十二变、分身法、筋斗云等神通。回花果山后，他从龙宫取得如意金箍棒，闹阴司又注销了自己和猴属的生死簿。太白金星奏准玉帝，对他两次招安，分授"弼马温""齐天大圣"之衔。但招安只为羁縻，他发现受骗后，两次大闹天宫，并说"皇帝轮流做，明年到我家"，要玉帝让位，把前去围剿的天兵天将打得大败，后被西天如来佛祖用法力压在五行山下受苦 500 多年。他后来受观世音菩萨的规劝，皈依佛门，给唐僧做了大徒弟，唐僧为他取名为孙行者。他经过老君炉和五行山的锻炼，日趋成熟，西行途中不仅以武力，更以智慧制服妖怪。孙悟空戴着金箍，承受着不辨真伪的师父念紧箍咒的痛苦，保护着肉体凡胎的和尚，与穷山恶水、妖魔鬼怪相斗。孙悟空的聪明才智体现在他与诸多妖魔之间的智力斗争中，如大战黄眉妖时用"翻跟头，竖蜻蜓"的战术战胜妖精；与银角大王的战斗中，孙悟空利用心理战，成功地骗取了对方的法宝……不管面对怎样凶恶的对手，他最后总能战而胜之。他也有缺点，颇显清高，不善处理内部矛盾，有时不照顾师父的自尊心，又总是嘲弄猪八戒，就使得在猪八戒挑唆下，师父多念几遍紧箍咒，以致两次被驱逐。然而，孙悟空拥有一往无前的精神，什么困难也吓不倒他，常常主动找寻妖怪，他是取经大业取得成功的坚实保证。如来佛祖最后封他为"斗战胜佛"。

这一人物形象是在长期流传和几代作家的创作中丰富发展，后由吴承恩塑造完成的。

📚 学习设计要求

应用文中的人物简介，不同于文学作品中的人物描写，旨在突出人物的特点、重要人生经历，做到主题鲜明、内容清楚、简明扼要即可。

> **✏️ 写作实践**
>
> 请你将前文中的关于孙悟空的描写改写为一段100字左右的人物简介。

二、通知的场景写作

📖 情景创设

艾滋病，又称为获得性免疫缺陷综合征（AIDS），是由人类免疫缺陷病毒（HIV）引起的一种病死率极高的恶性性传播疾病。艾滋病病毒进入人体后，主要杀伤人体中的 CD4+T 淋巴细胞，使人的抵抗力逐渐下降，继而引发病菌感染、恶性肿瘤等多种很难治愈的并发症，最后导致死亡。

为增进人们对艾滋病的认识，世界卫生组织于 1988 年将每年的 12 月 1 日定为世界艾滋病日，号召世界各国和国际组织在这一天举办相关活动，宣传和普及预防艾滋病的知识。世界艾滋病日的宣传可以唤起人们对艾滋病病毒感染者和病人的同情和理解，号召全球人民共同行动，支持艾滋病防治及反歧视方面的工作。

截至 2023 年年底，我国报告的现存活艾滋病病毒感染者及艾滋病病人 129 万例，而且由于对症状羞于启齿，很多艾滋病患者都是到了病情非常严重的时候才检查出来。事实上，艾滋病在发病初期会有很多表现，每个公民都需要了解，同时掌握预防艾滋病的方法。

因此，国务院防治艾滋病工作委员会办公室近年来均会在世界艾滋病日前夕，发布通知号召政府、部门、单位、个人各方行动起来，针对易感染艾滋病危险行为人群以及老年人、青年学生、流动人口等重点人群强化警示性教育，广泛宣传动员，营造全社会防艾良好氛围。

📚 学习设计要求

通知是指向特定受文对象告知或转达有关事项的公文，在写作中一般要写明通知缘由及通知事项，不论是发文机关所发布的指示、安排的工作、提出的方法等都要简明扼要、条理清晰地表达完整，能使被通知者一目了然并有效地遵照执行。

写作实践

假如你是校青年志愿者协会的一名工作人员，该协会计划在12月1日世界艾滋病日利用校园广播、主题班会、知识竞赛、图片展览等方式组织一场艾滋病日宣传教育活动，现要求你拟一则通知，邀请全校师生广泛参与活动，共建健康校园。

三、倡议书的场景写作

情景创设

近年，党和国家高度重视新业态、新模式在"三农"发展中的重要作用。"十四五"规划提出"加快推进数字乡村建设""丰富乡村经济业态"，为新时期乡村新业态新模式发展指明了方向。随着乡村振兴战略深入实施和直播行业迅猛发展，直播正成为助推乡村振兴发展的关键力量之一。地方特色农产品到老字号品牌，不少本土化商品都借助直播电商之力，获得了良好的售卖与营销效果，越来越多的"农民主播""村播""助农直播"等群体开始出现。

助农主播大都在生产地源头进行直播，以绿色、健康、原生态、有机为理念，将货品原产地特色与极致的"新鲜"感通过直播凸显了出来。这不仅为农产品的销售开辟了新渠道，也为农民增收提供了新途径。这种模式的推广，不仅有助于提升农产品的市场竞争力，还能够促进农业产业链的优化升级，进而推动农业经济的整体发展。

目前，中国乡村发展基金会与中国演出行业协会共同发起"百名主播乡村振兴公益行"倡议，呼吁和带动更多网络主播参与到助农直播。

学习设计要求

倡议书指的就是由某一组织或社团拟定、就某事向社会提出建议或提议社会成员共同去做某事的书面文章。倡议书的发出贵在引起广泛的社会反响，让人们理解、信服并自觉行动，因此在写作中要交代清楚倡议活动的原因、内容、要求和意义，以期在最大的范围内引起共鸣。

写作实践

假如你是中国乡村发展基金会的一名工作人员，现要求你撰写一篇直播助农的倡议书，来呼吁更多网络主播、网络平台力量加入到乡村发展事业中，为"三农"发展贡献更大力量。

四、申请书的场景写作

情景创设

体育场地是供人们开展体育运动或体育比赛的设施的统称，主要分为室内全封闭的体育馆与室外露天或设有伸展顶棚的体育场。

高校体育馆主要服务于体育课程和学生日常健身，而且经常用来举办文艺演出、开学和毕业典礼等。高校体育馆有较大的固定使用群体，良好的管理和多功能的使用空间可以提高利用率。

学习设计要求

申请书是一种专用书信，它同一般书信一样，也是表情达意的工具。申请书的使用范围广泛，要求一事一议。申请的事项应写清楚、具体，涉及的数据要准确无误，理由要充分、合理、实事求是，不能虚夸和杜撰。申请书应使用正式的语言，避免口语化表达，确保语法、拼写正确和语言流畅。

写作实践

根据你所了解的应用文写作的结构和语言特点，为你所在的社团或单位写一份体育场地使用申请书。

小贴士

学习应用文写作，既要增强思想理论修养、文化知识修养，又要提高收集信息的能力，还要多看、多练、多实践，在一次次的起草、修改、成文中学会应用文的写作。

综合练习

一、单项选择题

1. 应用文开头部分的主要功能是（　　　）。

　　A. 提出论点　　　　B. 引起读者关注　　　C. 提供背景信息　　　D. 以上都是

2. 以下哪种表达方式最符合应用文语言的要求？（　　　）

　　A. 高级词汇和复杂句子　　　　　　　　B. 非正式用语

　　C. 用语规范和简洁表达　　　　　　　　D. 冗长词语和哲理性陈述

二、判断题

1. 应用文具有相对稳定的格式。（　　　）
2. 应用文的语言不需要特别关注其准确性。（　　　）

三、问答题

1. 请列举应用文写作中主体部分的主要功能和基本要求。
2. 如何增强应用文语言的清晰性?

02

第二章　事务文书写作

【知识目标】

1. 了解计划、总结、策划书和调查报告的概念、特点和类型等。

2. 掌握计划、总结、策划书和调查报告的结构和写作格式，能够针对日常生活中遇到的基本问题写作计划、总结、策划书和调查报告。

3. 通过本章的学习和训练，学会运用计划、总结、策划书和调查报告等文种来处理日常生活中的基本事务。

【素养目标】

1. 培养未雨绸缪、善于总结反思的良好习惯。

2. 培养深入研究、实事求是、虑事周全的严谨态度。

第一节　计划

谈及计划，我们应该都不陌生，因为在人生的各个阶段，我们可能会出于主观或客观的原因而制订一份计划，比如开始新的项目或任务、迎接重要事件或考试、追求一个长期目标、管理时间和任务、应对突发事件或变化时。制订计划可以帮助我们更好地组织和管理时间、资源、目标，以达到更好的效果。

微课堂

计划

一、计划的基本概念

计划是事务文书的一种类型，是一种根据任务需求和工作逻辑，提前规划和设计工作目标、步骤和资源的预设活动。它是我们对未来某段时间内工作的预设，是处理各种复杂事务的基本手段，也是各类机构或个人有效管理时间、能源和资源的重要工具。

在事务文书中，计划通常用以明确指示未来的行动方向和活动内容。这种事务文书的突出特点是它的预设性和方向性，即计划作者需要对任务需求、可能的问题以及解决办法进行预测，并提出相应的计划方案。一方面，计划的撰写需要进行任务的逻辑分析，例如要考虑何时开始、何时结束、需要哪些资源以及可能出现的问题和解决办法；另一方面，计划的撰写也要考虑到现实情况的约束，例如人力、财力、物力和时间等因素。从这个意义上讲，计划不仅是一种预设活动，而且也是一种解决问题的策略。计划应用广泛，无论是管理者进行组织管理，还是员工进行工作，在各种工作布置和执行过程中，计划都起着决定性的作用。

二、计划的特点

（一）指导性

计划是人们根据对客观规律的理解和思考而制订的。它是实践的反映，同时也指导着人们的实践。计划本身具有自我调节的特点，并且对实践具有强大的指导作用。换句话说，计划是人们通过思考和理解客观规律而制订的，它能够引导人们在实践中进行有效的行动。

（二）预见性

预见性是计划的典型特点。制订计划前，应从客观实际出发，对计划对象的目标、措施、步骤等多方面内容进行分析，并根据分析结果，提出相应的对策和措施。计划必须事前制订。在制订计划前，必须有正确的设想。

（三）目的性

计划中所采取的措施和办法，从根本上讲无一不是为了一定的目的服务的。目的是指计划所追求实现的最终目标或意图，它是制订计划的基础，也是计划的动力和指导。没有明确的目的，计划就失去了意义和方向。目的不仅给予计划以动力和动机，还能够帮助确定计划的内容、步骤和资源分配。因此，目的被认为是计划的灵魂和生命，是计划制订的起点和基础。

（四）可行性

计划的提出基于对实际情况的分析和评估。在制订计划之前，需要对当前的情况进行全面的了解和分析，包括资源状况、环境条件、市场需求等因素。只有准确把握实际情况，才能制订出可行的计划。

（五）约束性

计划的约束性是指计划一旦确定并下达，就要求相关单位或个人严格按照计划的要求和意图执行。这是因为计划体现了决策者对未来工作的期望和安排，是为了实现特定目标而制订的行动指南。如果计划没有得到有效执行，那么就只是一纸空文，无法发挥其应有的作用。计划的约束性是计划顺利实施的重要保证，只有相关单位或个人严格遵守计划的要求，按照计划的步骤和措施进行工作，才能够实现计划所设定的目标。

三、计划的常见类型

计划的概念确实比较宽泛，可以根据工作内容、使用范围、时间跨度以及形式等的差异来分类。

（一）按工作内容划分

根据计划所涉及的工作内容的不同，计划分为学习计划、工作计划、生产计划、教学计划、销售计划等。这些计划针对不同领域和任务而制订，旨在指导相关工作。

（二）按使用范围划分

根据计划使用范围的不同，计划分为个人计划、部门计划、单位计划、国家计划等。个人计划是个人为了实现个人目标而制订的计划；部门计划是某个组织内部的某个部门为了实现部门目标而制订的计划；单位计划是整个单位为了实现整体目标而制订的计划；国家计划是国家为了实现国家发展目标而制订的计划。

（三）按时间跨度划分

根据计划时间跨度的不同，计划分为周计划、月计划、年度计划、长期计划等。周计划通常包括具体的任务、目标和时间安排，以确保工作按时完成并达到预期效果；在月计划中，可以设定具体的目标和里程碑，安排各项任务的优先级和时间表，以便更好地管理时间和资源；在年度计划中，可以考虑长远发展目标，制订具体的行动计划，并确保与组织的整体战略和目标一致；在长期计划中，可以考虑市场趋势、竞争环境和技术变革等因素，制订长远目标，并制订相应的策略。

（四）按形式划分

根据计划形式的不同，计划分为条文式计划、表格式计划等。条文式计划以文字形式呈现，详细描述相关步骤和要求；表格式计划则以表格形式呈现，更加简洁明了，通常用于整理和汇总计划信息。

四、计划的结构和写作要点

计划一般由 3 个部分组成：标题、正文和落款。

（一）标题

标题是计划的一个重要组成部分，应根据情况选择。以下是两种常见的标题写法。

1. 完整式标题

完整式标题通常由 4 个部分组成，包括单位名称、适用期限、内容和文种。这种标题可以提供更详细的信息，包括单位名称、具体年份或期限、计划内容和文种等，例如《××部门××××年工作计划》《江苏省贸易促进会 2009 年对外贸易联络工作计划》等。

2. 省略式标题

有时候，标题也可以采用省略形式，根据需要选择省略哪些部分。省略式标题可以只包含期限、内容和文种，省略单位名称，例如《2023 年教学计划》《面向 21 世纪教育振兴行动计划》。另外，也可以省略期限，而包含单位名称和事由，例如《广东省华侨联合会对外联络计划》。

可以根据具体情况和需求来决定使用哪种标题。完整式标题提供了更详细的信息，而省略式标题则更加简洁。应确保标题能够准确概括计划的内容和范围，便于阅读和理解。

（二）正文

第二部分是计划的正文，它是计划的核心，包含了计划所有的设想、措施和安排。作者的思想、逻辑、工作态度、人生理念都能从正文里得以窥见。正文通常由开头、主体和结尾3个部分组成。

1. 开头

计划的开头部分是计划的前言，用于说明制订该计划的基本依据和目的。在这一部分，通常会简要说明以下内容。

指导思想：说明制订该计划的基本理念、原则和价值观，以及对未来发展的整体思考。

依据：列举制订该计划所依据的相关法律法规、政策文件、市场需求、内外部环境等因素，以说明计划的合法性和可行性。

目的：明确制订该计划的目标和意义，即通过实施该计划能够解决什么问题、达到什么效果，以及对组织或个人发展的重要意义。

意义：阐述该计划对组织或个人的长远发展和可持续发展的积极影响，以及对社会、经济、环境等方面的积极贡献。

范例

全面贯彻党的教育方针，落实立德树人根本任务，按照《学校2023年党建工作要点》要求，把思想政治工作贯穿学校教育教学全过程，以坚持社会主义办学方向为政治原则，以推进学校思想政治工作机制创新为重要动力，以加强学校教师思想政治工作为首要条件，努力开创新时代学校思想政治工作新局面。

需要注意的是，开头的详略要根据工作的重要程度、内容的多少来确定，总体上以精练简洁为原则。

2. 主体

计划的主体部分是计划的具体事项，即计划"做什么""怎么做""什么时间做"，要处理好目标和任务、措施、步骤这几个要素。这部分内容是计划的核心，写作时目标和任务要具体明确，措施、步骤要切实可行。

主体的内容较多，写作层次要安排严密。可以采用条文式的层次结构，把目标和任务、措施、步骤分条列出；也可以采用表格的形式，或条文与表格相结合的形式。总之，这部分要根据实际的内容，写得条理清楚。

（1）目标和任务

目标和任务是计划主体部分的核心内容，用于明确要实现的目标和计划的具体行动。目标和任务分为两个方面。

总的目标和任务。总的目标和任务是指计划最终要完成的宏观目标和任务，通常是战略性的、长期的目标和任务。这些目标和任务应该与组织或个人的发展方向和需要相一致，能够指导计划的具体实施。

具体目标和任务。具体目标和任务是对总的目标和任务进行分解后形成的用于说明每个方面要完成的具体目标和任务。具体目标和任务应该具体、可操作，并且可以分项分条列出。具体目标和任务应该与总的目标和任务相互关联，相互支持，形成一个有机的整体。

例如下面的《××幼儿园教师新学期工作计划》（节选），总体目标是促进幼儿身心健康和德智体美全面发展；在总体目标下可制订具体的语言、情感等具体目标。

📝 **范例**

> **××幼儿园教师新学期工作计划（节选）**
>
> 二、班级目标
>
> 总体目标：根据幼儿园工作规程和园务工作计划，致力于提供优质的教育和家长服务。重点关注幼儿的日常规范教育和品德培养，促进幼儿身心健康发展，培养幼儿语言能力，注重智力开发，全面促进幼儿在身体、智力、品德和审美等方面的综合发展。
>
> 具体目标：
>
> 1. 通过各种教育手段，让幼儿感受到成人的关心和爱护，并激发他们对父母和老师的情感，学会使用一些礼貌用语。
>
> 2. 提醒和帮助幼儿遵守集体生活行为规则，使他们与同伴一起做游戏。
>
> 3. 培养幼儿的生活技能，包括洗手、刷牙等。
>
> 4. 培养幼儿的自理能力，包括穿脱衣物、整理书包等。
>
> 5. 培养幼儿的社交能力，包括与他人友好相处、分享玩具等。
>
> 6. 培养幼儿的观察力和思维能力，通过各种活动让他们学会分辨是非。
>
> ……

（2）措施

制订了目标和任务之后，就应确定实现目标和任务的措施，这是计划主体部分的重点。措施就是怎么做，在措施中要明确采用的具体方式、负责的具体成员或者部门、是否需要其他部门或个人的协同配合等。将措施以条文的形式写出，按照重要性进行排序。同时，这些措施应该尽可能详细和实际，以便执行单位能够方便地实施。

以下是《××幼儿园教师新学期工作计划》（节选）的 5 个方面的具体措施，包括安全管理措施、教育教学措施、卫生保健措施、家园合作措施和师资队伍建设措施。

📝 **范例**

> 四、具体工作措施
>
> （一）安全管理措施
>
> 1. 确保幼儿园内外环境的安全，包括定期检查设施设备的安全性。细化安全

工作岗位责任制，防患在先，每天一小查，每周一大查。定期检查维修，合理考评，台账齐全。

2. 制定应急预案，培训教职员工应对突发事件的应急处理能力。如有事故，应及时向上级领导报告并启动应急预案，及时与家长正确沟通，保护好每一位幼儿的人身安全。

3. 户外活动时，老师要认真检查活动场地的安全性，及时排除不安全因素，确保幼儿安全。

4. 严格管理进出园人员，为幼儿创设一个绝对安全的环境，并加强幼儿自我保护的意识。

（二）教育教学措施

1. 制订科学合理的教育教学计划，确保幼儿全面发展。

2. 提供丰富多样的教育资源和活动，促进幼儿的学习和成长。

3. 注重个性化教育，根据幼儿的兴趣和特点进行差异化教学。

4. 启动"周四教研日"和"每听必评"制度，督促教师备好课，上好课，提高教育教学质量。

5. 继续加强教师们的教育教学反思能力。每位教师力争一个月写一篇观察记录和一篇教学反思。

（三）卫生保健措施

1. 定期对幼儿园进行清洁和消毒，保证室内外的卫生。严格执行卫生安全消毒制度，保证教室每天开窗通风、桌椅干净；保证寝室干净；定期消毒玩具；保证幼儿的口杯和餐具每天清洗消毒。

2. 做好幼儿的个人卫生保健工作，包括洗手、饮食卫生等。注意幼儿口腔卫生，做到让幼儿餐后漱口，培养良好的卫生习惯。

3. 定期对幼儿进行体检，及时发现和处理幼儿的健康问题。做好幼儿的预防接种工作。

（四）家园合作措施

1. 充分利用幼儿进校和放学的时间，积极主动地与家长沟通，使家长了解自己孩子在园的情况，在家长的配合下实现家园共育，促进幼儿的全面发展。

2. 利用宣传栏、家园联系手册、电话以及家庭短信箱等途径，与家长沟通联系，及时向家长反馈幼儿在园的学习、生活情况。

3. 通过家长会和家访等了解幼儿的家庭教育环境，耐心听取家长的意见和建议，互相配合共同教育幼儿，促进幼儿的健康成长。

（五）师资队伍建设措施

1. 提供教师培训和进修机会，提升教师的专业素养和教育能力。

2. 定期评估和考核教师的工作表现，运用表彰、鞭策、激励机制推动教师成长，激励教师积极进取。

3. 营造良好的团队合作氛围，促进教师之间的交流和学习。

（3）步骤

步骤紧随措施之后，是计划顺利执行的重要保障。步骤设定了任务完成的先后顺序和进度安排，以确保工作按照计划有序进行。同时，步骤也有助于监督任务的执行情况，及时发现问题并采取相应的措施进行调整，以推动工作的顺利进行。

以下是《××幼儿园教师新学期工作计划》（节选）的逐周安排，每周的安排做得非常详细，全面又可行。

✎ 范例

> 五、逐周安排
>
> 第一周，保教、常规、德育及安全工作
>
> 保教工作：稳定幼儿情绪，根据幼儿的发展需求和兴趣，制订适宜的学习计划。继续开展模仿操活动，引导幼儿模仿动作和语言，培养他们的动作协调能力和语言表达能力。
>
> 常规工作：进行常规教育，重点培养幼儿的自理能力。要求幼儿掌握独立洗手、如厕等日常生活技能。强化常规规范的培养，如整齐排队、守时等，帮助幼儿养成良好的生活习惯和行为规范。
>
> 德育工作：让幼儿学习儿歌，通过唱歌的方式培养幼儿的音乐感知和语言表达能力。进一步加强礼貌教育，教导幼儿尊重他人、友善待人，培养良好的社交行为和价值观。
>
> 安全工作：加强幼儿接送管理，确保只有合法人员接送幼儿，加强安全防范措施。定期组织安全演练活动，提高幼儿和教职员工应对突发事件的能力。
>
> 第二周，保教、常规、德育及安全工作
>
> ……

3. 结尾

结尾部分可以对计划进行总结，对计划实施的前景进行全局展望，或提出希望和号召。如本部分内容在主体部分已经表述，也可以省略。

例如幼儿园的工作计划结尾，就是提出希望，鼓励大家努力前行。

✎ 范例

> 本学期我们将努力为孩子们提供丰富多样的学习和成长机会，通过有趣的教学活动帮孩子们掌握各种技能和知识。同时，我们会注重培养孩子的社交能力、情绪管理能力和自理能力，让他们在团队合作中学会互相尊重和关心他人。我们小班年级组的所有教师将会紧密合作，积极创新，加强工作作风的建设，为幼儿园的蓬勃发展贡献我们每一个人的力量。

（三）落款

第三个部分是落款，它要求在计划的正文右下方注明单位名称或个人姓名。提行继续在署名的右下方标注日期，需要写明计划制订的日期或印发日期。如果计划需要上报或下达，还需要在落款处加盖公章。

五、计划的写作要求

要写好一份计划不是容易的事，要注意以下几点要求。

（1）**正确处理当前与长远、局部与整体的关系**：在计划的制订过程中，需要考虑当前的情况和长远的发展目标之间的关系，同时也要兼顾局部的具体问题和整体性，这样可以确保计划既符合实际情况，又能够推动长期发展。

（2）**集思广益，使计划的制订更具现实基础**：在制订计划时，应该广泛征求各方面的意见和建议，以便更好地了解实际情况和各种可能的影响因素，这样可以使计划更加切实可行，更具有现实基础。

（3）**注意灵活性和连续性**：计划应该具备一定的灵活性，能够适应环境变化和应对突发情况；同时，计划的各个部分应该有连贯性，相互衔接，确保整个计划的顺利执行。

另外，制订计划应避免以下问题。

（1）目标和意义假、大、空：计划的目标和意义应该真实、具体、可行，不能夸大或空洞。目标应该明确，有助于实现组织或个人的发展。

（2）三大要素存在缺失：计划的核心要素包括目标和任务、措施、步骤。这些要素应该完整，相互关联，这能确保计划的有效性和可操作性。

（3）计划制订顺序出现问题：一般来说，计划的制订应该按照从大到小的顺序分解目标，并按照时间顺序安排步骤。不能出现顺序错误，否则可能导致计划执行困难或效果不佳。

> **📖 小贴士**
>
> （1）实效性。好的计划应该考虑周密且简单可行，实效性是衡量计划好坏的最终标准。
>
> （2）充分考量。好的计划应在充分考量实际情况的基础上留有余地，以便执行中可以随时调整修改。
>
> （3）关注细节。在计划中包含所有必要的细节，如具体的工作步骤、所需的材料或工具等。避免遗漏重要信息，确保计划的完整性。
>
> （4）定期评估。设定定期检查点，对计划的执行情况进行评估。根据评估结果调整计划，确保目标的实现。
>
> （5）简洁明了：计划要简洁明了，避免冗长和复杂的描述。使用清晰的语言和图表，使计划易于理解和执行。
>
> 我们应从现在开始，从身边的小事着手，学会事前计划，事后反思、总结，经历即财富，学会有条不紊地处理各项事务。

第二节 总结

总结是事务文书的一种重要类型，它涵盖了对已完成工作的回顾、分析评估和深入思考。

总结的主要目的在于获取经验和教训，以提高未来的工作效率和效果。总结通常侧重于对过去的一段时间或某一事件进行回顾和分析，并对工作的成效进行评价。总结的内容可能包括工作的主要流程、取得的成果和存在的问题，以及对未来工作的建议和期待。在撰写总结时，作者需要细致入微地回顾和分析工作，充分了解和理解工作的整个过程和最终结果。这不仅需要工作经验和专业知识，也需要良好的分析能力。

同时，总结具有极其重要的自我反思和收集反馈的功能。通过对过去的工作进行深入剖析，总结可以帮助我们发现问题、改正错误，促使我们在未来的工作中做得更好。总结不仅有助于我们提高工作效率，也有助于我们积累经验，提高工作能力和水平。

一、总结的概念及作用

总结是对过去一段时间内所做工作的系统回顾和归纳。它不仅仅是简单地总结已经完成的任务，更重要的是对取得的成绩和存在的问题进行分析评价，并从中得出规律性认识。通过总结，我们可以深入了解事物的发展规律，从而制订出切实可行的方针政策和工作计划。

总结不仅可以供内部使用，还可用于向上级机关汇报本单位或本部门的情况。这样，上级机关可以通过总结对本单位或本部门的管理指导提供帮助和支持。同时，总结也有助于及时推广典型经验，让其他单位或部门受益。

计划和总结扮演着不同的角色，但都是为更好地开展工作提供服务的。计划是在事前制订的，它是对未来工作的安排和规划。通过制订计划，我们可以明确目标、确定任务、分配资源，并制订相应的时间表和行动方案。计划的主要作用是指导和组织工作，确保工作按照预期的方向和进度进行。总结则是在事后进行的，它是对已经完成的工作进行回顾和归纳。通过总结，我们可以评估工作的成果和效果，发现问题和不足，并从中得出经验教训。总结的主要作用是帮助我们认识工作的优点和不足，为今后的工作提供参考和改进的方向。

计划与总结的区别有以下 3 个方面。

（一）时间不同

计划是在未来进行的，它是对将要发生的事情进行安排和规划。而总结是在过去进行的，它是对已经发生的事情进行回顾和总结。

（二）目的不同

计划的目的是指导和引导未来的行动，它帮助我们制订目标、确定步骤和资源分配。而总结的目的是总结经验、发现问题和改进方法，它帮助我们从过去的经验中获取教训和启示。

（三）内容侧重点不同

计划主要关注未来的行动和结果，它包括目标设定、任务分配、时间安排等内容。而总结主要关注过去的经验和成果，它包括回顾过程、分析问题、总结经验等内容。由此可见，总结是事后反思，总结经验教训，找出问题，为以后更好地开展工作提供借鉴和参考。

二、总结的特点

（一）目的性

总结的目的是通过回顾过去的实践，找出其中的规律性结论，以便在今后的工作中进行应用。通过仔细分析过去的实践，我们可以发现成功的原因和失败的原因，了解哪些方法和策略有效，哪些需要改进。这样，我们就能够从中得出规律性结论，即在类似的情况下，应该采取什么样的方法和措施，以取得更好的结果。总结还可以帮助我们发现问题和不足之处，及时纠正错误，改进工作方式，提高工作的质量和效率。通过总结，我们可以形成一套经验和规律，用以指导今后的工作，更加科学、有效地开展工作。

（二）实践性

总结的前提是回顾实践的全过程。在进行总结时，我们需要依据自身实践的事实，特别是工作中的典型事例和确凿数据，得出正确的结论。通过仔细回顾实践过程，我们可以深入了解各种情况下的具体表现和结果，从而更好地理解问题的本质和原因。这些实践经验和数据将成为我们总结的基础，帮助我们得出准确、有价值的结论。通过总结，我们可以不断改进工作方式，提高工作的质量和效率。因此，总结是一个重要的过程，它能够帮助我们不断进步和成长。

（三）概括性

总结并非简单地记录每一个细节，而是在有限的篇幅内选择最重要和最能够说明问题的材料，进行精练的叙述和评价，从中得出规律性结论。总结是一种高度概括的过程，对实践活动进行了浓缩和提炼。在总结中，我们需要筛选出那些最具代表性和有意义的事例和数据，以便更好地理解问题的本质和原因。

（四）理论性

总结的理论性体现在将实践中所获得的大量零散且感性的认识转化为系统化的理性认识。衡量总结质量的标准之一是其能否找出具有规律性的认识，以便指导未来的工作。通过总结，我们可以将实践中的各种经验和观察整合起来，形成一种更加系统和理性的认知。这种认知不仅能够帮助我们更好地理解问题的本质和原因，还能够为今后的工作提供有价值的指导。因此，总结的重要性在于能够将零散的认识整合为系统的认知，并从中发现规律性的认知，以指导未来的实践。

三、总结的类型

总结的种类繁多，按照不同的分类标准可以划分为不同的类型。

（一）按照内容来分

按照内容来分，总结可以分为工作总结、学习总结、思想总结、活动总结和生产总结等。

（1）工作总结是对工作过程、工作成果以及工作中遇到的问题和解决方法进行总结和归纳。

（2）学习总结是对学习过程、学习方法和学习成果进行总结和反思，以更好地提高学习效果。

（3）思想总结是对个人思想、价值观和人生观进行总结和反思，以促进个人成长和发展。

（4）活动总结是对组织的各类活动进行总结和评估，以改进活动策划、执行的方法和效果。

（5）生产总结是对生产过程、生产技术和生产效益进行总结和分析，以提高生产效率和质量。

这些不同类型的总结在不同领域和场景中发挥着重要的作用，帮助人们总结经验、发现问题、改进方法，从而不断提升个人能力和工作效果。

（二）按照时间来分

按照时间来分，总结可以分为月度总结、季度总结、年度总结和阶段总结等。

（1）月度总结是对每个月的工作、学习或其他活动进行总结和回顾，以评估进展和制订下一步的计划。

（2）季度总结是对每个季度的工作、学习或其他活动进行综合性总结，以审视目标的达成情况和调整策略。

（3）年度总结是对整个年度的工作、学习或其他活动进行全面回顾和总结，以评估成果和制订新的目标。

（4）阶段总结是在完成一个特定阶段的工作、学习或其他活动后进行的总结，以评估上一阶段计划的完成情况，并为下一阶段做准备。

这些不同类型的总结有助于人们及时反思和调整自己的行动，确保持续进步和提高效率。

（三）按照范围来分

按照范围来分，总结可以分为个人总结、科室总结、部门总结和地区总结等。

（1）个人总结是对个人在工作、学习或其他方面的表现和成果进行总结和回顾，以评估个人的发展和制订个人目标。

（2）科室总结是对一个特定科室或团队在一定时间内的工作、项目或任务进行综合性总结，以评估科室或团队的协作效果和提出改进建议。

（3）部门总结是对整个部门在一定时间内的工作、业绩和目标达成情况进行全面回顾和总结，以评估部门的绩效和制订新的发展方向。

（4）地区总结是对特定地区或区域内的工作、经济发展或其他方面进行总结和分析，以了解地区的发展趋势和制订相应的政策措施。

这些不同类型的总结有助于不同层级的管理者和决策者了解和评估各自范围内的情况，并提出相应的决策和改进措施。

（四）按照性质来分

按照性质来分，总结可以分为经验总结、成绩总结和问题总结等。

（1）经验总结是对过去的经验进行总结和归纳，以便在未来的工作或项目中更好地应对类似的情况。通过总结经验，人们可以发现成功的方法和失败的原因，从而提高工作效率和质量。

（2）成绩总结是对某个工作、项目或任务的成绩进行综合性评估和总结。通过评估和总结成绩，人们可以了解工作的完成情况、达成的目标以及取得的成就，这能为未来的工作提供参考和指导。

（3）问题总结是对工作中遇到的问题、挑战或困难进行梳理和总结。通过问题总结，人们可以识别出存在的问题和障碍，并提出相应的解决方案和改进措施，以提高工作效率和质量。

这些不同类型的总结有助于个人、团队或组织在工作中不断学习和进步，从而不断提升自身的能力和业绩。

（五）按照工作角度来分

按照工作角度来分，总结可以分为全面总结、专题总结和个人总结。

（1）全面总结是对一段时间内的工作进行全面而系统的总结。它包括对整体工作目标的达成情况、工作过程中的亮点和问题、团队合作的效果等方面的综合评估和总结。

（2）专题总结是对某个特定主题或项目进行深入分析和总结。它关注某个具体的工作领域或任务，通过对该领域或任务的综合评估和总结，可以发现问题、总结经验，并提出相应的解决方案和改进措施。

（3）个人总结是对个人在工作中的表现和成长进行总结。它包括对个人工作目标的达成情况、个人能力的提升、自身存在的问题和不足等方面的评估和总结。

这3类总结相互补充，有助于人们全面了解工作的情况、发现问题并提出改进措施，同时也有助于个人的成长和发展。

四、总结的结构

总结一般由标题、正文、落款3部分组成。

（一）标题

1. 公文式标题

公文式标题是一种常见的工作总结标题，它由单位名称、时间、事由和文种组成。例如，可以使用《××市××××年度市政建设工作总结》这样的公文式标题来概括总结的主题和时间范围。另外，还可以采用省略式的公文式标题，如《××学院开展校园安全教育活动的总结》，或者《××项目阶段性工作总结》《××任务执行情况总结》，其中省略了时间信息。无论是完整形式还是省略形式，公文式标题都能够简洁明了地传达总结的内容和目的。

2. 文章式标题

除了常见的公文式标题外，还可以采用文章式标题来概括主要内容或基本观点。与公文式标题不同的是，文章式标题不直接使用总结这个词，但仍能够提供对总结内容的提示。例如《产学研相结合，拓展高职教育新思路》《创新科技，引领未来发展》《环保行动，共建绿色家园》，这样的文章式标题能够准确地传达总结的主题和重点。作者使用文章式标题，读者可以更好地理解总结的核心内容，从而更有针对性地进行阅读。因此，在总结中采用文章式标题是一种有效的方式。

3. 正副式双标题

正副式双标题是一种常见的标题，其中正标题用于揭示观点或概括内容，而副标题则用于指明单位、时限、性质和总结种类。这种标题能够提供对文章内容的提示，使读者更有针对性地阅读。正标题概括了文章的主旨，引起读者的兴趣和好奇心，而副标题则进一步明确了文章的背景和目标等。通过这种方式，读者可以在阅读之前就对文章的内容有一个初步的了解，从而更加有针对性地获取所需信息。这种双标题常用于专题性总结文章，例如《锐意改革，开拓进取——××公司人事分配制度改革总结》，正标题《锐意改革，开拓进取》传达了文章的核心观点，即强调改革和进取的重要性；而副标题《××公司人事分配制度改革

《总结》则具体指明了文章的范围和目的，即对该公司人事分配制度改革进行总结。

（二）正文

总结的正文通常包括4个部分：基本情况、成绩和经验、问题和教训、今后的设想和努力方向。

1. 基本情况

基本情况部分的目的是简要介绍相关工作和事项，并为后续介绍成绩和经验、问题和教训做好铺垫。在概述基本情况时，我们需要注意语言简练、内容清晰，以便让读者快速了解背景信息。

这部分既有起首开篇的作用，又有提纲挈领、总领全文的作用。

在介绍基本情况时，我们可以提及涉及的工作范围、时间段以及相关人员等关键要素。一般用概括性的话语简要说明"什么单位""什么时间""做了哪些工作""采取了哪些措施""实施过程如何"和"工作成绩有哪些"等问题，可以确保读者对总结的整体背景有一个清晰的认识。这样，读者就能够更好地理解后续的具体成绩、经验和教训。

✏️ **范例**

市国资委202×年度绩效管理工作总结（节选）
××市人民政府国有资产监督管理委员会

一、总体情况

202×年，在市委市政府的坚强领导下，市国资委坚持以习近平新时代中国特色社会主义思想为指导，全面贯彻落实中央和市委市政府决策部署，主动融入"四个中心"功能建设，不断强化"四个服务"应尽之责，紧扣"五子"要求，促进国资国企改革发展，迎难而上、奋力拼搏，各项工作取得了新的重要进展和显著成效，国有经济呈现稳中向好、快中提质的发展态势，实现了"十四五"良好开局。在全系统共同努力下，圆满完成了"出台国企改革三年行动""编制'十四五'规划""深化'双百行动'和'科改示范行动'""推动京津冀协同发展""巩固拓展脱贫攻坚成果"等35项日常履职考核清单任务和效能管理事项。

【评析】

这里用一段文字对202×年的工作情况做了简要的叙述，有指导思想，有具体的工作措施，也有具体的成果，简单明了。

2. 成绩和经验

成绩和经验是总结的主要内容和重点部分。我们需要充分描述所采取的做法和取得的成绩，并重点强调经验。这一部分在整篇总结中占据主导地位，因此需要写得充分、有条理，并力求提到理论的高度，总结出一些具有规律性的东西。

在介绍成绩时，我们可以详细描述所取得的具体成果和效益。这包括项目完成情况、目标达成程度以及对组织或团队带来的积极影响等。同时，我们还可以提及所采取的关键策略和方法，以及其对成绩的贡献。通过充实的描述，我们能够让读者更好地了解工作的实际效果。

而在介绍经验时，我们可以重点强调在工作过程中所获得的经验。这包括遇到的挑战、解决问题的方法以及从中得到的启示等。我们可以结合具体案例或实际情况，阐述经验的重要性，并提出一些具有普遍适用性的原则或规律。通过总结原则或规律，我们能够为今后的工作提供有益的借鉴和指导。

📝 **范例**

> 二、主要做法和工作成效
> （一）突出政治引领，坚决落实党中央国务院决策部署服务大局
> 一是全面落实习近平总书记重要指示批示精神。（以下从略）
> 二是扎实完成中央巡视反馈问题整改任务。（以下从略）
> （二）强化责任担当，聚焦重点忠诚履职开创新局
> 一是深化改革增强活力。（以下从略）
> 二是提质增效深度发力。（以下从略）
> ……
> （三）树立法治思维，纵深推进法治政府建设谋划全局（以下从略）
> （四）注重效能管理，扎实加强自身建设展现格局（以下从略）
> ……

【评析】

这里用了长篇幅重点介绍过去一年里具体的工作做法以及取得的相应成效，采用条文式的写法，层次分明，条理清晰，有具体的做法，也有理论提升，对以后的工作有借鉴意义。

3. 问题和教训

首先，要对问题进行总结。总结问题的目的是从中吸取经验教训，并提出改进措施，这样我们就能够不断提高工作效率和质量，实现持续发展和进步。我们要诚实地指出存在的问题。比如，在工作过程中，我们可能会遇到沟通不畅、任务分配不当等问题，这些问题可能导致信息传递不准确，工作效率低下。又或者在项目管理时，我们可能会面临时间管理不当、资源分配不均等挑战，这可能导致项目延期或超出预算。再如，在质量控制时，我们可能会面临检测方法不准确或质量标准不明确等问题，这可能导致产品质量不稳定。

接下来，需要对这些问题进行分析，并得出相应的教训。例如，在沟通方面，我们可以加强团队间的交流和合作，提高信息传递的准确性和及时性。在任务分配方面，我们可以更准确地评估团队成员的能力和资源需求，以确保任务分配合理。在项目管理方面，我们可以通过更加详细的计划和更好的资源管理方法来解决时间和资源分配不当的问题。在质量控制方面，我们可以建立更严格的检测流程和明确的质量标准，以确保产品的一致性和可靠性。

✎ **范例**

> 三、存在的问题和不足
>
> 过去的一年里，市国资委坚决贯彻落实市委市政府决策部署，国资国企监管、改革和发展工作取得良好成效，但当前仍存在一些问题和不足。一是市管企业提升创新能力的力度还需加大，国有经济战线过长、布局过散，符合首都功能定位的产业布局结构还没有完全形成；二是运用市场化方式提升服务保障能力还需进一步创新实践，对首都高质量发展的支撑作用发挥还不够到位；三是以管资本为主推进职能转变还需完善，企业的风控体系建设还应深入完善；四是全面从严治党引领保障作用还需持续发挥，传导压力、落实责任上还没做到一贯到底。

【评析】

　　这里不仅写出了存在的问题，还对问题进行了深入的分析，以条文的方式分别罗列出来，显得一目了然。因为本篇总结以突出经验成效为主，所以问题部分没有作为重点阐述。

4. 今后的设想和努力方向

通常在文章的结尾部分，我们会提出对未来的展望和努力的方向。这一部分的目的是在前一部分的基础上，针对存在的问题，概述改进措施和今后进一步努力的方向和目标。

通过前一部分的分析，我们可以得出一些问题。在结尾部分，我们需要总结这些问题，并提出相应的解决方案和努力的方向。这样做的目的是确保我们从过去的问题中吸取教训，并在未来的工作中做出改进。通过概述改进措施和努力的方向，我们可以为团队设定明确的目标，并制订相应的计划和策略来实现这些目标。

这种结构的好处是能够使文章更加具有逻辑性和连贯性。通过在正文的结尾部分提出设想和努力方向，读者可以清晰地了解到我们对问题的认识和解决方案的设想。这样，读者可以更好地理解我们的思考过程，并对未来的工作有清晰的展望。

✎ **范例**

> 市国资委将在下一步的工作中，坚持稳中求进的总基调，聚焦首都城市战略定位，落实好"五子"要求，以推动高质量发展为主题，把全面完成国企改革三年行动任务和实施国有经济"十四五"发展规划作为重点工作，扎实做好以下几方面工作。
>
> 一是坚持稳字当头，促进国有经济的高质量发展。（以下从略）
>
> 二是坚持担当作为，服务首都经济社会发展大局。（以下从略）
>
> 三是坚持狠抓成效，推动改革三年行动圆满收官。（以下从略）
>
> 四是坚持聚焦精准，持续加快国资监管职能转变。（以下从略）
>
> ……

【评析】

这段话把问题和今后的设想放在一起，二者也可以分开阐述。针对前面的问题提出了解决办法，安排了下一步工作，针对性强，目的明确，也具备可行性。同时，这部分内容应给出解决办法，不能流于形式，空喊口号而无操作性。

（三）落款

总结的落款通常放置在文末，即正文结束之后，空一行后写上作者姓名、职务或身份、所在单位或机构、日期。

总结的落款通常包括以下要素。

（1）作者姓名：写明总结的作者姓名，可以是全名或者姓氏加名字的缩写，例如，张三或Zhang S。

（2）职务或身份：写明作者在所在单位的职务或身份，例如，部门经理、项目负责人等。

（3）所在单位或机构：写明作者所在的单位或机构名称，例如，ABC公司、XYZ学校等。

（4）日期：写明总结完成的日期，一般以年、月、日的顺序排列，例如，2022年1月1日。

范例

> ABC公司部门经理 张三
> 2024年1月1日

请注意，以上是一般的落款格式，具体格式可能会因不同的机构或单位而有所差异。在撰写总结落款时，可以根据实际情况进行适当调整。

小贴士

总结写作的注意事项

总结也有相应的写作要求，一般来说，要注意以下几点。

（1）要突出重点。总结应该突出成绩和经验。从比例上来看，基本情况约占10%，成绩和经验可以占60%左右，问题和教训约占20%，今后的设想和努力方向约占10%。

（2）内容概括。总结应该对所涉及的主要内容进行概括和归纳，确保包含了关键信息和重要观点，同时避免冗长和无关的细节。

（3）结构清晰。总结应该有清晰的结构，包括标题、正文和落款。

（4）语言简洁。总结应该使用简洁明了的语言表达观点和结论，避免使用复杂的句子和术语，以确保读者能够轻松理解。

（5）逻辑连贯。总结应该有清晰的逻辑顺序，使读者能够理解作者的思路和观点。确保每个观点都有合理的连接和过渡，使整体流畅。

（6）语法、错别字和标点检查。在完成总结后，仔细检查有无语法、错别字和标点错误。这可以提高总结的专业性和可读性。

此外，总结不仅仅是对已有情况和信息的简单概括，而是要通过整合和归纳，找出其中的新颖之处和规律性的内容。这些新颖之处可能是过去没有涉及的，或者是与过去不同的观点、发现或趋势。这样的总结能够帮助我们更好地理解事物的本质和发展趋势，提供更深入的见解和洞察。

通过寻找事物的本质和规律性的内容，我们可以超越表面现象，深入理解事物的内在机制和运行规律。这种具有深度和洞察力的总结有助于我们更好地把握事物的本质特征，为未来的决策和行动提供更有价值的指导。

第三节　策划书

策划书是事务文书的一种重要类型，主要用于对某一活动或项目的整体规划和设计进行阐述和专业呈现。策划书反映了个人或团队对于某一活动或项目的理解、创新，甚至对未来发展的预见。策划书的核心是对所要实施的活动或者项目进行详细描述，并对其中的执行步骤、需要的资源、预期目标、可能面临的问题和应对措施进行深入的分析和讨论。

策划书的撰写需要清晰的逻辑、深入的分析，且衡量可能性与可行性。它需要作者具有较强的分析能力，结合实际情况给出切实可行的计划。策划书除了分析和规划，还需要有相应的预见性与创新性，考虑到可能出现的问题，并提出应对措施。动手编写策划书不仅可以帮助我们把握活动或项目的全局，更可以让我们明确任务的开始和结束时间，理清资源配置的逻辑和顺序，清晰明了地展现出节奏和步骤。策划书旨在把活动或项目精细化、条理化，让我们对整个活动或项目有全面且详细的了解，使得执行过程更加高效，也便于各阶段的监控和调整。

一、策划书的基本概念

策划书是指在进行某一活动或项目之前，对其进行全面规划和设计的文件。它包括活动的目标、范围、时间表、预算、资源需求、执行步骤、风险评估等内容。通过撰写策划书，我们可以清晰地了解活动或项目的整体框架和实施细节，为活动或项目的顺利进行提供有力的支持和指导。

二、策划书的类型

策划书可以根据其内容和用途的不同进行分类。一般来说，策划书可以分为以下几类。

（1）市场营销策划书：用于规划和安排市场营销活动的策划书，包括市场分析、目标市场、营销策略、预算等内容。

（2）项目策划书：用于规划和实施特定项目的策划书，包括项目背景、目标、可行性分析、实施计划等内容。

（3）活动策划书：用于规划和组织各类活动的策划书，包括活动主题、时间、地点、预算、宣传推广等内容。

这些是常见的策划书类型，具体情况会根据不同领域和具体需求而有所不同。下面重点介绍项目策划书和活动策划书。

三、项目策划书

一份完整的项目策划书通常应包含以下几个方面，具体会根据项目的性质和规模而有所不同。

1. 项目背景

项目背景部分主要介绍项目的起源和背景，说明为什么要进行这个项目，以及项目的重要性和必要性。例如，如果你正在写关于环保项目的背景，可以介绍全球变暖对环境造成的影响以及人们环保意识的增强。

📝 **范例**

> 全球变暖导致气温升高，极端天气事件频发，如干旱、洪涝、飓风等，对农业、生态系统和人类社会造成严重影响。同时，极地冰雪融化和海水膨胀导致海平面上升，威胁沿海地区的生态系统和人类居住区。气候变化对生态系统造成破坏，导致许多物种灭绝或迁徙，生物多样性受到威胁。此外，降水模式的变化可能导致一些地区干旱，进而影响农业和人类生活用水。气候变化还可能改变疾病传播途径，使得某些传染病扩散到新的地区。这些都是全球变暖对环境造成的严重影响。我们需要共同努力，应对气候变化，保护地球环境。
>
> 得益于科技的发展和信息传播的便利，人们对环境问题的认识不断提高，意识到环境保护的重要性。全球范围内出台了一系列环保法律法规，各国各地区签署了各种国际协议，促使各国和地区加大环保力度。媒体和公众组织的宣传教育也起到了积极作用，促进了人们对环保的关注和行动。环保科技的不断进步也为环保工作提供了更多有效的手段和技术支持。总的来说，人类环保意识的增强是多种因素共同作用的结果，也是人类文明进步的体现。

2. 项目目标

项目目标部分应明确阐述项目的具体目标和预期成果，包括项目的长期目标和短期目标。如果你正打算开展一个关于直流稳压源的项目，项目目标可能如下。

（1）设计和开发高效率的直流稳压源，以满足特定电子设备的功率需求。

（2）优化直流稳压源的电路设计，以提高其稳定性和可靠性。

（3）评估并改进直流稳压源的能效，以减少其能源消耗和热量产生。

（4）探索新材料和技术，以提升直流稳压源的性能和成本效益。

以目标（1）为例，项目策划书需要详细写明这个目标的短期以及长期规划，还有预期成果。

📝 **范例**

> 长期规划：开发出高效率的直流稳压源技术，使它能够广泛应用于各种电子设备，并在市场上取得成功；建立起稳定的生产和供应链体系，确保直流稳压源的可持续生产和供应。
>
> 短期规划：进行市场调研和需求分析，明确特定电子设备的功率需求和市场潜

3. 可行性分析

可行性分析包括对技术可行性、市场需求、经济可行性、法律政策可行性等方面的评估。

例如，分析在某地建设长时共享储能电站的可行性，我们可以遵循以下思路。

（1）技术可行性：评估长时共享储能技术的成熟度和可靠性，包括储能设备的类型、容量、充放电效率等技术指标，以及与当地电网的配套性。

（2）市场需求：分析当地电力市场的需求情况，包括电力负荷特点、尖峰谷电需求差异，以及长时共享储能在平衡电网负荷方面的潜在需求。

（3）经济可行性：进行投资回报期、成本收益分析，评估项目建设和运营的成本，并预测项目的盈利能力，同时考虑政府补贴和激励政策对项目经济效益的影响。

（4）法律政策可行性：了解当地的环保法律法规、能源政策和电力市场规则，确保项目符合相关法律法规，并评估政策对项目的影响。

（5）环境影响评价：进行环境影响评价，评估项目对当地环境的影响，并确定相应的环保措施，同时考虑项目对可再生能源发展和碳排放减少的积极影响。

以山东省为例，我们看一下对当地政策可行性的分析。

📝 **范例**

4. 项目计划主体

项目计划主体部分详细描述项目的实施计划，包括项目的时间表、里程碑、资源配置、人员安排等内容。

比如现在你准备写一份有关传感器与传感网络的项目计划书，具体的实施计划应该包括以下几个部分。

（1）确定项目的范围，包括涉及的传感器种类、数量、部署位置等具体内容。

（2）将项目整体任务进行分解，明确各项具体任务和子任务，包括传感器采购、传感网络系统设计与开发、测试与优化等。

（3）设置项目的时间计划，包括项目启动、执行、监控和收尾各阶段的时间节点和里程碑。根据任务分解结果，合理安排各项任务的开始时间和完成时间，确保项目进度的合理性和可行性。

（4）确定项目所需的人力、物力、财力等资源，包括人员配备、设备采购、资金预算等。合理分配和利用项目资源，确保项目实施过程中资源的充分利用和合理配置。

（5）分析项目实施过程中可能面临的风险和挑战，确定相应的风险管理和应对措施，确保项目顺利进行。风险管理和应对措施包括传感器设备故障、传感网络通信异常、数据安全风险等方面的风险评估和应对计划。

（6）确定项目实施过程中的质量保障措施，包括传感器设备的质量检验、传感网络系统的功能测试等。制订项目验收标准，明确项目成果的质量要求，确保项目成果符合预期要求。

（7）建立沟通与协调机制，明确项目组成员的职责和权限，确保项目组织运作的高效性和协调性。确定项目组内外部沟通的方式和频率，包括例会安排、报告汇报、问题反馈等。

✎ 范例

> （五）用地规模
>
> 该项目总征地面积14 780.72平方米（折合约22.16亩），其中净用地面积14 780.72平方米（红线范围折合约22.16亩）。项目规划总建筑面积21 727.66平方米，其中规划建筑面积15 040.60平方米，计容建筑面积21 727.66平方米。预计建筑工程投资1 807.91万元。
>
> （六）建设期噪声环境影响防治对策
>
> 在施工过程中，各种运输车辆的运行会导致噪声增加，因此需要加强对运输车辆的管理，尽量减少建设区域内汽车数量和行车密度，同时采取措施控制汽车鸣笛，以减少施工过程中的噪声干扰。

5. 项目总结与展望

在总结部分，可以回顾项目的整体进展、遇到的挑战以及解决方案，强调项目取得的成就和对相关领域的贡献；在展望部分，可以阐述项目未来的发展方向、可能的扩展计划、预期的效益和影响等内容。

下面是"高铁卫星通信接入关键技术及应用"这个项目的总结与展望。

✎ 范例

> 本项目针对高铁平台，研制了适用于高速载体的超低剖面动中通天线系统，采用了机械式相控阵天线技术，相比于现有的动中通天线系统，大大降低了动中通天线系统的剖面高度。本项目完成了航空车载移动互联网络架构搭建、车载超低

四、活动策划书

（一）活动策划书的意义

活动策划书可以确保活动的各项工作有条不紊地进行，避免遗漏重要环节。同时，它也是一种沟通工具，让所有相关人员对活动的各个方面有清晰的了解，以协调各方资源。它可以作为未来开展活动的参考依据，帮助团队总结经验、改进不足。它还可以帮助团队整合各种资源，包括人力、物力、财力等，以确保活动的顺利进行。

（二）活动策划书的特点

1. 创新性

创新性是活动策划的灵魂。只有具有创新性的活动策划书，才是真正的活动策划书，才能够吸引和感染公众，使活动取得良好的效果，达到预期的目的。

2. 针对性

专题活动是人们普遍参与的活动，目标对象广泛，因此在写活动策划书之前一定要充分了解活动的真实意图与实际的受众群体，才能让活动达到预期的效果。

3. 逻辑性

所有活动都必须按程序系统有条不紊地开展，因此活动策划书也必须具有严密的程序性和逻辑性，整体活动的安排、场景的设计、环节的筛选都必须围绕活动主题进行。

4. 可操作性

活动策划书是活动的行动方案，活动要照此付诸实施。活动往往没有再来一次的机会，一旦出现失误就无法弥补，这就需要在写作活动策划书时十分严谨，对每一步行动都做出科学的预测，使其具有较强的可操作性。

5. 灵活性

活动过程中可能出现无数种突发情况，因此在活动策划书中每一个环节都要有可控的变量，对可能出现的结果要有预期，甚至需要形成第二套方案。

（三）活动策划书的结构和写作

活动策划书由标题、正文和落款构成。

1. 标题

标题可分为单标题和双标题两种。

（1）单标题一般采用完整式标题，要求尽可能具体地写出活动的更多信息，结构是"时间＋单位名称＋主题内容＋文种"，如《2019年广东药科大学"校园体育文化节"活动策划》。当然，也可以省略时间和单位名称，只保留"主题内容＋文种"，如《"让消费者满意"专题活动策划》。

（2）双标题也就是正副标题。其中，正标题可以交代活动策划书的主题，副标题可以交代活动策划书的名称，即"×××活动策划书"。如《爱我名城、创造未来——××局国庆系列活动策划书》这个标题，"爱我名城、创造未来"是正标题，"××局国庆系列活动策划书"就是副标题。

2. 正文

正文部分主要涵盖3个方面的内容，一是活动概述，二是具体活动方案，三是注意事项与应急预案。

（1）活动概述

活动概述主要交代为什么开展活动，包括活动目的、背景、主题、意义等内容。

活动目的是指活动的目标，陈述时要简洁明了、具体化。活动背景包括活动举办原因、时代背景和环境背景等。活动主题要求简练地表达活动的主旨。活动意义包括文化、教育和社会效益，以及预期产生的效果等。

✎ **范例**

××公司团建活动策划书

一、活动目的

（一）欢迎新员工加入温暖友爱、团结奋进的××大家庭。

（二）放松身心，缓解工作压力。

（三）感恩时代，同心逐梦，感恩有你，同心协力。

二、活动主题

携手奋进，感恩有你。

三、活动时间

××××年××月××日（星期六），13:00—17:30

四、活动地点

××公园烧烤吧（顺城街29号）

五、活动参与人数

53人

【评析】

这份活动策划书的前5点就是活动概述，它交代了××公司团建活动的目的、主题、时间、地点和参与人数，内容简明扼要。

（2）具体活动方案

具体活动方案交代怎么举办活动，主要包括活动的组织形式、筹备分工、前期准备、活动流程、后期工作和经费预算等，其中重点是前期准备、活动流程、后期工作和经费预算。

前期准备涉及宣传形式、组织报名等内容。宣传形式要符合方便、有效、多样的要求，尽可能达到最好的效果；组织报名则要求覆盖面广，信息准确翔实。

　　活动流程是活动策划书的核心，主要包括时间节点、具体活动安排和场地的布置情况等内容。活动流程的表述应简单但要突出重点，容易理解；内容要全面，涵盖每一个细节，尤其对策划内容和实施步骤要做详细说明。各项策划工作应按时间顺序排列，绘制时间表有助于核查方案。组织配置、活动对象、应变程序、权责、时间和地点也应在其中说明。

范例

六、活动内容及流程

（一）集合整队　13:00—13:30

所有人员自行搭乘交通工具前往指定活动地点集合，各部门负责人清点人数，整顿队伍。

（二）活动宣讲　13:30—13:40

1. 总经理致辞。

2. 综合部负责人宣布活动目的，说明活动流程和纪律，提醒注意事项，等等。

（三）趣味运动会　13:40—15:25

1. 团队建设　13:40—13:50

将各部门成员分散，重新组成4个小队，每队选出一名队长，队长负责设定队名、口号，组织队伍并规划游戏策略。

2. 游戏比拼（游戏详细规则见方案附件）

A 破冰游戏——团队人椅（不计入游戏得分）13:50—13:55

B 珠行万里　13:55—14:05

C 鼓动人心　14:05—14:25

D 呼吸的力量　14:25—14:45

E 不倒森林　14:45—15:00

F 穿越火线　15:00—15:15

3. 现场颁奖　15:15—15:25

（四）茶歇时间　15:25—15:45

（五）企业文化宣讲会　15:45—16:30

专题宣讲企业文化理念的核心内涵和本质要求，以高水平文化建设赋能高质量发展，增强员工的企业文化认同。

（六）企业职工座谈交流会　16:30—17:30

促进员工间的沟通与交流，增进部门与员工间的感情，增强员工对公司的满意度与归属感。

【评析】

　　这就是活动策划书中活动流程部分的内容，活动的安排以时间为线索。每一项安排具体合理，具有很强的可操作性，组织者拿到活动策划书就可以具体实施。

当然，活动策划书还要把每个环节的分工和相关责任人写明白，做到各有分工，各司其职。

✎ 范例

七、分工及相关责任人

（一）活动总指挥：××总

（二）活动总协调：综合部××

（三）场地负责：综合部××、××

（四）游戏环节道具准备：综合部×××

（五）食品采购（烧烤食材及零食、酒水、奖品零食礼包）：财务部×××、×××

（六）订餐：综合部××、×××

（七）活动宣传物料（布标、证书、红包、奖金）准备：综合部×××

（八）活动签到、考勤：综合部××

（九）活动拍摄及影像整编：运营部×××

（十）物料运送：运营部×××、××

（十一）新闻采编及公众号发文：运营部×××

（十二）费用审核及账目结算：财务部×××、×××

【评析】

后期工作就是活动结束之后的扫尾工作。活动结束后，需要安排清理人员、归还借用的设备、拍摄合影、安排餐饮招待、做好后续联络工作，并进行总结。同时，部门分工也要明确，确保相关工作要求得以落实。

对于经费预算，策划者根据实际情况进行具体、周密的计算后，确定每一项开支的数目以及方式等，以清晰明了的形式（建议用表格）列出。

✎ 范例

Love Mother Earth 番禺天河城展览活动费用预算表格式如表2-1所示。

表2-1 Love Mother Earth 番禺天河城展览活动费用预算

时间：2020 年 12 月 25 日至 2021 年 1 月 17 日

地点：番禺天河城四楼连廊

内容：Love Mother earth 作品展览、绘乐盒月捐大使招募、MOart 项目推广

序号	项目	内容	数量	单价/元	总价/元	备注
1	展览费用	线下作品展览搭建及装置等物料费用	1项	35 000	35 000	包括安装、搭建、拆卸，以及现场互动区装置等物料费用
2	设计费	联名环保袋设计、作品展示效果图设计费用	1项	6 000	6 000	

序号	项目	内容	数量	单价/元	总价/元	备注
3	宣传品	活动宣传品设计及制作费用	1项	2 000	2 000	宣传册等制作
4	衍生品	衍生品设计及制作费用	1项	5 000	5 000	
5	活动策划	邀请机构参与活动策划的费用	4场	800	3 200	预计4场线下互动活动
6	活动物料	活动期间的物料费用	1项	2 000	2 000	
7	志愿者补贴	活动期间驻场志愿者补贴	24天	100	2 400	预计全程24天，每天2名志愿者驻场，补贴50元/人
8	不可预计费用		1项	2 000	2 000	
9	合计				57 600	

资料来源：广东公益恤孤助学促进公众号

（3）注意事项与应急预案

正文部分的第三项内容就是注意事项与应急预案。这个部分主要是补充说明怎样举办得更好。内外环境的变化、突发情况等可能会给方案的执行带来一些不确定性因素，因此，应该针对上述情况提出注意事项与应急预案。

其中，注意事项包括准备、检查、复核、确认工作，细节执行提示，不确定因素、损耗问题。应急预案是指应对特殊情况的方案，如设备的维修、人员的替换、活动的替换等，对于这些情况，都要事先做好安排，并在应急预案里详细呈现出来，目的是保证活动的顺利进行。

范例

九、应急方案及注意事项

（一）活动中如遇到突发问题，应及时处理，确保活动正常进行。

（二）负责维持秩序的部门做好活动秩序计划。

（三）活动过程中工作人员应提前准备，确保活动不被耽误。

（四）活动结束后，工作人员应做好活动场地的清洁和恢复工作。

【评析】

上述范例列出了现场的不确定因素以及应对方法，当然也有不足之处，就是还不够具体，策划者还可以把每个事项具体落实到负责人，不确定因素还可以再详细些，如人员替换、设备故障等突发情况具体怎样应对。

3. 落款

活动策划书的最后一个部分就是落款，落款应写明策划者名称（单位）和成文时间。策划者往往不是个人，而是某个项目组或某个部门，必要时还需要加盖公章。

📋 **小贴士**

写作活动策划书的注意事项

在策划活动时，我们要尽量做到考虑周全，还要使活动切实可行，因此，在写作活动策划书时，我们要注意以下几点。

1. 集思广益，全面把握信息

在进行写作之前，需要充分准备，应该广泛征求各个相关部门和相关人员的意见建议，集中群体的智慧，并采纳有益的建议。必须通过采访、考察、咨询和查找等多种途径，广泛收集资料。只有充分汲取众人智慧，全面把握信息，才能使活动策划书新颖独特。

2. 方案详尽周密，有可操作性

活动的举办是否成功取决于方案的执行是否顺利，而方案中工作任务的安排详尽周密是活动策划书可操作性的重要保障。例如在前期准备这个部分，策划者需要将准备的物资以及数量详细地罗列出来，人员的安排、每一个人负责什么工作以及相应的时间要求等都要条目清晰、准确无误。

3. 创意新颖

独特的创意是活动策划书的核心。创意的构思应超越传统、打破常规，策划者可运用头脑风暴等方法激发创意。

第四节　调查报告

一、调查报告的概念

考察社会现象离不开社会调查，从广义上来说，任何一种有意图的信息收集活动都属于调查的范畴，比如说干部下乡了解情况、记者进行街头采访、消费者打听商品信息、警察收集犯罪证据等。

微课堂

调查报告

在专业学科领域中，调查具有特定含义，指的是一种科学研究活动，旨在通过客观程序收集、记录、统计、分析数据或资料，以揭示事物现状、过程、问题。调查报告则是对调查材料进行认真总结、归纳、分析研究，并根据结果撰写的书面报告，反映客观实际、揭示事物本质和规律。

调查报告是对特定主题或问题进行系统调查后所得出的结论和建议的书面总结。它包括数据收集、分析和解释，以及对研究结果的评估和推断，通常用于向决策者、利益相关者或公众传达调查的发现和建议。这一文种可以有效地帮助人们了解事情真相、掌握规律、交流经验，并指导实践。

二、调查报告的特点

作为一个实用性文种，调查报告在工作中适用范围广、使用频率较高、实用性较强，有以下几个特点。

（一）系统性

调查报告是经过系统的数据收集、分析和解释得出的结论，调查报告需要遵循一系列系统化的步骤。首先，需要进行数据收集，也就是收集相关的信息和资料。然后对这些数据进行分析，通过统计学或其他方法对数据进行处理和解释。最后，根据数据分析的结果得出结论。这个过程是有条不紊的，遵循科学的方法和逻辑，因此具有一定的科学性和客观性。这意味着调查报告的结论是基于客观的数据和分析得出的，而非主观臆断或偏见。

（二）典型性

典型性指的是调查报告具有代表性，能够全面和准确地反映客观事物的本质。调查报告的成功取决于所揭示问题的普遍性以及所使用材料的代表性。因此，在撰写调查报告时，最好选择具有典型意义的材料，所揭示的问题必须具有代表性，能够反映一类事件的共同特征。只有这样，调查报告才能更好地揭示现实事物的本质和规律，才具有现实意义和普遍指导意义。

（三）理论性

调查报告不只是对客观事物的表面反映，它需要对大量的材料进行分析和综合，以揭示事物的本质和规律。因此，调查报告需要从感性认识上升到理性认识的高度，并具有一定的理论深度，而不是简单的材料堆积或具体描述。

（四）时效性

调查报告是针对社会的实际需要而写作的，它要回答和解决的应该是当前工作中的新问题、新情况，具有较强的时效性。已经过去的、不再需要讨论的问题，在写作的过程中就需要舍弃，而不是再去调查研究，否则就是浪费时间，调查报告也不会具有现实意义。

三、调查报告的分类

调查报告涉及面广，按照内容划分可以分为经验调查报告、情况调查报告和问题调查报告。

（一）经验调查报告

经验调查报告也被称为典型调查报告，其主要目的是介绍具有一定典型性的社会实践经验，重点在于推广先进的典型经验，以指导全局性工作。这种调查报告不仅要介绍基本的工作情况，还要从事物发展的整个过程中找出规律，使之具有普遍的指导意义。

（二）情况调查报告

情况调查报告反映了某一区域、公司、职业或某一方面的基本概况、发展历史和趋势，在实际运用中最普遍，其涉及的领域广泛，可以是意识形态的，也可以是物质形态的。如这种调查报告既可以涉及政治、经济、军事、文化、科技、教育等诸多方面的内容，也可以就某一领域的某一方面情况展开调查，如对人生观、消费、住房、婚姻、就业等诸多项目的调查。这种调查报告也是工作中最常用的一种，旨在为上级部门或有关单位提供决策参考，作为执行某些政策、制订工作方案、形成战略策略的依据。一般这种调查报告内容比较全面具体，观点比较明确，可以反映成绩，也可以反映存在的问题和解决问题的意见。

（三）问题调查报告

问题调查报告的主要用途是把当今社会中的畸形文化、不良风气以及一些人群的劣根性揭示出来，旨在把有关部门和大众的视线引到这里来，让大家从中吸取教训、反省自身，寻找解决问题的途径和办法。

四、调查方法

在撰写调查报告时，无论选题类型或调查方式如何、作者提前设定的调查目的是什么，调查方法都可以随之而调整。掌握科学的调查方法对调查工作的顺利进行至关重要，有助于确保调查报告更全面客观。调查和分析研究是撰写调查报告的前提和基础，只有经过充分调查并获取大量可用资料，才能得到真实的数据，奠定调查报告的基础。按照不同的分类标准，调查方法可以分为不同的类型。

（一）按调查对象的范围来分

1. 普遍调查法

普遍调查法俗称普查法，这种方法是指在确定的调查范围内，对所有的调查对象都进行全面的调查，以获得完整、系统的资料。普遍调查法的优点非常明显，因为它把每一个调查对象都调查到了，所以获取的资料和数据应该是最全面、最准确、误差最小的；但它的缺点也同样明显，它的性价比偏低，人力、财力、物力的投入都相当大，成本过高。

2. 典型调查法

典型调查法对特定群体或个体进行深入的、详细的调查和观察，以了解其特征、行为、态度等方面的信息。这种方法通常包括面对面的访谈、问卷调查、焦点小组讨论等形式，旨在深入了解调查对象的特定情况和观点。典型调查法可以帮助研究者获取详细的个体或群体层面的信息，从而进行深入分析和理解。典型调查法重点不在于认识几个典型，而在于借助典型认识其所代表的同类事物的共性。这种方法无疑比普遍调查法经济、省时，成本较低，但它的使用也存在着难点，那就是如何准确地选择典型。因为是研究者主观选择，所以存在着主观臆断的可能，研究者很可能选择错误，误将个例当成典型，就会造成失误。

3. 抽样调查法

抽样调查法是一种从总体中选择部分个体进行调查和研究的方法。这些被选择的个体被称为样本，其特征和行为被用来推断总体的特征和行为。抽样调查法可以帮助研究者在更小的成本和时间范围内获取总体的信息，从而进行统计推断和分析。这种方法可以说兼具普遍调查法和典型调查法的优点，而去除了它们的缺点，比起普遍调查法来它更经济省时，而与典型调查法相比，抽样调查法只需要对样本进行调查，可以节省大量时间和成本。在实际调查中，研究者往往无法对整个群体进行调查，抽样调查法提供了一种可行的方法来获取代表性数据。科学的抽样方法可以确保样本具有代表性，从而提高数据的准确性和可靠性。研究者可以对抽样调查得到的数据进行统计分析，从而得出对整个群体来说具有代表性的结论。总的来说，抽样调查法在节约成本、提高效率、保证数据质量等方面具有明显的优势。

（二）按收集数据的方式来分

1. 文献研究法

文献研究法是一种通过收集、整理、分析已有的书面资料和文献进行研究的方法。这种方法通常用于文学、历史、社会科学等领域的研究，其优点如下。

资料广泛，可以涵盖大量的已有文献和资料，包括书籍、期刊、报纸、档案等，为研究提供了丰富的信息来源。相比于实地调查或实验研究，文献研究法不需要额外的调查和实验成本，节约了时间和经济资源。而已有的文献和资料通常具有可追溯性，可以帮助研究者了解相关领域的发展历程和研究进展。通过对文献的深入分析和综合比较，研究者可以得出系统性的结论和见解，这可以作为其他研究方法的基础，为后续的实证研究提供理论支持和背景资料。

2. 实地观察法

实地观察法是指研究者直接深入调查第一线，通过直接观察、记录环境或社会现象来获取数据和信息的方法。这种方法也经常和其他调查方法结合起来使用，例如我们召开座谈会进行调查，那么座谈的对象可以是随机抽取的，这就是它和抽样调查法的结合；对某个对象进行访谈或采访，那么采访对象可以是我们选择的典型对象，这就是它和典型调查法的结合；全国人口普查时，普查员进入居民家中进行家访，这就是它和普遍调查法的结合。

3. 问卷调查法

问卷调查法是一种社会科学研究方法，通过向调查对象提出一系列问题，收集其书面或口头答复，以获取数据和信息。这种方法通常用于社会学、心理学、市场调研等领域的研究。研究者事先设计好一系列问题，包括开放性问题和封闭性问题，以确保调查对象能够清晰地理解并回答。问卷调查法通常涉及大量调查对象，这能确保数据的代表性和可靠性。为了鼓励调查对象诚实回答，研究者通常需要保证调查对象的回答是匿名的，不会泄露其个人信息。研究者对收集到的问卷数据进行统计分析，以发现其中的规律和趋势，从而得出研究结论。问卷调查法产生的数据通常是定量数据，可以进行统计分析和数值比较，有利于量化研究结果。总的来说，问卷调查法在获取大量数据、进行量化分析、探索人们的观点和态度等方面具有优势，是许多社会科学研究中常用的方法之一。

五、调查报告的结构

作为一种实用性很强的事务文书，调查报告的结构是比较简单明了的，主要包括标题、正文和落款。

（一）标题

1. 公文式标题

公文式标题的结构是"关于+调查对象+调查内容+文种"，这样能简明扼要地展现调查内容。这种写法庄重平实，使读者一看即知调查内容，易于理解，易于掌握，如《关于××高校大学生消费情况的调查报告》《关于×××飞机经济出口舱门打开事件的调查报告》等。

2. 提问式标题

提问式标题通过正面提问或反面提问的方式，把要表达的内容问出来，常用于揭露问题的调查报告中，特点是容易引起读者的关注和共鸣，如《大学生为何陷入"生活费不够用"的窘境？》《脱发是怎样造成的？》《药价为何居高不下？》等。

3. 引用式标题

引用式标题引用、借用或改用诗词或数字、符号等作为调查报告的标题。这种标题具有一定的文学色彩，更加形象、生动，引人联想，促人深思，如《爱美之心，人皆有之——大学生化妆品使用情况调查报告》等。

（二）正文

正文分为3个部分：前言、主体和结尾。

1. 前言

前言是调查报告的开头，主要目的是简明扼要地介绍有关事件调查的情况，或提出全文的引子，为正文写作埋好伏笔，是整篇调查报告的纲领和基调。前言一定要开门见山，紧扣主题，凝练扼要，有吸引力。常见的前言写法有以下3种。

（1）概述式，即阐明写作该调查报告的原因或目的，概括交代调查的基本要素和基本情况，如交代调查的目的、时间、地点、对象、范围、方法、经过及调查小组的基本情况等，使读者在一开始就对调查的过程和基本情况有全面的了解。

（2）提要式，即在进行调查或研究时，对调查对象的历史背景、发展经过、现实状况、主要成绩、突出问题等基本情况进行概括，让读者对调查对象有大致的了解。这种方法有助于为读者提供整体的认识，使其更好地理解后续的详细内容。

（3）提问式，可以是主观设问，也可以是简介引入，但都能在提问的时候就紧扣主旨，引起读者的思考和兴趣。

2. 主体

主体是调查报告的核心部分，它既是一篇调查报告得以存在的血肉，也是骨架。这个部分可以充分地阐述研究所得成果，体现出此次调查研究的意义和价值所在。主体的表达方式主要是叙议结合。

主体需要归纳总结调查所得的真实现象，分类梳理调查对象的不同特征与情况，将整合的资料以清晰明了的方式列举出来，可以配合图表更清晰地表明调查事实，同时又要对调查的事实做分析，在列举材料和数据的基础上，透过现象总结出规律性的认识，这部分可以分析经验和成绩，也可以分析原因和问题，总之要反映出事物的本质，使读者的认知有新的跨越和提升。最重要的是调查所得结论，作者的观点可能多少存在主观性的影响，所以作者一定要基于调查时的客观情况和事实，做到公正与公平。

主体内容按照调查报告的种类不同，可以分为以下几种结构。

（1）"情况—调查结果—建议"结构。这种结构先阐述调查对象的整体情况，然后介绍调查结果，最后总结经验，提出建议，多用于情况调查报告。

（2）"成果—具体做法—经验"结构。这种结构先介绍调查对象取得的成绩，再分析取得成绩的具体方法，最后总结经验，多用于经验调查报告。

（3）"情况—问题—意见"结构。这种结构先介绍调查对象的基本情况，肯定其成绩，再找出调查中所反映的问题并进一步分析问题的成因，进而提出改进意见或建议，多用于调研报告或问题调查报告。

3. 结尾

结尾需简洁，突出重点，归纳整个调查报告的中心思想和论点；同时查摆问题、进行一定的展望；也可以采用议论性结尾，引发读者运用批判性思维反思社会现状；或采用自然结尾，即以调查报告的正文内容结束部分作为全文结尾，不必另续结尾。

（三）落款

在正文右下方写上作者姓名和成文时间。

六、调查报告的写作要求

（一）关于调查

从实际需求出发，选择调查课题，明确调查目的，确定调查对象，并拟定调查大纲。"没有调查，没有发言权"，研究者应使用多种调查方法，如调查会议、个别走访、实地考察、问卷调查、查阅档案等。为使调查报告所用材料具有权威性和可靠性，研究者需要深入实际，详细掌握大量第一手资料，据此进行分析和综合，形成见解，得出正确结论。

（二）关于主题

主题是一份调查报告的指引和航向。一份调查报告有无价值就在于它是否有一个明确的调查主题。调查报告反映的是一个全局性的社会研究，包括调查的意义、调查的内容、调查的原因、调查的途径、调查的办法、调查的结论以及调查报告的撰写形式，其中心就在于主题。

（三）关于分析

科学分析，揭示事物规律，要本着由此及彼、由表及里的原则。在撰写调查报告的过程中，研究者如果仅仅堆砌调查时记录的一些现象或者平铺直叙某些事情，没有进行科学系统的分析和梳理，那么调查报告就会像一篇叙事文一样，没有论据，无法立足，只能在结尾苍白而空洞地阐述一些观点。

（四）关于写作

研究者需要明确的一个写作顺序是，先归纳总结，在大量的调查数据中梳理出中心观点，比如可以抛出一个假设的观点，再用调查所得数据去验证，但一定要避免过多介入主观意识和思维。在写法上要具体，不要空洞。

（五）关于语言

调查报告需要用实例来解释说明，语言简洁、准确。表达方式可以采用叙述与议论结合的方式，议论辅助叙述，禁止采用抒情或者主观色彩过于浓厚的写作方式。行文流畅，不赘述，点到即止，结构平衡，字数均匀，可以用第三人称代词，尽量避免第一和第二人称代词。

第五节　场景写作

一、计划的场景写作

情景创设

健身教练是一种专业性很强的职业，他们通过专业的知识和技能来指导人们进行锻炼，帮助人们达到健康和体能目标。通常需要接受相关的培训和认证才能从事这种职业。健身教练会为客户制订个性化的健身计划，指导客户采用正确的运动姿势和训练方法，监督客户的运动状态并提供反馈，鼓励和激励客户坚持锻炼，以及提供营养建议和健康生活方式指导。他们还需要负责维护健身设备和协助客户制订健康目标。

随着人们对健康生活方式的重视和健身意识的提高，越来越多的人开始寻求专业的健身指导和训练。健身教练能够帮助客户制订个性化的健身计划，提供专业的指导和建议，以及在锻炼过程中给予鼓励和支持，因此受到了社会的认可和欢迎。

学习设计要求

健身计划要为客户制订个性化的健身策略，并针对不同客户的体质和目标进行个性化安排，帮助客户提高身体素质、增加肌肉力量、改善身体柔韧性等。

写作实践

请你分析思考情景创设中的有关内容，结合自身实际情况写一份健身计划。

二、总结的场景写作

情景创设

王艳是一名大二的学生，她学习成绩十分优异，成功竞聘成为班级的学习委员。担任学习委员后，她开展了一系列改变班级学习风气、提高同学们学习积极性的活动，得到了同学们的肯定和老师的表扬。一学期快结束了，按照老师的要求，她将对本学期自己担任学习委员的工作进行全面总结。

学习设计要求

总结有两个方面的要求。一是总结内容要全面，要突出重点，着重总结担任学习委员时取得的成绩和经验，但也要总结工作中的不足；二是结构要清晰，正文部分可以按照基本情况、成绩和经验、问题和教训、今后的设想和努力的方向这一思路进行写作。

写作实践

请你仔细分析情景创设中的有关内容，以王艳的名义，写一篇1000字左右的工作总结。

三、策划书的场景写作

情景创设

近年来，当代艺术市场快速发展，一个英文单词不断地进入我们的视野——Curator，中国艺术界习惯把它翻译成"策展人"，从字面意思理解就是策划展览的人。随着艺术的全球化发展，近年来，这种新兴的职业活跃于世界各地的各大博物馆、美术馆，他们参与各种规模的艺术展览。随着当代艺术不断发展，越来越多的人需要艺术来满足自己的精神需求，艺术界对这种职业的要求也越来越专业化。全球的各大院校逐渐开设了"策展专业"，专门培养职业的策展人。

策展人是指在艺术展览活动中进行构思、组织、管理的专业人员，通常是指在博物馆、美术馆等非营利性艺术机构专门负责藏品研究、保管和陈列，或策划组织艺术展览的专业人员。依据工作性质的不同，策展人也可分为美术馆、博物馆等艺术机构的常设策展人和独立策展人。独立策展人在身份上不同于常设策展人。

曾经有人这样评价策展人："如果艺术家是明星，那么策展人便是导演。"如同导演一般，在一场艺术展览中，策展人是一个掌控全场、至关重要的人物，甚至可以说是一场艺术展览的灵魂。策展人是位于艺术展示机构和艺术家之间的中介人，当然更是大众和艺术展示机构之间的桥梁。他们还是艺术家和展览空间、投资者、收藏家和评论家之间的重要桥梁。他们的任务就是发现问题，创造议题，通过展览打动公众。他们不是所谓"挂画的人"，而是创造时刻以及融合不同想法、做法和观点的发明家。

学习设计要求

根据展览的主题和背景对展览进行策划，具体包括：确定展览的选题立意；组建策展团队，明确项目目标和分工；确定展品的结构体系和展品遴选；策划方案撰写；展览文本撰写；宣传推广工作；等等。按照活动策划书的结构写作展览活动策划书，具体内容包括活动概述、具体活动方案、注意事项与应急预案3部分，尤其要写清楚具体活动方案中的活动流程，主要包括时间节点、具体活动安排和场地的布置情况等。

✎ 写作实践

请你深入思考情景创设中的有关内容，联系实际，写一份"书画展"活动策划书。

四、调查报告的场景写作

📖 情景创设

生命在于运动。健康需要运动，运动促进健康。只有时时刻刻加强锻炼，强健自己的体魄，才能拥有健康的身心。国务院于 2011 年印发《全民健身计划（2021—2025 年）》，全民健身已上升为国家战略。对高校而言，关注和重视大学生体育锻炼问题，加强大学生体育锻炼，增强大学生体质，全面提高大学生的身心健康水平也是重中之重。

📖 学习设计要求

运用所学的调查方法，设计调查问卷或访谈问题，并进行调查。

写作调查报告需要使用正确的调查方法，同时还需要坚持实事求是的原则，要求讲究客观真实，不弄虚作假，尤其对一些重要数据和关键事实等，要反复核实，力求精准。

✎ 写作实践

小王是××大学体育学院的学生，在××健身俱乐部健身教练岗位实习。为了了解当代大学生运动健身的状况，小王以问卷调查和访谈调查等形式，对大学生的运动健身习惯、运动频率、运动方式、运动场所、运动目的和运动健身消费等情况进行了调查。请你以小王的名义，写一份当代大学生运动健身状况的调查报告，要求1 500字以上。

综合练习

一、多项选择题

1. 计划和总结在工作中分别扮演着不同的角色，它们的区别有（   ）。

    A. 时间顺序不同   B. 目的不同

    C. 内容侧重点不同   D. 作者不同

2. 调查报告涉及面广，按照内容划分可以分为（   ）。

    A. 经验调查报告   B. 情况调查报告

    C. 问题调查报告   D. 普遍调查报告

二、判断题

1. 总结的主要作用是指导和组织工作，确保工作按照预期的方向和进度进行。（   ）

2. 在撰写总结的时候，要注意总结的特点。（   ）

三、简答题

1. 计划的特点有哪些？

2. 项目策划的主要框架有哪些？

3. 编写一个关于内部员工满意度调查结果的总结报告时，你需要注意哪些要点？

第三章 科教文书写作

【知识目标】

1. 了解实习报告、论文、毕业设计和申论等科教文书的概念、特点和作用。

2. 熟练掌握科教文书的写作格式和写作要求，熟练写作实习报告、论文、毕业设计和申论等科教文书。

【素养目标】

1. 学会总结思考，培养探索创新的科研思维。

2. 培养理性严谨的求学做事态度和严密的逻辑思维能力。

3. 培养诚信的学术态度和道德品质。

第一节 实习报告

实习报告是实习者对其实习期间的事件、信息、知识、技能、经验进行总结和反思的文档。实习报告的目的是让实习者对自己在实习中遇到的问题、获得的技能和知识进行深度思考，并系统地归纳和总结这次实习经历。实习报告不仅是实习者对实习经历的总结，也是实习者已完成具体实习工作的一种证明。它可以帮助实习者反思实习经历，提升自我认知，更好地规划自己未来的发展方向。同时，学校或指导教师可以通过实习报告了解实习者的实习情况，对其进行合理评价，也有助于学校或指导教师未来改进实习课程、优化实习机制。

一、实习报告的概念

实习报告是实习者在实习结束时向学校提交的汇报材料，它是对实习工作的全面总结，也是对实习收获和体会的总结。

通过撰写实习报告，实习者可以认真回顾和总结自己的实习情况。这有助于实习者将理论与实践相结合，积累工作经验，并提高解决实际问题的能力。同时，实习报告也为实习者正式步入工作岗位奠定了良好的基础。

在撰写实习报告时，实习者应该全面地反思自己的实习经历。这包括对工作内容、实习期间的具体任务、遇到的困难和挑战等进行详细描述。同时，实习者还应该对自己在实习中取得的成果和收获进行评估和总结，包括技能的提高、专业知识的应用、沟通与协作能力的培养等方面。

实习报告要求实习者以客观、准确的态度对待实习经历，不夸大或美化实习成果。实习报告应该真实地反映实习者的实习情况，提供有益的建议和反馈，以便学校更好地了解实习者实习的情况，为学校今后的教育和培养提供参考。

总之，实习报告对于实习者来说具有重要的意义，它不仅是对实习者实习经历的总结，也是实习者为未来职业生涯做好准备的关键一步。

二、实习报告的特点

实习报告具有以下特点。

（一）总结性

实习报告是对实习经历的总结，包括实习过程中遇到的问题、采取的解决方案和获得的经验教训。通过撰写实习报告，实习者可以对实习所获得的经验和教训进行总结，并为将来的工作做好准备。

（二）完整性

实习报告需要完整地记录实习者的实习过程，体现实习者在实习中掌握的基础理论、专业知识以及对技能和能力的综合运用。实习报告的撰写过程可以促进实习者对知识的系统化吸收和升华。

（三）真实性

实习报告应客观、如实地反映实习的真实情况。每个实习者的实习经历都是不同的，所以实习报告应根据个人的实际情况进行撰写，记录实习者真实的实习经历。

（四）专业性

实习报告要求实习者运用所掌握的专业知识对实习工作进行总结。实习报告应涉及专业理论的提升，实习者应运用专业知识对实习岗位和工作进行再认识和分析。

综上所述，实习报告是一份具有总结性、完整性、真实性和专业性的文档，对于实习者来说具有重要意义。通过撰写实习报告，他们可以从实习中汲取经验教训，提升专业素养，并为未来的职业生涯做好准备。

三、实习报告的类型

实习报告可以根据实习单位的种类或者实习报告的内容进行分类。

（一）根据实习单位种类分类

根据实习单位种类的不同，实习报告可以分为建筑设计实习报告、酒店实习报告、营销实习报告、会计实习报告等。每个实习单位都有其特定的工作内容和要求，因此实习报告的具体内容也会根据实习单位的种类而有所不同。

（二）根据实习报告内容分类

根据实习报告内容的不同，实习报告可以分为专题实习报告和综合性实习报告。

1. 专题实习报告

专题实习报告侧重于某个具体的实习项目或任务。例如，在建筑设计实习中，实习者可以针对某个具体的设计项目进行深入研究和总结。

2. 综合性实习报告

综合性实习报告对整个实习过程进行全面的总结和分析。它包括实习者实习期间的各项工作内容、所学到的知识和技能，以及实习过程中遇到的问题和采取的解决方案。

无论是哪种类型的实习报告，实习者都应根据实际情况进行详细的描述和分析，并结合自己的观察和体会进行深入思考和总结，重点是以客观、清晰和准确的方式表现实习经历和收获，并反映实习对个人职业发展的意义和影响。

四、实习报告的结构

实习报告一般由标题、署名、正文、落款4部分组成。

（一）标题

实习报告的标题有3种。

1. 只写文种的标题

在第一行居中位置写上"实习报告"4个字，表示这是一份实习报告。

2. "实习内容＋具体实习项目"的标题

这类标题根据实习的内容和具体的实习项目来命名。例如，可以写成《教师实习报告》来准确地描述实习内容。

3. "正标题＋副标题"的标题

正标题可以是一个概括性的主题或宗旨，副标题则可以补充具体的实习环境或时间等信息。例如，正标题为《学高为师，身正为范》，副标题为《在××中学的寒假实习报告》。

选择何种实习报告标题取决于实习的具体内容和要求，实习者可以根据实际情况进行灵活运用。无论选择哪种标题，标题都应该简明扼要地概括实习报告的主题，并让读者对实习报告的内容有初步了解。

（二）署名

实习报告的署名有两种常见方式。

一种是在标题之下另起一行居中。在标题下方另起一行，将系别、专业、所在班级以及姓名等信息居中写上。这样的署名方式可以使读者清楚地知道实习报告的作者身份。

✏️ 范例

关于在××有限公司从事××岗位的实习报告
系别：×××　　专业：×××　　班级：×××　　姓名：×××

另一种是在文章结尾的右下方署名。将署名放在实习报告的最后一页，在右下方写明系别、专业和姓名，并标明日期。这样的署名方式可以更加整齐地结束实习报告，并表明作者对实习报告内容负责。

✏️ 范例

系别：×××
专业：×××
姓名：×××
××××年××月××日

选择哪种署名方式取决于个人偏好和实习报告的格式要求。无论采用哪种署名方式，署名都应该包括系别、专业、班级和姓名等相关信息，以确保读者对实习报告的作者有清晰了解。

（三）正文

一般实习报告的正文结构会因为实习专业的不同而不同。比如论文式的实习报告包括概述、实习项目简介、实习内容综合分析、实习总结和结束语等。一般性的实习报告的结构宜简不宜繁。一般实习报告的正文包括基本情况、实习内容和过程、实习总结和体会3部分。

1. 基本情况

基本情况是实习报告的前言，主要介绍实习的时间、地点、单位及岗位、任务、目的和意义等。

2. 实习内容和过程

实习内容和过程包括实习内容、实习环节、实习具体做法等，具体如下。

（1）完整地交代实习的具体任务。实习者将在学校学到的理论知识应用于实践，通过实践更好地掌握理论知识，将课本上的"死"知识变为实践中的"活"知识。

（2）观察体验在学校没有接触过的东西，看看它们是以什么样的方式方法、怎样的形态或面貌出现的。通过观察，实习者可以发现实践与理论的联系方面的规律。比如，工科学生原来只在课本上见过具体的机械图文，只能通过理论了解机械的具体工作原理，通过实习，他们就可以了解到具体的情况，将理论与实践相结合，理论就变得不再那么抽象了。

3. 实习总结和体会

在实习总结和体会部分，实习者可以结合实习中具体的事例写出自己的感受，比如有何收获、得到什么经验与教训、比较实际情况与学校所学知识的不同之处以及自己今后在工作学习上努力的方向。

（四）落款

实习者如果在实习报告的标题下方已经署名，那么只需要在正文的右下方标明日期即可，用以表示实习报告的完成时间。这样可以清晰地展示实习报告的撰写日期，并使读者对报告的时效性有所了解。

微课堂

实习报告的写作

✏️ **范例**

实习报告

姓名：张三　　　班级：123456789　　　就读院校：XYZ大学

实习单位：ABC公司

实习时间：2022年6月—2022年9月

一、基本情况

我于2022年6月至2022年9月，在ABC公司进行了为期3个月的实习，实习地点位于北京市海淀区中关村科技园。

二、实习过程

实习内容：在实习期间，我的主要任务是参与ABC公司新产品的市场调研和竞品分析，并协助撰写相关调研报告。

实习环节：我积极参加公司内部的会议和讨论，与团队成员共同制订调研方案，并与团队成员合作完成各项工作任务。

实习具体做法：我通过阅读市场研究报告、采访潜在客户、收集竞品信息等方式，获取市场数据并进行分析，然后撰写详细的调研报告。

三、实习任务完成情况

在实习期间，我按时高质量地完成了公司交给我的任务。我充分利用网络资源和图书馆资源，提升了自己的数据收集和分析能力，在撰写调研报告时注重表述清晰、结构合理。我的努力得到了导师和团队成员的认可。

四、实习体会

通过这次实习，我深刻意识到市场调研的重要性以及竞争分析对于企业发展战略的指导作用。在实际工作中，我学到了如何进行市场调研、分析市场数据并有针对性地提出建议。同时，我也锻炼了自己的团队协作能力和沟通能力。

五、经验教训

在实习过程中，我遇到了一些挑战和困难。其中一个主要教训是时间管理方面的。由于项目任务较多，我曾经感到有些紧张且压力较大，但通过合理安排时间和优化工作流程，我逐渐掌握了高效的时间管理技巧。

六、实习的意义

此次实习使我更好地理解了专业知识在实际工作中的应用，并加深了对市场调研与竞品分析的理解。通过此次实习，我对自己未来的职业发展方向有了更明确的规划，也提升了自信心和职业素养。

七、今后在学习工作上努力的方向

基于本次实习的经验，我认识到自身在市场调研和数据分析方面还有许多不足之处。因此，今后我将继续学习相关知识，提升自己的市场调研和数据分析能力。同时，我也将注重拓宽自己的专业视野，不断学习新的技术和工具，以适应行业发展的需求。

姓名：张三

2022年9月30日

【评析】

该例文结构清晰，格式正确。正文先交代了实习的基本情况，然后交代了实习过程和实习任务完成情况，最后写了实习的体会、经验教训和今后在学习工作上努力的方向，内容完整，详略得当。

小贴士

在撰写实习报告时，应注意以下几个方面。

（1）紧密结合实习岗位，材料全面、客观。

（2）注意理论联系实际。

（3）格式规范、语言简洁。结构清晰、层次分明，内容简洁明了、表述准确。

（4）突出重点和亮点。重点和亮点可以是自己在实习中的独特表现、所取得的收获和成果、对实习单位和行业的独特见解等。

（5）体现自己的思考和创新。这可以通过对实习内容的深入分析、提出新的解决方案等方式体现出来。

第二节　论文

论文是科技工作者之间进行科学思想交流的载体，也是科学的历史。它记载了探索真理的过程，记载了各种观测结果和研究结果。

对于大学生来说，撰写论文是高校毕业要求中一个不可或缺的组成部分和实践环节，是大学生对自己在大学里所学知识、技能的一次全面检验。它有别于单门课程的学习，不局限于单门课程的内容检测，强调的是综合知识的运用。

微课堂

论文

一、论文的含义与特点

（一）论文的含义

论文是用来进行科学研究和描述科研成果的文章。它既是探讨问题、进行科学研究的一种手段，又是描述科研成果、进行学术交流的一种工具，是作者对其创造性研究成果进行理论分析和科学总结，并公开发表的一种科技写作文体。论文必须完整回答为什么研究、怎么研究和结果是什么等问题。

（二）论文的特点

1. 学术性

论文通常从研究问题出发，以学术见解为核心内容，是对存在物及其规律的学术化论证。其内容不能够止于科普知识和宣传材料，必须具有鲜明的学术观点。

2. 创新性

论文不是对已有知识、材料的简单整理和加工，它的学术价值集中表现为其创新性。论文或用新的思路、理论、方法对前人取得的观测资料进行分析，得到新的结论，是对他人研究成果的延伸和发展；或质疑前人建立的模式、理论，进行修正，甚至提出全新的论断；或采用新技术、新仪器对自然过程进行观测，取得新资料，再对新资料进行分析，提出新概念，进而在新概念的基础上建立新理论。

3. 专业性

论文不是通俗读物，一篇论文一般可以明确归属某个学科的专业领域，需要使用该学科专业领域的专门话语系统。

4. 逻辑性

论文不是散文、随感，它必须具有缜密的逻辑。逻辑性赋予论文使人信服的力量。好的论文应具有严密的结构和强有力的语言逻辑，从而达到比较好的论证效果。

5. 方法性

写论文的前提是做研究，而做研究需要科学的研究方法。研究方法决定着论文的科学性和结论的可推广性，是论文质量的关键。

6. 规范性

撰写论文是为了交流、传播、储存新的科技信息，让他人利用，因此论文必须符合一定的格式规范和结构规范，这样才能具有良好的可读性。在文字表达上，语言要准确、简明、通顺，条理清楚、层次分明、论述严谨。在技术表达上，名词术语、数字、符号、图标、计量单位等的使用都必须符合规范化要求。

7. 凝练性

论文不仅要做到文从字顺，而且要精练、准确、无可挑剔，"减一字则太短，增一字则太长"是论文语言锤炼的目标之一。

二、论文撰写前的准备

（一）撰写论文前的知识与思想准备

1. 系统掌握一定学科领域的知识谱系

随着时代的发展，人类不断修订及开创学科领域。学科领域变得越来越专业，研究的范围被划分得越来越小。任何一种论文写作与学术研究，总是在一定的学科领域内展开的，因此，在撰写论文之前，必须系统地掌握一定学科领域的知识谱系。

2. 系统掌握相关理论

撰写论文之前需要掌握该研究领域可以用来分析现象与问题的某种特别的学科理论或者原理。任何学术研究总是要借助一定理论，比如社会学研究中常用的符号互动理论、社会冲突理论等，传播学研究中的沉默的螺旋理论、意见领袖理论等，文化分析研究中的后现代主义理论、民族主义理论等，经济学研究常用的机会成本、菲利普斯曲线等。

3. 关注人类社会，关注社会实践

学术研究和我们的日常生活、政治实践与经济实践是密不可分的，学术研究不能与现实世界隔绝，闭门造车，必须立足于社会生活实际。

4. 培养问题意识

问题意识是做学问的难点。我们通常讲的学术创新，其核心正是问题意识。所谓问题意识：一体现在能够超越现有知识，能够质疑批判；二体现在关注现实社会，积极发现与归结现象，提出观点。这要求大学生们要关注前沿问题与热点现象，与时代同步。

（二）论文选题

选题是指在对已获取的大量材料进行分析、研究的基础上，提出问题，确定科学研究和论文写作的方向与目标。选题既包括科学研究的课题选择与确定，也包括论文的题目选择和确定。选题是撰写论文的第一步，直接关系到论文的质量和研究价值。

选择好的选题是论文写作成功的关键因素。因此，论文的选题切忌草率，总体来说要有专业针对性和现实针对性，不做空头文章；要选有探讨空间的课题，不能是已经被证伪、已经被抛弃的课题；要尽量选择科学上的前沿课题；要扬长避短，充分发挥自己的知识和能力水平；要注意题目大小适中，不应贪大求全。

总体来说，论文选题要符合 3 个要求：一是问题提得正确，能够结合科技、文化以及社会实际的需求，确实是理论和实践中需要研究的问题，具有实用价值；二是问题提得深刻，解决这个问题对生产和科学有一定的推动作用，而不是老生常谈、缺乏新意、浮于表面的问题；三是问题提得恰当，难易适中，有利于作者充分发挥主观能动性，有完成的可能，如果选题难度过大，作者可能会因为受到自身文化、知识背景、时间、精力和现有参考资料的限制，很难完成任务，因此选题最好难易适中，做到量力而行。

（三）材料准备

撰写论文所需的材料多以图书、期刊、报告等出版物为载体，这些材料通常被称为文献。

1. 文献类型

零次文献：未经正式发表或未形成正式载体的文献，如书信、手稿、会议记录、笔记、日记等。零次文献非常宝贵，通常没有备份，具有客观性、真实性、零散性和不成熟性等特点。

一次文献：以作者本人的教育实践与科学研究成果为基本素材而撰写的文献，如专著、研究报告、产品样本、论文、报刊、政府出版物、档案材料、会议文献等出版物和非出版物。

二次文献：对一次文献加工整理而形成的系统化、条理化的文献，包括各种索引、书目、

文摘以及类似内容的数据库等。二次文献能够较为全面、系统地反映某学科某专业文献的线索。

三次文献：在二次文献的基础上对文献进行分类后，经过加工、整理而成的文献，包括综述研究和参考工具两类。综述研究如专题述评、动态综述、进展报告等，参考工具如百科全书、年鉴、手册等。

撰写论文常用的文献包括图书、期刊、学位论文、报纸、政府出版物、研究报告等。

2. 文献检索

文献检索是一项实践性很强的活动，需要作者勤于思考，并通过实践逐步掌握文献检索的规律，最终迅速、准确地获得所需文献。在检索文献之前要确定文献的学科范围、文献类型范围和时间范围。

检索文献一般可使用以下几种方法。

（1）**顺查法**：以检索课题的起始年代为起点，按照时间顺序由远及近地利用检索系统进行文献检索。

（2）**倒查法**：由近及远、由新到旧，逆时间顺序利用检索工具进行文献检索。

（3）**引文检索法**：利用学术论文后面所列的参考文献，追溯文献，查找原文，这种方法可以像滚雪球一样，依据文献间的引用关系，获得更多、更有效的结果。

3. 文献选择

论文写作不是无关材料的堆砌，因此要懂得梳理、取舍与选择文献，不能硬凑字数。

梳理就是把搜集得来的文献按照选题的要求和文献的性质，通过分析、汇总和加工，把分散、凌乱、错综复杂的文献变成比较系统的、条理分明的文献。

取舍就是在分类、归纳、梳理文献的同时，根据文献搜索的范围、数量与质量，把无用的、不充分的、与主题关系不大或没有关系的、陈旧的、缺乏说服力和典型性的文献剔除。

选择就是对经过初选的文献进行进一步加工，留下确凿、切题、典型、新颖、充分的文献加以阅读研究。

4. 文献综述

文献综述是对选题的特定领域中已经被思考与研究过的信息、国内外相关研究动态以及权威学者所做的努力进行系统的归纳、展现和评述，是在文献选择基础上的再加工，是论文撰写前的基础准备。

它一般包含以下要素：该选题的研究现状；对前人研究成果（尤其是目前存在的问题）客观的评价。

文献综述要求具有相关性、概括性、批判性。文献综述的写作是一项高难度的工作。"综"是要求对与选题相关的主要文献进行概括，概括时要客观，善于归纳，力求简洁明了。"述"就是要求对综合整理后的文献进行比较专门的、全面的、深入的、系统的评述。文献综述不能局限于介绍研究成果、传递学术信息，还要对各种研究成果进行恰当而中肯的评价，并表明作者自己的观点和主张。"综"强调文献综述的"量"，"述"强调文献综述的"质"。

文献综述在论文写作过程中处于"承前启后、继往开来"的位置，地位举足轻重。为什么它拥有这么重要的地位？道理很简单，没有继承就没有创新。文献综述部分就是要澄清所研究的问题"从哪里来"，弄清楚研究问题的来龙去脉，主要是继承、梳理前人的研究成果。需要说明的是，文献综述从表面看是再现前人的成果，尊重前人，实质上也能显示作者自己的阅读量。为了推导出自己所要研究的问题，并为后继研究建构行之有效的创新平台，作者需要梳理既有的研究成果，从事踏踏实实的文献综述写作。

文献综述的写作必须遵循"述评结合原则"。只有"述"没有"评"，文献就是一盘散沙，撰写文献综述也失去了目的性；只有"评"没有"述"，研究问题则持之无据，游学无根，难有说服力。在详尽占有已有文献的前提下，作者要敢于归纳，解析已有研究文献的"贡献"与"不足"，并从"不足"中导出自己的研究方向、研究问题和研究创新点。这样，我们研究问题的逻辑起点和理论起点就清楚了。

一般而言，文献综述有两种结构。

（1）纵式结构：年代序列式结构，即根据时间的顺序对文献进行综述。

（2）横式结构：学派发展式结构，即对不同问题、不同观点进行综述。

📋 **小贴士**

文献综述写作中需要注意避免下列问题。

（1）简单罗列文献，"综"而不"述"。没有进行系统分类、归纳和提炼，也就不可能厘清已有研究结果之间的关系，认清问题研究的发展脉络、深入程度、存在的问题等，更不可能依据文献综述清晰地推导出研究问题。这样的文献综述充其量只是陈述了他人的观点，达不到通过分析、评说而发现和确立论文选题的目的，文献综述与研究问题之间的"两张皮"关系会严重破坏论文内在逻辑上的一致性。

（2）文献搜集不全，缺乏权威性。这包括以下几种情况：或是仅仅根据自己的喜好来选择文献；或是未能将有代表性的文献完全纳入研究的范围；或是只涉及国内学者的研究，缺少国外文献。

（3）文献综述和研究重心错配。此问题常见于"基于A、B、C、D的E研究"或"A时期的B研究——基于C、D、E、F的分析视角"这类题目。本来，"基于A、B、C、D的E研究"，其研究重心是"E"而不是"A、B、C、D"，但作者的文献综述却是关于"A、B、C、D"的；"A时期的B研究——基于C、D、E、F的分析视角"，其研究重心是"B"而不是"A"或"C、D、E、F"，而作者的文献综述却是关于"A"或"C、D、E、F"的。因此，在写作中一定要把握好自己的研究重心，避免引起不必要的混乱。

（4）个人观点在文献综述中占主体。在文献综述中对前人的研究成果的梳理和介绍只是一笔带过，而用大量的篇幅进行评述，进而提出自己的研究设想这种情况，就是将文献综述写成了评论或研究计划，这种问题要尽量避免。文献综述的重点在于"综"，"述"只是起到点睛式的评论或启示的作用，不应是主体。

在撰写论文的过程中，文献综述是一个相当重要且需要下大量功夫的部分。一份好的文献综述不仅可以直接反映作者研究工作的基本功和阅读的文献量，更能对各种理论做系统而清晰的梳理，明确各种理论之间的联系与区别，为具体研究打下坚实的基础。

5. 拟制提纲

提纲是论文的蓝图与雏形，拟制提纲就是作者根据确立的选题，选取相应的材料，把观点和材料综合成一个先后有序、前后思路清晰、能够说明问题的论文的轮廓。作者需要根据选题将各级论点、主要论据、论证方法等结构项目较为详细地罗列出来，打造出论文的骨架。

一般而言，提纲有 3 种写法。

（1）标题式。这种写法以标题形式把每个部分的主要内容概括出来，每个部分都是一个标题式的短句或词语。此种写法的长处是简洁扼要，一目了然，写作便捷、效率高。短处是内容过于简单，只有作者自己明白，别人不易看懂和了解，时间长了作者自己可能也会看不懂。

（2）句子式。这种写法以一个能表达完整意思的句子把每个部分的内容概括出来，每个部分都是一个完整的句子。此种写法的长处是具体明确，为论文提供了各部分的主题句，便于起草成文。短处是不能一目了然，文字多，写作时较费力，效率低。

（3）段落式。这种写法用一段话把每个部分的内容概括出来，每个部分都是一个段落的内容提要，是句子的扩充。此种写法精细周详，为起段成文提供了坚实的基础。缺点是篇幅和信息的冗余，修改较为不便、理解门槛较高，可能限制内容的灵活性。

三、学位论文的撰写

2023 年 7 月 1 日实施的《学术论文编写规则》（GB/T 7713.2—2022）为学术论文的撰写和编排提供了统一的要求和格式。尽管各篇论文的内容千差万别，作者的写作风格各有千秋，研究领域也不尽相同，但格式是可以统一的。有了这一国家标准，一篇论文应该先写什么，后写什么，表达上和编排上各有怎样的规定，都有章可循。

一般来说，一篇论文的组成部分和这些部分的排列次序为：标题、摘要、关键词、引言、本论、结论、致谢、参考文献。

（一）标题

标题位于论文之首，是反映论文最重要的特定内容的最恰当、最简明词语的逻辑组合，是读者了解论文的窗口。标题要言简、意赅、清晰，与研究内容尽可能完全相符，不要存在冗余或无关的信息。标题一般不宜超过 20 个字，要抓住整篇文章的精髓，不能扩大范围，也不能太狭隘，要正确传递研究内容。要使标题语义清晰，作者就必须仔细推敲标题中的每个字，务必使其能够表达清楚论文的意思，不可存在歧义。

（二）摘要

摘要是对论文的内容不加注释和评论的简短陈述，是论文的独立单元。其作用一是让读者尽快了解论文的主要内容，以补充标题的不足；二是为科技情报人员和计算机检索人员提供方便。

摘要应包括论文研究的目的与意义、研究资料与方法、主要研究结论、突出的新见解等。摘要就是通过这些内容起到提示研究内容、凸显研究价值的作用。

摘要应简短扼要，内容准确、精练，中文摘要字数通常为三五百字左右，英文摘要以不超过 1 000 个字符（250 个实词）为宜。摘要应具有独立性，并能概括论文的主要信息，即读者只阅读摘要不阅读整篇论文，也能获得必要的信息。摘要不容赘言，故需逐字推敲。摘要内容必须完整、具体、一目了然。

（三）关键词

关键词是为了满足文献索引或检索工作的需要，便于读者选读而从论文中选取出来的一系列主题词的逻辑组合。论文的关键词一般为 3～5 个，它们应能反映论文的主体内容，"研究""问题""概述"等词不作为关键词。另外，要避免把关键词写成句子、短语。

关键词作为论文的一个组成部分，列于摘要之后。关键词之间用"；"隔开，并要求书写与中文关键词对应的英文关键词。

（四）引言

引言是论文的开头部分，又叫绪论、引论。这部分通常包括提出问题，交代背景，阐明选题的缘由，明确选题目的，介绍选题的研究方法与研究意义，概括论文的基本内容。引言要简明扼要，直截了当，高度概括，其作用在于引起读者的注意，使读者对论文的总体状况有基本的了解。

（五）本论

本论包括论文主要观点、核心内容、事实和材料、分析和论述，它起着表述论文的核心研究成果，体现论文的水平与价值的重要作用。本论各个章节应该对引言中提出的问题展开充分的论证和分析，运用丰富翔实的材料、数据，条理清晰、逻辑严密地进行论述。

根据层次之间的不同关系，本论的结构可以分为并列式结构、递进式结构、混合式结构 3 种。

1. 并列式结构

并列式结构的特点是将中心论点划分为几个分论点，各个分论点平行排列，分别从不同角度、不同侧面论证中心论点。

2. 递进式结构

递进式结构是对需要论证的问题采用一层深于一层的形式安排结构，使层次之间呈现一种层层展开、步步深入的逻辑关系，从而使中心论点得到深刻透彻的论证。

3. 混合式结构

混合式结构既可以在并列的论述过程中，在每个并列的面上展开递进；也可以在递进的论述过程中，在每个递进的层次上又展开并列。在实际运用中，以一种为主、另一种为辅。这种结构适用于篇幅较长、内容较复杂的论文。

（六）结论

结论是论文的结尾，也是对论文的概括总结，主要回答"研究出了什么？"这个问题。在这个部分，作者需要用高度概括的语言归纳论文的内容要点或者写出结论性意见，也可以继续对自己的研究课题提出探索性看法。但是结论不是对研究结果的简单复述，而是对研究结果更深一步的认识，是从正文部分的全部内容出发，并涉及引言的部分内容，经过判断、归纳、推理等过程，将研究结果升华为新的总观点。结论的内容要点如下。

（1）本研究结果说明了什么问题，得出了什么规律，解决了什么理论或者实际问题。

（2）论文对前人有关本问题的看法做了哪些检验，哪些与本研究结果一致，哪些不一致，作者做了哪些修正、补充、发展和否定。

（3）本研究的不足之处、遗留问题和研究展望。

（七）致谢

致谢用于作者对给予论文写作提供帮助的人表示谢意，这些人可能包括协助完成本课题研究工作和提供各种帮助的组织和个人，如对研究工作提出建议或给予指导的老师和专家，为研究工作或论文写作工作提供材料、仪器、试验样品的人，以及其他在作者求学路上提供帮助与支持的人。

（八）参考文献

参考文献是指为撰写论文而引用的有关文献。所引文献必须是作者阅读过的文献，作者不可从他人文献中转引文献。所引文献必须是在公开发行的正式出版物上刊载的文献，保密资料、内部刊物或尚未发表的文献不得引用。所引文献要忠于原意，以原著为主，译文、文摘、转载一般不应作为参考文献。

我国制定的国家标准《信息与文献 参考文献著录规则》（GB/T 7714—2015）规定正文中引用文献的标注方法可以采用顺序编码制，也可以采用著者 - 出版年制。同时，对文中引用的各种参考文献的写作格式做了详细规定，包括作者、题目和出版事项（出版地、出版社、出版年、起始页码）等，以及连续出版物的具体标注方式。

四、论文的语言特点

（一）准确性

论文语言的准确性是以客观性和真实性为基础的，论文语言在整体上应力求做到专业术语使用精确、数据引用科学、逻辑推理严密、事实陈述真实以及语言表述清晰。专业术语代表了特定领域内的概念、理论或方法，其精确性直接关系到论文的专业性和严谨性，应避免使用有歧义或含糊不清的词汇。任何数据的错误或误导都可能对论文的结论产生重大影响，因此作者需要仔细核对和验证数据，确保其在论文中的正确引用。同时作者需要清晰地阐述论点、论据和论证方法，确保每一步推理都是基于可靠的前提和合理的逻辑推导，这不仅有助于增强论文的说服力，还能让读者更容易理解和接受作者的观点。此外作者需要确保所引用的事实、案例或数据都是经过验证的，避免使用未经证实或虚假的信息。真实性的保证有助于提升论文的信誉度和学术价值。最后避免使用复杂或晦涩的词汇和句式，注意语言的逻辑性和连贯性，确保读者能够顺畅地理解论文的要点和结论。这些特点共同构成了论文撰写中准确性的重要保障。

（二）简洁性

学术论文语言表达的简洁性主要体现在直接明了、避免冗余、突出重点、逻辑清晰以及专业术语的适度使用等方面。作者应使用简洁有力的词汇和短语，直接表达研究的核心观点和结论，这样不仅能提高读者的阅读效率，还能确保信息的准确传达。每个句子都应包含新的信息或观点，避免无意义的重复，注意删除不必要的修饰语和形容词，以保持语言的精练和清晰。确保句子之间的连贯性和条理性，使用适当的连接词和过渡句来引导读者的思路，使读者能够准确理解作者的论证过程。此外，适度使用专业术语是必要的，但应避免过度使用或滥用，作者应确保所使用的专业术语是读者能够理解的，并在必要时进行解释或定义，同时避免使用过于复杂或晦涩的专业术语，以免增加读者的阅读难度。

（三）规范性

学术论文语言表达的规范性主要体现在遵循学术规范、专业术语和符号的统一、语法和标点的正确性、排版和格式的规范性以及尊重学术传统等方面。论文撰写应严格遵循规范和要求，使用标准的学术语言、遵循特定的引用格式（如 APA、MLA、Chicago 等），确保内容的原创性，避免抄袭。专业术语在论文中的定义和用法应一致，避免产生歧义；数学符号、化学符号的应用遵循学科内的标准用法，确保读者能够准确理解。语法和标点应正确无误，句子结构正确，主谓一致、名词和动词搭配正确；标点符号如逗号、句号、分号等的位置应恰当，以确保句子的清晰和连贯。论文的排版和格式方面应遵循期刊或学校的要求，设置适当的字体、字号、行距和页边距等；标题、目录、摘要、参考文献等部分的格式也应符合规范，以确保论文的整洁和易读性。论文撰写还应尊重学术传统和惯例，包括遵循特定的学术写作风格（如正式、客观、中立等），使用恰当的敬语和称谓（如"作者""研究者"等），避免使用口语化或过于随意的表述等，以此展现对学术领域的尊重和敬畏。

五、学术规范与失范问题

学术规范是学术界的基本准则，它旨在确保学术研究的真实性、可靠性和创新性。近年来，随着学术环境的不断变化，学术规范的重要性愈发凸显。

学术规范是学术界共同遵循的行为准则，它涵盖了研究设计、数据收集与分析、论文撰写与发表等多个环节。这些规范旨在确保学术研究的真实性，防止学术不端行为的发生。学术不端行为，如抄袭、剽窃、伪造数据等，严重损害了学术的公正性和可信度，因此，学术规范是维护学术诚信与质量的关键。

学术规范的作用主要体现在以下几个方面：一是确保学术研究的真实性和可靠性，为学术界提供可信的研究成果；二是促进学术创新，鼓励学者在遵循规范的基础上进行探索和创新；三是维护学术界的声誉和形象，增强公众对学术研究的信任度。

然而，当前学术规范面临着诸多挑战。一方面，随着学术竞争的加剧，部分学者为了追求个人利益，不惜采取不正当手段，如伪造数据、抄袭他人成果等，严重破坏了学术秩序。另一方面，随着信息技术的快速发展，学术不端行为的手段也日趋复杂和隐蔽，给学术规范的执行带来了更大的难度。

2009 年教育部在《关于严肃处理高等学校学术不端行为的通知》中界定了 7 种学术不端行为：抄袭、剽窃、侵吞他人学术成果；篡改他人学术成果；伪造或者篡改数据、文献，捏造事实；伪造注释；未参加创作，在他人学术成果上署名；未经他人许可，不当使用他人署名；其他学术不端行为。

学位论文学术失范的代价是沉重的，有抄袭、代写等作弊行为，一经发现，所写毕业论文无效。正在撰写者，取消毕业论文写作资格；已评定成绩者，取消成绩；已准予毕业者，宣布毕业证书作废；已授予学位者，宣布学位证书作废。

因此，每一位写作者在撰写中都不要抱有"不被发现"的侥幸心理，应该尊重知识产权与学术伦理，尊重过去与现在已有的学术成果，以引证、注释等形式实现科学继承与创新。

📋 小贴士

在撰写论文时，应注意以下几个方面。

（1）严格遵循学术规范：毕业论文需严格遵守学术规范，涵盖引用格式、使用标准的学术语言等细节。需遵循学院或导师的写作指导，确保无抄袭现象，并精确引用前人研究成果。

（2）细致审校与修改：完成初稿后，应进行全面审校与修改，包括语法、拼写、标点符号的正确性，以及文句通顺、表达清晰等方面。同时，关注论文的逻辑连贯性和章节衔接。

（3）避免低级错误：需警惕常见的低级错误，如错别字、标点符号使用不当、句子冗长未断句、表达不清、数据错误等。

（4）图表规范美观：论文中插入的图表应既规范又美观，数据需真实客观。需避免的问题包括图片文字过小、图片排列混乱、图片比例不一致、表格格式不统一等。

（5）规范书写参考文献：参考文献书写需准确无误，避免信息不全、格式混乱、期刊名称错误等问题。

第三节 毕业设计

一、毕业设计的概念

毕业设计是工科专业或艺术设计专业的学生综合运用所学的基础理论知识、专业知识和生产管理知识，为完成工程技术或艺术设计基本训练的最后一个教学环节所呈现的作品。

微课堂

毕业设计

毕业设计和毕业论文一样，都是学生的一种初步的科研成果。二者的区别在于毕业论文是理论性的独立作业，而毕业设计还具有实践性、应用性、说明性等特点，是技术性的独立作业。

二、毕业设计的结构

毕业设计的结构一般包括引言、综述、方案论证、正文主体、结语、后记及参考文献和附录7个部分。

（一）引言

引言主要介绍毕业设计的选题及选题的背景和选题的意义，主要阐明设计项目的性质、目的、所要达到的预期效果、原理和设计过程。这部分要简明扼要，无须详细展开。

（二）综述

综述主要阐述选题在相应学科领域中的发展进程和研究方向，尤其是近年来的发展趋势和最新研究成果。

（三）方案论证

方案论证部分阐述具体的设计方案，说明为什么要选择或设计这样的方案。如果毕业设计是某个整体任务的一部分，则在方案论证中要说明自己承担的部分及其对整个任务的贡献。

（四）正文主体

正文主体部分是作者对自己研究工作的详细表述。理论分析部分应详细说明所使用的分析方法和计算方法等的基本情况，指出所使用的分析方法、计算方法、实验方法等哪些是已有的，哪些是经过自己改进的，哪些是自己创造的，以便指导教师审查和纠正，篇幅不宜过多，应以简练、明了的文字概述。采用调查研究的方法达到研究目的的毕业设计，对调查目标、对象、范围、时间、地点、调查的过程和方法等可简述，而对调查所提及的样本、数据、新的发现等则应详细说明。结果与讨论应恰当运用表和图。

毕业设计类型不同，正文主体的写作模式也有所不同。一般情况下，正文主体应包含如下内容。

1. 设计原理和方案

设计原理和方案部分分析说明利用什么原理进行毕业设计，阐述设计方案是什么，是否可行。

2. 技术参数

技术参数部分说明在毕业设计中，选择何种技术参数，技术参数的计算公式与结果是什么。

3. 技术性能

技术性能部分介绍毕业设计的结构和预期效果。这部分内容需用图纸、模型或实验结果进行说明。

4. 费用计划

费用计划部分介绍进行毕业设计所需的资金情况。

（五）结语

结语部分应对毕业设计工作做一个小结，说明毕业设计的价值和意义，总结过程中的体会和收获。

（六）后记

在后记中应对毕业设计的指导教师及向毕业设计提供过有益建议或给予过帮助的同学致谢，言辞应恳切、实事求是。

（七）参考文献和附录

参考文献和附录部分应列出主要参考文献，并将各种篇幅较大的图纸、数据表格、计算机程序等附于文后。

三、毕业设计的写作要求

（一）选题可行性

应首先选择自己感兴趣的、通过努力可以就地解决试验条件和原材料、经费等问题的课题。

（二）内容创新性

在毕业设计中应突出自己的工作部分，即在引证他人成果的基础上，重点突出自己在毕业设计中的创新性。

（三）文字可读性

毕业设计的撰写要抓住重点，语言力求通畅、准确，内容层次分明，论述严谨，格式规范。

（四）文面整洁规范

毕业设计要按规定的格式写作。图纸的绘制，要做到准确、整洁，与说明书的有关叙述相一致，符合工程制图的规定要求。

📝 **范例**

基于单片机的大棚温湿度检测系统设计（节选）

摘要：中国作为农业大国，对农产品的需求量巨大，传统的人工种植容易出现不能及时补光、升温、灌溉，人工成本高，种植效率低，产品存活率低等诸多问题，为了促进农作物的产量，减少多种叠加条件对农副产品的影响，为农业发展提供一个高效、安全、高自动化的温室大棚控制系统。本文介绍的系统是以STM32F103C8T6单片机为核心，通过传感器实时获取大棚内的各种参数信息，数据经主控芯片处理，随后通过OLED显示器实时显示，当空气中的参数值异常于传感器中设定的阈值时，蜂鸣器报警提醒，如果提醒时间段内未采取措施，系统则会进行升温或排湿。本系统不仅能实时监测大棚内的各项参数，并针对异常情况做出反应，降低了大棚种植的人工成本，提高了作物栽培的效率和经济效益。

关键词：单片机；人工种植；传感器；温室大棚；控制系统

第1章 引言（略）

1.1 选题背景与意义

1.2 国内外研究现状

1.3 研究主要内容

第2章 系统整体方案设计

2.1 总体设计思路

系统以STM32F103C8T6芯片作为系统核心处理器，结合多种传感器实现大棚的温湿度检测并完成自动调控等功能……

系统的总体设计如图1所示。

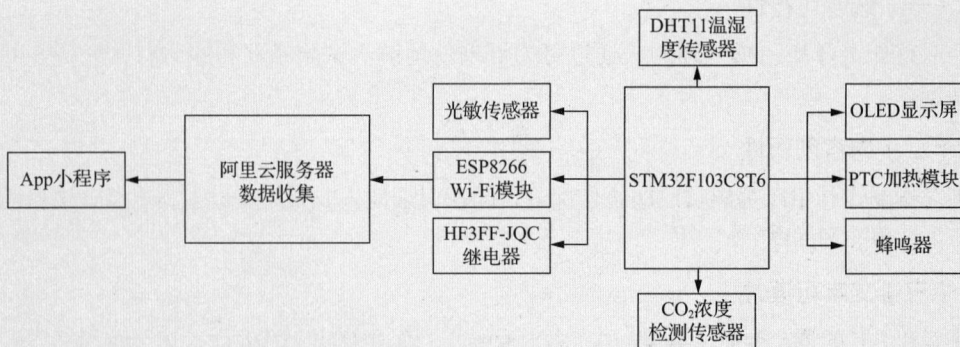

图1　系统的总体设计

2.2　主控芯片论证与选取

单片机，又称微控制器，是一种高度单一的计算机系统，这部分由一个微处理器、内存以及输入/输出接口组成，全部集成于一块小型的硅片上，其功能为控制设备的运行，并充当各类设备间的枢纽。关于本次智能大棚系统的设计，本文提供三种不同的方案用于选择。

方案一，使用STM32F030C8T6单片机。这个单片机是STM32F0系列中的一款芯片，采用了ARM Cortex-M0，工作频率最高可达48MHz。但它的外设支持相对较少，只有一个通用定时器和一个基本定时器，无法满足需要大量外设资源的应用场景。STM32F030C8T6单片机芯片实物图如图2所示。

图2　STM32F030C8T6单片机芯片实物图

……

2.3　温湿度传感器论证与选取（略）

2.4　光照传感器论证与选取（略）

2.5　显示屏论证与选取（略）

2.6　Wi-Fi模块论证与选取

Wi-Fi模块作为无线网络连接的关键设备，在大棚系统中起到连接和协调各种硬件部件的重要角色。ESP8266和ESP32是目前市场上常见的两种模块，Wi-Fi模块的参数信息如表1所示。

表 1　Wi-Fi 模块参数信息

模块名称	接口	处理器	工作模式	功耗	成本
ESP8266 模块	串口、GPIO	单核	STA/AP/AP+STA	低	低
ESP32 模块	多种接口与扩展板	双核	多种工作模式	高	高

......

参考文献

[1] 史晨浩，李成创，余佳庆等. 基于单片机的农业大棚温湿度采集控制系统的设计[J]. 电子制作，2023，31（13）：92-94.

[2] 梁晓雄，范越，黄莉等. 基于单片机的无线温湿度检测系统设计[J]. 仪器仪表与分析监测，2021，（1）：11-13.

......

致谢（略）

附录一：程序代码（略）

附录二：系统原理图及PCB（略）

【评析】

　　这篇毕业设计选题适当、条理清晰。摘要和前言部分简要说明了设计的选题背景和意义、国内外研究现状以及研究的主要内容，表明本设计既具有实用性，又有社会效益和潜在的经济效益。"系统设计"部分从技术角度论述了系统的组成，用图表的方式说明了数据库文件和功能模块文件的关系。最后将设计成果有关程序代码和系统原理图及PCB作为附件附于设计报告之后，以证明真实性。

小贴士

　　进行毕业设计时，需要注意以下几个方面。

　　（1）选择自己熟悉且感兴趣的课题，这有助于顺利开展设计并减少后期的困扰。同时考虑课题的实际价值和社会需求，要选择一个既有学术意义又有实际价值的课题。

　　（2）在整个毕业设计过程中，要严格遵守学术诚信原则，避免任何形式的抄袭和剽窃。借鉴他人的研究成果，要明确标注来源。

　　（3）格式规范。毕业设计必须注意格式，字体、字号、行间距、页边距、段前、段后距离等，均不能忽略。

　　（4）排版要美观，表格不要跨页，不要有错别字等。总之要注意细节，态度要端正。

第四节　申论

　　"申论"一词在古代文献中已有记载，例如《南齐书·王敬则传》中提到："军荒之后，县有一部劫逃紫山中为民患，敬则遣人致意劫帅，可悉出首，当相申论"。在此，"申论"意指展开申述、进行辩护。《晋书·江统传》亦载有："成都王颖请为记室，多所箴谏。申论陆云兄弟，辞甚切至"。这里的"申论"则意为讨论、商议。

　　然而，在现代语境下，"申论"被赋予了新的含义。它已成为一种特定的文体，并且是国家机关选拔公职人员时的重要考试科目之一。《新词语大词典》（上海辞书出版社，2003年版）明确将"申论"解释为特指申论考试。申论考试主要测试应试者的阅读理解能力、综合分析能力、提出和解决问题的能力以及文字表达能力。

一、申论的概念

（一）申论的定义

申论是指针对给定材料或者特定话题而引申、展开议论的一个文种，是随着公务员录用考试制度的兴起而出现、推行的一个新兴文种。

从字面上理解，"申"可以理解成申述、申辩、申明，"论"则是议论、论说、论证。所谓申论就是对某个问题阐述观点、论述理由，合理地推论材料与材料以及观点与材料之间的逻辑关系。

从考试大纲规定及历年实际出题情况来看，申论考试为考生提供了一系列反映特定实际问题的文字材料，申论的基本题型有概括主题、提出对策和论证表述等。我们这里的申论是狭义的申论，主要是指申论的论证表述题，也就是申论大作文。

（二）申论与议论文的异同

申论写作，要求考生依托给定材料提供的事实和观点展开分析和评论。议论文是对某个问题或某件事进行分析、评论，表明自己的观点、立场、态度、看法或主张的一种文体。因此，议论文是最符合申论论证表述题要求的一种文体。

议论文有三要素，即论点、论据和论证。申论既具有一般议论文的特点，又具有一定的特殊性；它既是一种特殊的政治性论文（政论文），又是应试作文，它是从政府角度阐述和评论当前重大事件和社会问题的议论文。

申论最大的特点就是源于材料、高于材料。申论写作，要求考生针对给定材料申发论述，因此申论的实质就是划定了写作范围的应试作文。申论首先要求源于材料。申论的论点必须符合材料的主旨，忠于材料原意，不能有偏差，更不能另起炉灶，表达与材料信息相反的观点。申论其次要高于材料。申论的论点、论据不能完全照抄材料，对材料要灵活运用，找准材料的弦外之音。

二、申论的写作

如何写作申论呢？总的思路和步骤是：确定论点—拟写标题—拟写开头—主体的写作—结尾的写作。

（一）确定论点

论点是作者对文章所论述问题最基本的看法，也是文章最主要的思想观点。如何确定申论的论点呢？

1. 论点关键词来源于材料

论点，是文章整体论述要围绕的中心，也是文章的灵魂。论点关键词就是论点中体现文章中心问题和核心态度的词语。申论的论点关键词一定要来源于材料。论点关键词和材料关系越近，申论和材料内容联系得就越紧密。

2. 立意角度依材料而定

申论写作中，考生经常会碰到"角度"这一词语。简单理解，角度就是把申论的主题思想定在某一方面。选择涵盖整体材料的宏观大角度，还是选择取材于部分材料的微观小角度，这取决于考生对材料的理解透彻度。

大角度申论，由于视野宏观，考生在实际操作中可以从材料中获得大量的参考信息。但大角度申论容易流于"假大空"，难以写出真情实感。

小角度申论，是从部分材料出发，将材料中提到的众多关键信息中的某一点作为申论的论点，而不涉及材料中的其他部分。选取小角度，由于涉及面较窄，容易写出与众不同、见解深刻的出色申论。但受到知识储备的影响，考生很难就某一问题进行深入论述，这是难点。

（二）拟写标题

申论标题应符合 3 个基本要求：简明精练、反映材料主题、体现论点。

1. 简明精练

标题不宜过长，因此语言要简明精练，具有高度的概括性，力争用最少的词句表达出申论的中心思想，让简短的一句话包含尽可能多的信息。

2. 反映材料主题

标题要较为明显和直接地反映出材料的主题，因此就应该有与材料主题相关的关键词。比如材料主题是"涵养公共意识"，标题就可以是《让公共意识内化于心才能实现文明进步》。

3. 体现论点

标题应该对论点有所体现，使读者通过标题看到申论的核心思想。类似《公共意识之我见》这样的标题，就没有在第一时间亮出论点，应该尽量避免。

（三）拟写开头

申论开头要有气魄、有特色、有文采，令人过目不忘。要掌握一个基本原则：开头必须是申论的一部分。具体来讲，就是开头论述的内容要与申论论点有关联。因此，一个好的开头应当符合以下两点要求。

1. 内容实际

申论的开头要为申论论点服务，无论是引出论点，还是直接提出论点，申论的开头都必须要有实际内容，要让读者开篇便知晓申论的主题是什么。

2. 语言优美

开头的语言最好有适当的修饰，体现文采，尽量不要平铺直叙。这样才能吸引读者，给读者留下好印象。

（四）主体的写作

申论的主体部分，即论点的具体论述部分。在具体论述过程中，结构上要注意条理清晰，内容上要注意论证充分。

1. 条理清晰

条理，即脉络、布局；清晰，即清楚、明晰。条理清晰，简言之，就是指申论的脉络要清楚，布局要有序。

（1）脉络清楚

人们对事物或问题的认识有一个循序渐进、由浅入深、由表及里的过程，申论亦如此。

因此，申论一定要有清晰的脉络，要按照正确的逻辑顺序组织安排段落。

申论是通过说明某个问题来阐明某些道理，本质上属于议论文。议论文的一般写作思路是"提出问题—分析问题—解决问题"，考生可按照这一宏观的逻辑顺序行文，以使申论脉络清晰。

（2）布局有序

确保申论脉络清晰后，还要对这一脉络进行加工、完善，使其在微观结构上的布局更加有序。

根据申论的不同展开方式，申论可分为分析问题型、解决问题型、评论型、论证 A 与 B 关系型、驳论型 5 类结构。这 5 类结构不仅能使申论脉络清晰，而且能使各个段落间形成严密的逻辑关系。

2. 论证充分

申论主体部分的写作在内容上要注意论证充分，有理有据，运用具体的论据。论据包括事实论据和道理论据。事实论据是指典型的具有代表性的事例或史实以及统计数据等。道理论据包括人们公认正确可行的道理、格言、原理、定律等。

（五）结尾的写作

结尾与开头的要求类似，不仅要好，引人注目，而且要与申论论点有关联，同时也要与申论开头相照应。申论的结尾应当做到以下几点。

1. 强调观点

申论结尾应再次强调申论的核心观点，这样才能给读者留下中心突出、结构完整的良好印象。

2. 照应开头

申论开头、结尾相呼应，更能体现出申论的整体性。要注意的是，结尾照应开头并不是直接重复开头，而是对开头的核心思想加以升华。

3. 忌空喊口号

结尾喊口号是可以的，但不可只喊口号。申论的结尾可以基于实际论述的需要，进行一定的展望。但如果只有"让我们为……而拼搏吧！""我们要……奋斗！"这些口号，则结尾会乏味至极，给人底气不足的感觉。

✏️ **范例**

> #### 追寻长期价值方能行稳致远
>
> "长期价值"是与"短期价值"相比较而言的，指的是持续不断地做一件事情，在不断积累的过程中形成一种利益关系。这种关系长期有效，但短时间内很难看到成绩，如教育事业、环保事业等。在这个"黑天鹅"乱飞、"灰犀牛"常伴的时代，人人都寄希望于找到对抗不确定性的终极武器。但遗憾的是，万能钥匙并不存在，永恒不变的准则也不存在，我们无法控制变化，更无法预知未来，我们能把握的只有自己。因此，必须增强自身应对不确定性的韧性和能力，这就要求我们不要被眼前的得失所左右，要不断把时间和精力投入追寻长期价值。

追寻长期价值，才能收获长远发展。我国现在已经进入了高质量发展阶段，如果目光短浅，一味追求短期利益，可能会获得一时的经济增长，但会与高质量发展目标渐行渐远，甚至背道而驰。在环境保护和经济发展的深刻命题上，我们也走了不少弯路。曾经那"与海争地海让路，向山要粮山听遣"的口号多么豪迈和坚定，我们用4年时间开垦出了10多万平方公里的农场，开辟了新的发展空间，但是3年后的一场台风不仅吞噬了这片土地，还让很多人失去了宝贵的生命。不管是史实还是现实，都告诫我们：要心怀信念、立足长远，保持对长期价值的不断追寻与探索。

追寻长期价值不仅是国家发展转型的必然路径，也是企业持续壮大发展的良策妙方，更是个人实现自我价值的根本方法。首先，政府要有担当，高瞻远瞩、把握方向，关注基础领域，做好教育、科学和人文工作，为长远发展打好基础。其次，企业要坚持创新，充分发挥企业家精神，在不断创新、不断创造价值的历程中，提升企业核心竞争力。最后，个人要保持清醒，抵御机会主义和风口主义的诱惑，做到不跟风、不盲从、不急功近利，努力学习最有效率的思维方式和行为标准。在纷繁复杂的世界中，变化可能是唯一永恒的主题，只要站在长期价值的维度上，把事情看清楚想透彻，把价值创造出来，就能走上一条持续稳定的发展之路。

流水不争先，争的是滔滔不绝。追寻长期价值不仅是一种方法论，更是一种价值观。无论从事何种工作，只要着眼于长远，躬耕于价值，就一定能够经受时间的考验，从容应对"未知的未知"，让发展行稳致远。

【评析】

这篇申论观点明确，逻辑清晰，论证有力。开头用"要不断把时间和精力投入追寻长期价值"引出观点，主体部分按照"为什么—怎么做"的逻辑进行分析论证，结尾重申观点。

小贴士

写作申论时，需要注意以下几个方面。

（1）找准主题是关键

首先，要剖析题干要求，找到关键词，再结合材料进行正确解读。其次，要注意总结论点，把话题含义理解清楚，然后用自己的语言概括总结。论点一定要明确，亮明自己的态度和见解。

（2）搭建框架是核心

首先，搭建申论框架的关键是找准分论点。梳理每则材料的段落大意，从中提炼出与主题相关的对策与意义，从而提炼出分论点。并且一定是在确定总论点后，再思考分论点。分论点一定要结合材料，不要脱离材料空谈。

其次，申论主体部分一般可以按照"段旨句+分析举例+总结或对策"的行文思路来写，其本质就是"是什么—为什么—怎么办"，这能使论证更加充分，条理更加清晰。

最后，申论的结尾要扣住话题，扣住总论点。

（3）内容填充很重要

申论框架已搭建好，接下来我们需要填充申论内容。首先，平时多积累素材，相关渠道有很多，只要用心，随时随地都可以积累素材。其次，可以利用材料中贴切的例子去"摆事实，讲道理"，这样申论内容才充实。

第五节　场景写作

一、实习报告的场景写作

情景创设

瑜伽是一个源自古印度的综合性训练方法，旨在使人们通过心理、身体和精神的练习，达到身心健康和精神觉醒的状态。这个词源自印度梵语"Yuj"，意为联合或结合，象征着人的个人意识与宇宙统一意识的连接。

瑜伽不仅是体式训练，还包含呼吸控制、冥想、道德观念、饮食准则等多方面的内容。练习瑜伽有助于改善身体柔韧性，增强肌肉力量，调整呼吸节奏，瑜伽在降低压力和安抚心灵方面也有深远的影响。

瑜伽被许多人视为一种完整的生活哲学，因为它的练习和理念超越了垫子上的技巧，涉及生活的许多方面，如诚实、愿望的控制、内省、和解等。

瑜伽教练是经过培训和认证的专业人员，他们负责教导瑜伽的各种体式、呼吸技巧，并指导学员进行冥想实践。他们可能会在健身房、瑜伽工作室进行教学，或者以私人教练的形式在学员家中或线上进行教学。

瑜伽教练不仅会教给你正确的体式和技巧，使你免于受伤，还会引导你了解瑜伽的哲学，帮助你在肉体、精神、心理等方面达到平衡。

在成为瑜伽教练之前，他们一般需要接受 200 小时左右的瑜伽教练培训，其中包括瑜伽历史和哲学、人体解剖学、体式研习、教学技巧等内容。然后，他们可以选择更深入的研究，例如 500 小时的高级训练。

瑜伽教练不仅仅是教授瑜伽相关内容，他们还鼓励学员保持开放和积极的精神，引导学员探索自我，进而实现身心的平衡与和谐。

学习设计要求

按照实习报告写作的特点和写作结构，写一份实习报告；根据实际情况进行详细的描述和分析，并结合自己的观察和体会进行深入思考和总结。重点是以客观、清晰和准确的方式表达实习经历和收获，并反映实习对个人职业发展的意义和影响。

根据你所了解的实习报告写作的特点和写作结构，写一份关于瑜伽教练的实习报告，内容需要包括实习的时间、地点等。请注意语言的准确、简洁和清晰。

二、论文的场景写作

📖 情景创设

1. 会计师的定义

会计师是指具有一定会计专业水平，在经考核取得证书后，可以接受当事人委托，承办有关审计、会计、咨询、税务等方面业务的会计人员。

2. 会计师应具备的基本条件

会计师应具备的基本条件是：比较系统地掌握财务会计基础理论和专业知识；掌握并能正确贯彻执行有关的财经方针、政策和财务会计法规、制度；具有一定的财务会计工作经验。

3. 会计师的职能

会计师的职能是指会计师在经济管理过程中所具有的功能。会计师的基本职能包括会计师的核算职能和会计师的监督职能。此外，会计师还具有预测经济前景、参与经济决策、评价经营业绩等拓展职能。

（1）核算职能

会计师的核算职能也称为反映职能，是指会计师以货币为主要计量单位，对特定主体的经济活动进行确认、计量和报告。核算职能贯穿经济活动的全过程，是会计师最基本的职能，主要内容包括：款项和有价证券的收付；财物的收发、增减和使用；债权、债务的发生和结算；资本、基金的增减；收入、支出费用，成本的计算；财务成果的计算和处理；需要办理会计手续、进行会计核算的其他事项。

（2）监督职能

会计师的监督职能主要是利用会计资料和信息反馈对经济活动的全过程加以控制和指导，包括事前、事中和事后的监督。监督除了货币监督，还有实物监督。监督是从本单位经济效益出发，对经济活动的合理性、合法性、真实性、正确性、有效性进行的全面监督。监督的目的在于改善经营或预算管理，维护国家财政制度和财务制度，保护社会主义公共财产，合理使用资金，促进增产节约，提高经济效益。

（3）参与经济决策

所谓经济决策，就是从各种备选方案中选出最优方案，以获得最大的经济效益。经济决策必须建立在科学预测的基础上，而科学预测与经济决策都需要掌握大量的财务信息，这些信息都必须由会计师提供。因此，为企业取得最大经济效益奠定基础的参与经济决策的职能是会计师的一项重要职能。

📚 学习设计要求

毕业论文写作作为大学生的一项重要任务，承载着对整个大学阶段学习成果的总结。它不仅是学业的收官之作，更是高等教育教学计划中不可或缺的组成部分。毕业论文的质量直接关系到大学生是否能够顺利获得学位。因此，对于大学生而言，认真对待毕业论文的撰写至关重要。

写作毕业论文，要求选题具有问题意识，要素齐全，层次分明；内容科学，文字精练；表述准练，符合逻辑。

✎ 写作实践

假如你是即将毕业的大学生，在毕业之前，你需要完成毕业论文，并通过毕业论文答辩。根据情景创设的内容，结合自己的专业情况及本章的知识点撰写一份毕业论文。

三、毕业设计的场景写作

📚 情景创设

近年来，随着经济的发展和生活水平的提高，人们的旅游习惯、旅游观念发生转变，对旅游的需求也逐渐增加。除了在旅途中欣赏美好的景色外，人们还喜欢购买富有创意和趣味的文创产品，如水杯、冰箱贴、包包、雪糕……这些以当地特色作为背景而设计的文创产品，既体现了一个城市或者景区的文化内涵，也能时时带我们重温旅游时的情景。

随着文创产品逐渐兴起，越来越多的城市、景区都设计出了专属自己的文创产品。独特的文创产品，不仅能够提升城市、景区的品牌形象，而且在某种程度上也能提升其知名度。

常见的文创产品主要是针对城市、博物馆与观光景点所设计的文创产品，是游客在旅游过程中购买的精巧便捷、富有地域与民族文化特色的产品。

📚 学习设计要求

结合自己的专业和兴趣，确定毕业设计的选题。毕业设计要求格式正确，规范清晰。内容尽量完整，前言部分说明毕业设计的目的、意义、范围，简述本设计应解决的主要问题等。正文主体要对整个设计或研究开发工作的内容，包括理论分析、总体设计、实现方法等进行详细的论证。结语部分要对文章所论述的问题进行综合概括，并得出科学的结论。

写作实践

请你以三星堆文化或金沙文化为主题，设计文创产品，完成毕业设计。

四、申论的场景写作

情景创设

某学者近期发表了一篇题为《追寻长期价值方能行稳致远》的文章。文章指出，这几年，全球经济社会发展面临着更加复杂的变化和更多的不确定性。面对"未知的未知"，我们必须增强应对不确定性的韧性，增强适应持续变化的环境的能力。这就要求我们不惧短期挫折，抵御短期诱惑，心怀信念，坚持把时间和精力投入能够产生长期价值的事上。

该学者认为，追寻长期价值是实现长远发展的关键。在长期积累的过程中形成的利益关系（即长期价值）对于国家、企业和个人都至关重要，人们不应该为短期得失所左右，而应持续投入时间和精力。文章通过历史和现实的例子，强调了追寻长期价值的重要性，并提出了政府、企业和个人应如何践行这一理念，以实现持续稳定的发展。

学习设计要求

要求认真阅读情景创设中的材料，参考给定材料，但不拘泥于给定材料，思考材料的背景和观点；联系实际，自选角度，思考申论的观点。拟定一个恰当且新颖的题目。厘清论证的思路，注意论述的逻辑性。语言流畅、准确且尽量优美。

写作实践

请你深入思考情景创设中这位学者文章的有关内容，参考给定材料，联系实际，自选角度，自拟题目，写一篇1 000～1 200字的文章。

综合练习

一、选择题

1. 实习报告主要用于总结和分享实习期间的（　　）。
   A. 工作经验　　　　B. 学术成果　　　　C. 社会贡献　　　　D. 个人心得
2. 论文的主要特点是（　　）。
   A. 研究性强　　　　B. 长度较短　　　　C. 结构简单　　　　D. 主题宽泛

3. 以下哪项最准确地描述了申论文章的特点？（　　）

    A. 申论文章是纯粹的个人观点表达，不受任何限制。

    B. 申论文章是脱离给定资料，自由发挥的议论文。

    C. 申论文章是从政府角度，依托给定资料，对重大事件和社会问题进行分析评论的政论文，要求源于材料且高于材料。

    D. 申论文章只需简单罗列给定资料中的事实和观点，无需进行深入的分析和评论。

4. 以下哪项最准确地概括了论文选题时应遵循的主要要求？（　　）

    A. 选题应完全基于个人兴趣，无需考虑其实际应用价值。

    B. 选题应追求大而全，涵盖广泛的研究领域。

    C. 选题应草率决定，以便快速进入论文写作阶段。

    D. 选题需具有专业针对性和现实针对性，问题提得正确、深刻且恰当，难易适中。

二、判断题

1. 学术论文不是必须完整回答为什么研究、怎么研究和结果是什么。（　　）

2. 论点是作者对文章所论述问题的最基本看法，也是文章最主要的思想观点。（　　）

三、简答题

1. 请简述毕业设计的写作要点。

2. 请简述实习报告的写作要点。

3. 请简述论文的写作要点。

04

第四章　职场文书写作

【知识目标】

1. 理解职场文书的重要性。

2. 掌握职场文书的写作要领，能够根据自身情况，写出符合实际需求的、有竞争力的求职简历。

3. 明确演说稿的写作流程，能够根据特定场合和工作需求写出一篇见解精辟、表达确切、观点明确的职场演说稿。

【素养目标】

1. 完善自我认知体系，增强职业自信心，树立自身责任感、完善自我能力与人格。

2. 树立职业目标，提升职业分析能力，包括环境觉知、职业认识、规划认识、生涯定向、职业信心等。

第一节　个人简历

一、个人简历的概念

个人简历有广义和狭义之分，广义的个人简历即求职简历，包括个人简历、求职信、毕业生推荐表、成绩单以及各类证书复印件等一整套材料。狭义的个人简历是求职者说明个人基本情况、教育背景、工作经历、所获

微课堂

个人简历

荣誉等的书面材料。个人简历是对个人过去生活经历的精要总结，在一定程度上是一个人过去经历的浓缩。

二、个人简历的特点

个人简历具有以下特点。

（一）真实性

写简历的时候一定要客观理性地总结自己的经历，做到真实、准确、不夸大、不缩小、不编造，这样才能取信于人。任何求职材料都要保证信息真实，不弄虚作假。因为诚实永远是一个人最重要的品德之一。

（二）针对性

简历要有针对性。它是求职者针对所应聘的岗位进行的任职资格描述。因此求职者在写简历时，要注意紧密围绕岗位要求进行写作，站在读简历的 HR 或单位领导的角度去陈述和归纳你具备哪些与该职位相匹配的条件。针对不同单位和不同岗位，简历的内容要有所变化，有所侧重，要尽可能使招聘方觉得你的条件和素质与应聘岗位是非常匹配的，你是非常适合的人选。

（三）自荐性

简历具有自荐性。简历的作用就是恰当地推销自己，展现出自己优秀、独特的一面。因此，在写简历的时候，要客观全面地表述自己的优点和长处，敢于并善于肯定自己的优点，体现出竞争力。

（四）精练性

个人简历越精练越好，在大多数情况下，一两页就足够了。

三、个人简历的分类

（一）文字型简历

文字型简历主要运用文字、数据、图表等方式来介绍求职者的情况，这是最常用的一种简历。文字型简历又分为表格型和开放型。表格型简历排列整齐，内容一目了然，方便用人单位筛选信息；开放性简历灵活性高，求职者可以根据自己的风格和特点，设计独特的简历模板，以展示自己的个性和才华。表格型简历和开放性简历各有其独特的优点和适用场景，求职者应根据自己的实际情况和求职需求进行权衡和选择。

（二）卡通型简历

卡通型简历是用卡通或涂鸦的方式来展现求职者的经历和才能，是一种极具创意性的简历。

（三）视频型简历

视频型简历就是用摄像机将求职者的求职演讲、能力展示、特长表演等拍摄下来，利用视频的可视与可听来展现求职者的才能，让招聘单位更为真切、直观地了解求职者，这往往会有意想不到的效果。

（四）网页型简历

网页型简历就是求职者将简历制作成网页来说明自己的情况。在"互联网＋"的时代，简历的写作也应具有"互联网思维"，求职者可以利用互联网信息传播快、受众面广，成本较低等优势来更好地推销自己。

四、个人简历的结构与写法

（一）基本情况

写作简历时要对个人的基本情况作简要介绍，包括姓名、年龄（出生年月）、性别、民族、联系方式、通信地址、政治面貌、培养方式；学校、专业、毕业时间、职务职称等。特长爱好等则视个人情况以及招聘岗位需求列出。例如，如果招聘条件上注明要有良好的身体素质，就要写明身体状况。

（二）教育经历

教育经历可按时间顺序写上自己自大学以来的学习过程，起止年月应相接，主要写最高学历学位、成绩以及与所谋求职位密切相关的学科背景、专业知识。在写作中要注意细节的体现，包括个人名次、荣誉和奖励、各类比赛与其他活动等，也可列出相关专长、技能与外语水平。

（三）实践经历或工作经历

实践经历或工作经历在简历中占据相当重要的地位，因为通过相关经历的介绍，可以让用人单位直观地判断出求职者是否具有与申请职位相关的经验和技能，以考量求职者与岗位的匹配程度。在实践经历或工作经历的写作中，要写清楚实践或工作的起止时间、工作内容与岗位职责。用事实说话，用数据说话，通过举例的方式展现出自我的工作量以及产生的可量化的结果，更具可信度，不要罗列无关细节。

（四）自我评价

自我评价部分是在简历中展示个人职业素养和专业能力的重要环节。然而，很多求职者在这一环节容易陷入误区，不是过于自夸，就是显得缺乏自信。正确的自我评价应该基于客观事实，简洁而有力地展示个人的优势和成就。在写作中力求做到基于客观事实，内容清晰，言之有理，言之有据，才能具有说服力。

五、个人简历写作的注意事项

（一）目标明确

求职目标要有明确性。大家应该对自己的职业生涯有一个很好的规划，一定要放平心态，了解自己，知道自己想做什么、能做什么。

（二）有针对性

简历内容要有针对性，求职者在制作简历时，要了解应聘岗位的要求，梳理个人经历，突出你跟岗位匹配的地方，也就是你的专业、经历、成就能够证明你适合这个岗位，突出你与所应聘岗位相关的能力。

（三）简明扼要

在海量的简历中，HR 阅读一份简历的时间往往只有几十秒甚至几秒钟，这就凸显了简洁的重要性。"简历"之所以为"简历"，就在于一个"简"字。要做到重点突出，尽量只写与应聘岗位有关的专业和特长，只写与应聘岗位有关的经历与成绩，要突出与应聘岗位有关的主要优势。无关的专业特长、经历成绩都不要写。

（四）举例论证

每个人都有自己值得骄傲的经历和技能，应通过具体事例和数字来彰显个人的优势，与其泛泛而谈地写上"善于沟通"或"富有团队合作精神"，不如举例说明你如何协调了跨部门项目。或者具体提到你获得的荣誉，比如在校期间因优异的成绩获得了一等奖学金，或者说你的平均绩点是多少。这样的表述能更生动地展示应聘者的能力和成就。

📝 **范例**

个人简历

基本信息

姓名：张三	性别：男	民族：汉
籍贯：四川省成都市	出生年月：×××年××月	政治面貌：党员
电话：1819988××××	通信地址：四川省成都市××区××路××号	

教育背景

2012.9—2016.6	××科技大学	自动化	工学学士	专业排名前10%
2016.9—2019.6	××科技大学	控制技术	工学硕士	专业排名前5%

项目经历

2018.1—2018.8　隧道巡检小型四轴飞行器的系统设计与实现

项目介绍：

本项目主要根据重庆国家电网的需求，为其设计一款可以在隧道内部飞行且能够搭载检测设备的四旋翼无人机平台，要求四旋翼能够在隧道内部精确定位、自主探索并将巡检信息传回地面站。

工作任务：

根据隧道环境要求，选择合适的硬件，搭建四旋翼无人机硬件平台；根据传感器型号，编写相应的底层驱动程序，使各个传感器正常工作，互不影响；设计四旋翼无人机的导航及控制算法，并完成算法的调试，使无人机能够稳定飞行移植FreeRTOS；合理分配每个任务的优先级，使整个飞控系统的运行更加稳定。

2018.10—2018.12　　四旋翼无人机编队控制系统设计

项目介绍：

本项目主要实现小型四旋翼无人机的编队飞行及任务规划，包括全自主状态下的编队队形形成、队形保持、队形变换、队形重构等，最终实现整个无人机机群编队飞行执行既定的任务。

工作任务：

协助导师完成四旋翼无人机编队的可行性分析与项目规划，并完成四旋翼飞行器的整机组建；依托ROS设计无人机机群无线通信系统，利用大功率路由器及树莓派实现机群内数据传输；根据任务需求，设计四旋翼无人机编队控制算法并完成调试，使无人机可以形成稳定编队；使用C/C++设计编写ROS控制节点，管理其他各个节点，实现系统状态切换、数据传输等。

专业技能

熟练使用C/C++进行项目需求编程开发，熟悉常用数据结构及算法，了解多线程编程。

熟悉基于ARM的嵌入式开发，熟悉STM32相关芯片开发，包括USART、IIC、SPI等底层接口。

熟悉Linux开发环境，了解TCP/IP工作原理，了解Vim操作、Shell脚本编程和操作系统原理。

熟悉路径规划相关算法，包括A*、Dijkstra等，熟悉多智能体编队控制算法，有飞控开发经验。

英语水平：CET-4　558分、CET-6　502分，具备阅读英文文献及英文开发手册的能力。

自我评价

思维活跃，善于动脑，对陌生环境具有很强的适应能力。自学能力强，基础知识扎实，对于新生事物和知识抱有极大的好奇心和强烈的吸收意愿。

【评析】

该简历求职方向明确，个人信息翔实，文字精练，着重于项目经验的写作，与求职岗位匹配度高，针对性强。

小贴士

个人简历的写作总体来看需要遵循以下原则。

（1）内容真实，不能弄虚作假，同时要注意表述的技巧——只陈述有利信息，可以回避对求职不利的信息。

（2）语言言简意赅，凸显应聘者所具有的应聘岗位需要的职业胜任力，关键部分可以用字体加粗的方式予以突出。

（3）用具体的数据、真实的案例或相关证书来说明自己具备某项能力，切忌用"我是一个责任心很强的人，做事踏实，具有较强的语言表达能力"之类的空洞语言。

（4）篇幅最好控制在一页之内。简历的页眉、页脚处可以插入清晰的校名、校徽图标，慎用口号语。

（5）要仔细检查已成文的个人简历，注意简历中的名词和术语要准确，绝对不能出现错别字、语法和标点符号方面的低级错误。

（6）简历制作要美观大方，用白色A4纸打印，采用宋体、仿宋、黑体等常用字体，切忌字体过于花哨、排版混乱。如果投递的是电子简历，要转换成PDF格式，以免在传输过程中格式发生变化。

第二节 竞聘词

一、竞聘词的概念

竞聘词是竞聘者在竞聘会议上面对评审者和听众就竞聘职位所发表的展示自己的竞聘条件、竞聘优势，以及对竞聘职务的认识，被聘任后的工作设想、工作计划等的专用演说类文书，也称竞聘演讲稿、竞聘报告或竞聘书。

微课堂

竞聘词

二、竞聘词的特点

竞聘词是演讲词的一种，因此它具有演讲词的一般特点。但由于它是针对某一竞争目标而进行的，因此它还具有以下特点。

（一）目标的明确性

目标的明确性，是竞聘词区别于其他演讲词的主要特征。竞聘词在一开始就要鲜明地亮出自己所要竞聘的目标，其所选用的材料和运用的手法都为了一个目标——使自己竞聘成功。

一般来说，在竞聘演讲时，竞聘者要注意：一要讲清自己的应聘条件，突出自己的优势，并且这种优势足以完成应承担的职务和工作；二要回答"若在其位，如何谋其政"。竞聘者要在有限的演讲与答辩时间内完成上述内容的展现。

（二）内容的竞争性

竞聘词的内容不同于其他演讲内容，它的全过程都是评审者在候选人之间进行"比较筛选"的过程，所以竞聘者要尽最大可能显出"人无我有""人有我强""人强我新"的胜他人一筹的"优势"来。

竞聘者会在竞聘词里详细介绍自己参与竞聘的缘由，评价自己的经历、能力和性格等，陈述自己竞聘的优势。竞聘词内容的自我推荐和竞争的特征明显。竞聘演讲的全过程，其实是评审者在候选人之间就其各自的优势，未来推行的工作目标、工作构想、工作方案进行比较与选择的过程。竞聘者只有在竞聘演讲中展现出自己独特的竞争力，才会取得成功。

（三）主题的集中性

竞聘词所表达的意思要单一，不蔓不枝，重点突出。要围绕一个中心，不要多重点多中心，不能在一篇演讲中解决和说明很多问题。

（四）材料的实用性

竞聘演讲是实打实的"竞争"，而非空洞的"吹嘘"，或言辞上的"甜言蜜语"。评审者在听你的演讲时，就在"掂量"你的话是否能在现实中发挥作用，取得效果。那种仅凭口头承诺，如"我当选后如何给大家涨工资，如何给大家建楼房"的演讲者，往往难以赢得评审者的认可；相反，那些真诚分享自己能够切实落实的计划与措施的演讲者，才是评审者真正欢迎与期待的。

（五）思路的"程序性"

竞聘词不像一般演讲那么"自由"，即使是临场发挥的竞聘词也应该遵循以下思路：

（1）介绍自己所竞聘的职务和缘由；

（2）介绍自己的个人情况；

（3）说明竞聘优势；

（4）提出假设自己任职后的工作措施；

（5）表明自己的决心和请求。

（六）语言的"准确性"

一是所用事实材料以及数据都要"求真求实"，准确无误，如在谈业绩时，两次获奖，就不能虚说"曾多次获奖"。

二是要注意把握分寸，因为竞聘演讲的角度基本上是以"我"为核心，如掌握不好分寸，夸大其词，就会让评审者产生反感情绪，从而使自己的竞聘遭遇失败。

三、竞聘词的结构和写法

竞聘词一般由标题、称谓、正文三部分构成。

（一）标题

一般标题用"竞聘职位 + 文种名称"（如《竞选班长的竞聘词》），或者直接写上文种也可以。标题没有严格要求，可视情况而定。

（二）称谓

在对象前面加上"尊敬的"敬语即可，如"尊敬的各位领导"等。

（三）正文

正文一般包括三个部分，即开头、主体和结尾。

1. 开头

由于竞聘演讲的时间是有限制的，所以有吸引力的开头非常重要。一般开头的写法有以下几种。

（1）表达谢意。如"非常感谢各位领导、同志们给了我这次竞聘的机会"。这种方法能使竞聘者和听众产生心理相融的效果。

（2）介绍自己。如姓名、学历、职务、经历等，用简洁的语言说清楚自己的基本情况就可以了，不需要太多的修饰。

例如："我叫×××，1993 年毕业于××大学舞蹈系，现任人事部副主任。"

（3）概述竞聘演讲的主要内容。这种方法能使评审者一开始就明了演讲的主旨。

例如："我今天竞聘的职务是人事部部长。我今天的演讲主要分两部分：一是我竞聘人事部部长的优势；二是谈谈做好人事部部长的工作思路。"

2. 主体

由于竞聘词可以使评审者通过演讲进一步了解自己，因此竞聘词的主体内容应该包括以下几方面。

（1）介绍自己竞聘的基本条件，即政治素质、业务能力和工作态度等。竞聘者在介绍自己的情况时，一定要有针对性，即针对竞聘的岗位来介绍自己。

例如：在一次某品牌绍兴酒销售经理职位的竞聘中，一位竞聘者是这样推销自己的："我觉得自己竞聘销售经理这个岗位，具有以下优势。首先，我为人正直，以诚待人，对工作有高度的热情和激情，并具有良好的团队精神，近3年连续被评为优秀员工。其次，我有着10年的销售工作经验，熟悉绍兴酒市场的运作模式，对市场有较敏锐的洞察力和判断力，具备较强的工作执行力、协调和沟通能力，2015—2020年3次被评为区销售冠军。再次，我现在30岁，处于一个有志男儿的黄金阶段，愿意把全部的精力投入工作中，并有所成就。最后，也是最基本的，我在这里想强调，我也是××品牌的忠诚用户，我十分愿意把这个品牌介绍给更多的用户，使它名扬四海。"

（2）简要介绍自身的不足之处。竞聘者在介绍自己时要尽可能展示自己的长处，也可以简单说说自己的不足之处，但在介绍自己的不足之处时要讲究策略。

请看某竞聘者的表述："我从没有担任过班干部，缺少经验。这是我的劣势，但正因为从未在'官场'待过，一身干净，没有'官相官态''官腔官气'。少的是畏首畏尾的私虑，多的是敢作敢为的闯劲。从未有过'高高在上'的体验，对摆'官架子'看不惯、弄不来，就特别具有民主作风。因此，我的口号是'做一个彻底的平民班长'。"

（3）表述任职后的规划。作为评审者更关心的还是竞聘者任职后的规划。因此，竞聘者要紧紧围绕评审者关心的重点、难点等问题，提出明确的工作目标和切实可行的措施。

任职规划要明确具体，围绕既定目标，采用将工作任务定性定量相结合的办法提出措施。一定要简明扼要地亮明观点，紧紧围绕评审者关心的热点、难点，提出明确的目标和切实可行的措施。

目标必须有切实可行的措施作为保障。因此，措施必须针对目标来制订，要明确具体，有可操作性，且密切联系岗位实际，从岗位工作出发。

例如：总结自身的情况，我认为自己有条件、有能力胜任副处长的工作。如果我能竞聘成功，我将做好以下几项工作。

第一，协助处长继续做好老干部工作，解决老干部急需解决的问题，如老干部的政治生活待遇问题、老干部的晚年教育问题。

第二，积极组织老干部开展积极健康的文化和健身活动，使他们老有所乐。

第三，积极开展家访工作，特别是要加强对孤寡老干部的服务工作，安排工作人员与他们结成帮扶对子，使他们感受到组织的温暖。

第四，设置意见箱，了解老干部的思想状况，了解他们的需求，并将了解到的情况及时向局领导汇报，及时解决问题。

3. 结尾

良好的结尾能加深评审者对竞聘者的印象，有助于竞聘者竞聘成功。竞聘演讲常见的结尾方法如下。

（1）表明对竞聘成败的态度

表明对竞聘成败的态度，让评审者感受到竞聘者的坦诚。

例如：作为本次竞聘上岗的积极参与者，我希望在竞争中获得成功，但我也绝不回避失败。不管最后结果如何，我都将继续"堂堂正正做人，兢兢业业做事"。

（2）表达自己对竞聘上岗的信心

表达自己对竞聘上岗的信心。

例如：我今天的演讲虽然是毛遂自荐，但却不是王婆卖瓜，自卖自夸。我只是想向各位领导展示一个真实的我。我相信，凭着我的理论修养，我的爱岗敬业、脚踏实地的精神，我的工作热情，我的管理经验，我一定能把副处长的工作做好。给我一个机会，我绝不会让大家失望。

（3）希望得到支持

表达希望得到支持。

例如：各位领导、各位评委，请相信我，投我一票！我将是一位合格的副处长。

四、竞聘词的写作要求

竞聘词的写作质量不仅取决于竞聘者的文字水平，也是其政治素养、理论水平、业务能力等诸多方面的综合反映。竞聘词除观点鲜明、内容充实、语言通顺外，还要注意以下几点。

（一）实事求是，明确具体

竞聘者应实事求是，言行一致。介绍经历、业绩时都必须客观、真实。能给国家做出什么贡献、给单位创造什么效益、给职工提供什么福利等，一定要讲清楚，不能吞吞吐吐，模棱两可。要言而有信，不说过头话。能够办到的就说，办不到的就不要开"空头支票"。

（二）调查研究，有的放矢

竞聘演讲是针对某岗位而展开的。因此，写作前可以通过调查摸底、群众访谈等方式，切实弄清楚当前存在的焦点、难点问题及其存在的根本原因，要问清查透，力争找到解决问题的最佳途径，以便在竞聘演讲时击中要害，战胜对手。

（三）谦虚诚恳，平和礼貌

竞聘者是通过竞聘演讲被聘用的，只有给人以谦虚诚恳、平和礼貌的感觉，才能被认可和接受。评审者是不会接受狂妄傲慢、目中无人的竞聘者的。所以，竞聘词应注意语言的分寸，表述既要生动，有风采，打动人心，同时又要真诚可信，情感真挚。

范例1

团干部竞聘词
各位领导、各位评委： 　　大家好！我叫李红，共产党员，本科学历，2017年9月参加工作，先后担任技术员、助理工程师、工程师等技术职务。在领导和同志们的关心和帮助下，通过自

身不断地学习和实践，我逐渐成长为锅炉车间的技术骨干之一。5年中，曾被厂部评为"双文明先进个人""优秀科技工作者""优秀干部"和"先进工作者"，2022年获"建功立业标兵"殊荣。今天，我之所以来竞聘团委书记一职，是因为我有志于从事这项工作，并有决心把它干好。我认为，我有以下几点优势。

第一，有强烈的事业心和责任感。俗话说："爱一行，才能干好一行。"我无比热爱富有朝气的共青团事业，这是我今天站在这里竞聘的主要原因。我觉得只有把整个心都用在了团工作上，才能更好地服务青年和凝聚青年，进而才能团结和带领青年，为公司经营业绩目标的实现做出应有的贡献。

第二，有进取之心。我从大学到走上工作岗位，一直都在做团工作，并且有幸在工作中取得了一点成绩。虽然我没有担任过管理职务，但是我从未停止过学习和进步。我始终坚持学习，从身边点点滴滴的工作实践中学习，从书本上、网络上学习，从同事及其他同志身上学习，学习他们的光荣传统，学习先进的管理经验，学习共青团工作的基本知识，学习共青团工作最新的动态。通过学习和实践，我逐渐掌握了共青团工作的精髓，缩短了与工作的磨合期，能够迅速适应并胜任新的工作岗位。

第三，有年龄上的优势。共青团的工作是一项常干常新的工作，怎样使团工作更贴近实际，贴近青年，更好地为青年服务，这是一个团领导必须思考的问题。当代青年思维活跃，思想开放，爱好广泛，要更好地服务于他们，就必须在思想上、思维方式上与他们同频。我比较年轻，也是青年中的一分子，想的、做的都和广大青年一样，所以工作的开展也更能够把握青年思想的脉搏，切入要点。

以上是我的几点优势。下面简要介绍一下我的工作设想和打算。如果把团委比作"头"，是司令部，那么基层团支部就是"腰"，主要起贯通上下的作用，而广大青年团员，则属于"腿"，主要是贯彻落实团委的工作，执行司令部的意见。只有头、腰、腿协调运作，一个人才能平衡地走起来，而我们的团工作正需要这种团结协作的精神。基于以上认识，我认为公司团工作应该做好"服务"这篇大文章，服务生产经营，服务青年团员，服务基层工作，同时还要加强个人修养。

一、服务生产经营。善于在公司生产经营的中心工作中寻找切入点和突破口，使团工作更加贴近生产，贴近实际。围绕推动技术进步，推广先进操作方法，广泛开展科技创新活动；围绕加强企业管理，开展青年文明号活动，动员和组织广大青年员工积极参与质量管理、安全管理监督等群众性管理创新活动，推动人人参与企业管理；围绕成本效益目标，开展青年突击队竞赛活动，为公司的生产经营做贡献。

二、服务青年团员。着眼于充分发挥桥梁纽带作用，一方面，通过组织的优势，把党的温暖送到青年中，把青年呼声及时反映上去；另一方面，尽量满足团员青年学习、生活、文化娱乐等具体需求，真正把好事办实，把实事办好，帮助青年解决成长成才过程中所遇到的困难和问题。

三、服务基层工作。首先是立足基层，经常深入基层，了解基层的实际情况，活动的设计和工作的开展都要从基层的实际出发，减少工作环节，简化工作程序，不给基层添乱，实实在在为基层服务。探索建立适合公司发展的共青团工作新模式，借以推动公司的团工作再上新台阶，再创新业绩。

四、加强个人修养。加强对团知识的学习，对党的基本理论、基本路线、基本方略的学习，从书本上学习，从实践中学习，博学各方面的知识，不断加强个人修养。同时，在共青团倡导人人学习的理念，引导大家学习先进的管理经验，学习科学文化知识，创建学习型团组织。我将坚决同一切消极、腐败现象做斗争，做一个清廉的人、正直的人、诚实的人、高尚的人和勤奋的人。

以上是我的工作设想和打算，如果在这次竞选中我能成功，我将拿出年轻人的干劲儿，以饱满的热情投身于工作中，兢兢业业、踏踏实实，提高业务水平，提高自身综合素质，干好团工作，团结带领广大团员青年为公司经营目标的实现做出共青团应有的贡献。

如果我在竞选中失败，我仍要用年轻人的勇气去面对，一如既往地勤奋工作，加强学习，全面锤炼自己。最后我想说的一句话是"给我一方土地，我能耕耘出一分收获"。我坚信：在公司党委的正确领导下，在全公司职工的共同努力下，我们公司各项经营目标一定能跃上一个更新更大的台阶。祝愿我们的事业兴旺发达！

谢谢大家！

【评析】

竞聘词不仅要上交，还要在竞聘会议上宣读。所以，开头要有称呼，该文的"各位领导、各位评委"显得很得体。竞聘报告的正文先要有简单的自我介绍，该文介绍了竞聘者的姓名、政治面貌、学历、参加工作时间、工作经历和所获荣誉等基本情况。接着，说明其竞聘某职务的优势。该文从3个方面说了竞聘者的优势，条理清楚，紧抓重点。任何一个单位或部门设立的工作岗位，都有它自身不同于其他岗位的职责。竞聘者只有对岗位职责有正确清醒的认识，才能有的放矢地明确提出该岗位的工作目标、工作设想和打算。若竞聘者对该岗位职责认识不清，也就不具备竞聘该岗位的资格。因此，在竞聘报告中，竞聘者有必要阐述对岗位职责的认识。该文在"对岗位职责的认识"部分，明确指出"公司的团工作应该做好'服务'这篇大文章"，思路清楚，认识深刻，较好地体现了竞聘者个人的思想素质和业务水平。该文从4个方面阐明了工作目标，并具体阐述了实现目标所要采取的措施，内容简洁明确，给人非常清晰的印象。该文最后谈到如何对待竞聘失败和对公司的祝愿，态度诚恳，措辞得体。

📝 **范例2**

营销业务主管竞聘词

尊敬的各位领导、评委：

大家好！

我竞聘的岗位是营销业务主管。我叫张明，今年29岁，目前负责××区域，上次参加区域主任的竞聘，让我坚定了职业理想，明确了工作中的努力方向。今天我之所以满怀信心地来参加这次竞聘，是因为我具有以下优势。

一、我深深热爱自己的企业

爱因斯坦曾说过："热爱是最好的老师。"从进入公司的第一天起，我就被那不断追求卓越的昂扬奋进的企业文化所感染。我深深地热爱着这片成就自己事业的沃土，愿意为公司的发展勤奋工作、竭尽全力。我想，无论在什么岗位工作，对公司的这份浓烈的爱都将是我不遗余力做好工作的最大的动力。

二、我具有较强的工作能力

我性格开朗、热情，为人真诚，善于换位思考，具有较强的逻辑思维能力、语言表达能力和驾驭各种复杂局面的能力，能够很好地做好沟通、组织和协调工作；另外，我还具有敏锐的市场洞察力和快速反应能力，能够捕捉市场热点，灵活应对；在2023年岗位大比武中，我获得全大区唯一的特等奖；在2020—2023年的用户满意度调查中，我年年排在前3位。

三、我具有良好的综合素质

我具有"大雪压青松，青松挺且直"的坚毅品格，不惧困难，不畏压力，勇于承担繁重的工作压力和挑战；我以"律己足以服人，量宽足以得人，身先足以率人"为座右铭，严格要求自己，以身作则，率先垂范，团结带领大家一起做好工作。在我的带领下，我们的团队始终保持着一种积极向上的工作作风。2021—2023年，我们团队的客户投诉率连续3年是全大区最低的。另外，无论在业务比武或者文艺汇演中，我们团队都获得了很好的成绩，在今年10月的庆国庆大合唱比赛中，我们团队还荣获了第一名的好成绩。

今天如果竞聘成功，我将继续牢记使命、不负重托，用男子汉宽厚的肩膀担负起应尽的责任，竭尽个人所能，带领团队更上一层楼，全力以赴地追求事业成功与人生价值的结合点。我将做到以下几点。

（1）严抓纪律，安排好各岗位工作职责，主持召开早晚例会。

（2）对销售人员的业务水平进行培训，提高专业知识。

（3）配合各销售人员跟踪客户，帮助谈单。

（4）以自己的工作激情带动同事的工作激情、提高整体销售业绩。

尊敬的各位领导、各位评委，几分钟的竞聘演讲，浓缩了人生一段经历的片段，标注了人生一个新的起点。在此，我郑重承诺，爱岗敬业，无私奉献，用奋发的激情擂响奋进的战鼓，用沸腾的热血冲击时代的脉搏，用赤诚的胸怀书写公司发展的新篇章。请大家信任我、支持我、考验我！

　　我的演讲完毕，谢谢大家！

【评析】

　　这篇竞聘词开门见山地交代了自己竞聘的目标岗位，接下来主要针对竞聘岗位从工作热情、工作能力、综合素质等几个方面展示出自己的优势，并简单介绍了自己对竞聘成功后的工作设想，整篇竞聘词意气风发，斗志昂扬，具有感染力。

小贴士

　　竞聘词的写作要在以下4个方面引起注意。

　　（1）从实际出发，内容要实在。紧紧围绕"竞聘"的主旨展开论述。如竞聘的职位目的和理由，竞聘成功后所要实现的工作目标，以及为保证目标实现拟采取的各种措施等。

　　（2）强调优势，把握好"度"。既要展示才华，又要展示德行；既要突出重点，又不能给人啰嗦之感。

　　（3）把握好竞聘词的语体特点和风格。语言要质朴，态度要诚恳；多用符合口语表达习惯的句子，避免书面语过多的倾向；力避"啊""是吧"等口头禅。

　　（4）根据时间要求，确定行文篇幅。竞聘演讲有时间的限制，一般在3～10分钟，撰写竞聘词时以不超过2 000字为宜。

第三节　讲话稿

一、讲话稿的概念

　　讲话稿是为在某些特定的集会或公开场合讲话所拟写的书面稿件。讲话稿具有传达政策、阐发思想、指导工作、宣传鼓动、体现外交礼仪等重要作用，是机关、团体、部队、企事业单位常用的一种文体。讲话稿是用新颖深刻的见解和令人信服的事例来打动听众。讲话稿有长有短，长至1万字以上，如工作报告，短至几百字，如欢迎词、讨论会上的发言稿等。

微课堂

讲话稿

二、讲话稿的特点

　　（1）通俗化。讲话稿的内容要通俗易懂，适合人的听觉需要，符合听众的接受水平，让人容易理解和接受。

　　（2）口语化。文字表达要口语化，自然流畅，便于口头表达和听觉享受。要求用词简练、形象生动，旨在加深听众印象，确保信息不仅被清晰理解，还能留下深刻印象。

（3）结合实际，针对性强。这就要求撰稿人了解实际情况，根据讲话的目的和要求，精准把握听众心理及关注焦点。针对特定的听众，聚焦其关心的或期待解决的问题，提供切合实际的回答或解说。

（4）富有激励性。优秀的讲话稿往往都蕴含着讲话者强烈的思想感情。这种充沛、强烈的情感以恰当的形式表现出来，则产生强大的感染力、号召力和说服力，起着巨大的教育作用和鼓舞作用。

（5）可变性。讲话稿是一种定而未定的文稿。无论在写作过程中加工、修改过多少次，仍需在讲话过程中，根据现场情境的变化而对讲话稿进行恰当的调整，或增，或删，或调换顺序，或斟酌变换词句等。总之，它有一个再思索、再创造、再深化与再完成的过程。当然，这种变化不是实质上的变化，如果变化太大，那就失去讲话稿的意义和特质了。

三、讲话稿的分类

（1）根据内容的不同，讲话稿可分为政治类讲话稿、外交类讲话稿、学术类讲话稿、工作类讲话稿、礼仪类讲话稿等。

（2）根据目的的不同，讲话稿可分为宣讲式讲话稿、阐发式讲话稿、祝贺式讲话稿、表态式讲话稿等。

（3）根据作用的不同，讲话稿可分为开幕词、闭幕词、祝词、欢迎词等。

四、讲话稿的结构与写法

讲话稿一般由标题、日期和署名、称呼、正文4部分构成。

（一）标题

1. 公文式标题

公文式标题主要写清楚在何地或何种场合，进行了关于什么内容的讲话即可。如习近平总书记《在庆祝中国共产党成立100周年大会上的讲话》。

2. 文章式标题

文章式标题将讲话主题做提纲挈领式的概括，以直接揭示讲话稿中心思想的方式拟定标题。如《挺立商海大潮，争做时代先锋——某同志在青年志愿者协会第二届理事会上的讲话》。

（二）日期和署名

讲话稿的日期通常写在标题之下，居中表示；署名标示于日期之下，居中表示。必要时可在署名之前写上讲话者的职务或职称。

（三）称谓

在讲话开始之前需要对在场的听众有所称呼，来引起他们的注意，拉近讲话者与听众之间的距离，常用的有"女士们、先生们""尊敬的各位专家学者""同志们"等。

（四）正文

讲话稿的正文由引语、主体、结尾三个部分组成。

1. 引语

（1）开门见山式。在讲话一开始就揭示讲话内容的主题，以最快速度抓住听众并引起共鸣。

（2）事件导入式。借助于与讲话主题有关联的某件事或某人的一段经历、感受等作为讲话稿的开头。

（3）交代背景式。在讲话的开头，简要说明会议或活动的内容、意义、作用等。

（4）提问式。通过提问引起听众的注意，激发听众的思考，自然引出下文。

（5）引用式。引用名言警句、谚语、诗词等，点出讲话的中心。

2. 主体

主体是讲话稿的核心，根据需要可采用不同的结构方式。

（1）横式结构，即从不同的角度切入主题，分别加以阐释或介绍、说明。

（2）纵式结构，即从一个点切入，以层层深入的方式加以阐述。

（3）纵横结合式结构，即根据事物的内在规律，用纵横交错的方式进行演讲，这有利于将问题叙述得透彻明白。这种结构适用于篇幅较长、内容较多的讲话稿，但要慎用，因为注重结构容易造成层次过多，不易把握，弄得不好会造成听者理解上的困难。

3. 结尾

结尾的写作要求做到自然、紧凑、凝练、精彩、新颖，要有一定的气势和节奏感，讲起来富有号召力和感染力，以便把讲话推向高潮。以下是几种常见的结尾方法。

（1）结论式结尾，即根据前面所讲的内容进行总结和升华，以加重的语气来突出内容的分量，以求给听众留下深刻的印象。

（2）号召式结尾，即以召唤的口吻提出要求，希望听众响应，共同行动。

（3）鼓动式结尾，这和号召式结尾有点类似，不同之处在于它是以表达某种信念和决心来激发人们内在的动力。

（4）肯定式结尾，这种方法常用于提示人们看到希望，增强必胜信心，如："虽然……但只要我们加大……落实各项改革措施，就一定能开创新局面。"

（5）提问式结尾，这里虽然用的是问句，但不是疑问，也不需要回答，而是一种肯定式的提问，如："组织把我们放在如此重要的岗位，我们还有什么个人利益不能抛弃？"

（6）平实式结尾，即话到完时自然收尾，如："我就讲以上几个问题，请同志们认真研究，抓好这次会议精神的落实。"

讲话稿的结尾没有固定的格式，或对全文要点进行简明扼要的小结，或以号召性、鼓动性的话结束，或以诗文名言及幽默俏皮的话结尾。但一般原则是尽量要给听众留下深刻的印象。

五、讲话稿的写作注意事项

（一）主题鲜明，重点突出

主题是讲话稿的灵魂，因此选择和确定主题至关重要，是动笔之前首先要研究的。一篇好的讲话稿明确了主题，才能谈思路和其他。主题不明确就像一个无头苍蝇，到处乱碰、乱撞，是绝对写不出好稿子的。

（二）精心安排，布局合理

写讲话稿最考验人们的往往是构思这个环节。一旦构思清晰，写作过程就会变得相对顺畅。构思讲话稿需要反复研究，认真思索，经历一个由浅入深的过程。在这个过程中，可能需要提出多个构思方案，这些方案可能涵盖不同的切入点、结构安排和表达方式。通过对比各个方案的优劣，可以更加明确哪些元素能够最好地服务于讲话主题和目标，从而确定最佳的构思方案。

（三）材料翔实，丰富多彩

广泛收集和正确运用材料是撰写讲话稿的重要一环。如果把谋篇布局比成文章的骨架，那么材料就是血肉，如果缺乏材料，谋篇布局做得再好也只能是干巴巴的几条。"巧妇难为无米之炊"，没有"好米"，怎能做出"好饭"，因此要高度重视收集材料的工作。

✐ **范例**

拥抱改变 保持定力
——在四川大学2024届学生毕业典礼上的讲话
校长 汪劲松

同学们、老师们、家长朋友们：

大家好！六月的川大校园，芙蕖绽放、绿荫斑驳。毕业季的不舍与牵挂赋予了这个时节独特的意义。今天，我们在此隆重举行2024届学生毕业典礼。首先，我谨代表全体师生员工、代表甘霖书记，热烈祝贺2024届的同学们顺利毕业！向为同学们成长辛勤付出的老师们、家长们、校友们致以衷心的感谢和诚挚的敬意！

同学们！毕业意味着开启人生新的征程，也意味着面临诸多的变化，既有角色身份、心境期许的变化，也有发展环境、责任使命的变化。"变化者，乃天地之自然。"世间万物，变化是绝对的，不变是相对的。当前，我们正处在一个充满变化的时代，世界百年未有之大变局加速演进，新一轮科技革命和产业变革深入推进，深刻重塑全球秩序和发展格局，深远影响人类文明进程，我们的国家也正在以中国式现代化全面推进强国建设、民族复兴伟业。面对世界之变、时代之变、历史之变和人生之变，主动拥抱改变，积极识变、应变和求变，不仅是面对变化的必然选择，更是成长发展的应有态度，而坚定的信念、向善的品质、求知的热忱、实干的行动，皆应成为我们拥抱改变的定力。

拥抱改变，当"挺膺担当、为国效力"。 年少多壮志，青春应许国。128年来，一代代川大青年积极投身时代洪流，与祖国和人民同呼吸、共命运，展现了川大人镌刻在血脉中的红色基因与家国情怀。革命战争时期，校友朱德从川大启程踏上"革命之路"，毅然"投笔从戎去，刷新旧国风"；杨闇公、恽代英、刘伯坚、江竹筠等一大批革命英烈前赴后继，为中国革命的胜利献出了年轻的生命。敢于担当的人生，才是大写的人生。机械工程学院1982级校友王鑫、化学工程学院1977级校友张富源，坚守中国核电事业，把发展中国自主的三代核电技术、建设核电强国作为梦想和信念，他们在担任"华龙一号"总设计师和蒸汽发生器总设计师期间，带领团队昼夜奋战攻坚，打破国外核电技术垄断，为使中国进入核电技术先进国家行列作出了卓越贡献。时代呼唤担当，使命引领未来。今年"五四"青年节前夕，习近平总书记寄语新时代青年，要"坚定不移听党话、跟党走"，"奋力书写为中国式现代化挺膺担当的青春篇章"。希望同学们牢记总书记嘱托，铭记先辈崇高风范，学习时代先进典型，坚定理想信念，胸怀"国之大者"，勇担时代使命，始终同党和人民站在一起，将个人奋斗"小目标"融入中国式现代化"大蓝图"，在推进强国建设、民族复兴伟业中践行"请党放心、强国有我"的铮铮誓言，不负韶华、不负时代、不负人民。

拥抱改变，当"崇德向善、成己达人"。"心如水之源，源清则流清，心正则事正。"崇德向善是中华民族的宝贵精神财富。我们川大人素有修善德、怀善念、行善举的优良传统，无论是华西医生在差旅途中屡屡出手救人，还是一批批教师主动请缨援藏援疆；无论是研究生支教团24载扎根大凉山接续奉献，还是众多"小青椒"倾力服务成都大运会，生动诠释着与人为善、扶贫济困、服务人民、奉献社会的德善精神。"爱出者爱返，福往者福来"，在向善中也可以成就更好的自己。国际关系学院2016级校友邓红梅，毕业后离开家乡四川奔赴祖国南疆，主动申请到阿勒玛勒克村担任驻村书记，带领村民把边疆山村建设为"自治区乡村旅游示范村"，被授予首届"全国高校毕业生基层就业卓越奖"。华西口腔医学院（华西口腔医院）阚林副主任医师作为援非医疗队员，前往圣多美和普林西比进行医疗援助，以精湛诊疗技术和无私奉献精神赢得当地卫生部门和人民群众的高度好评，并在完成日常医疗任务之余，用3个多月时间完成了该国第一份口腔龋病调查报告，弥补了当地公共口腔卫生数据的缺失，阚林荣获"全国援外医疗工作先进个人"荣誉称号，并受到习近平总书记的亲切接见。立德修身，未来人生方能立得住、站得稳、行得远。希望同学们在迈出校园步入社会之际，保持崇德向善的优良品质，严私德、守公德，积小德、成大德，不断追寻事业方向、生命价值和人生真谛，成己达人，努力成就更有高度、更有境界、更有品位的人生。

拥抱改变，当"勤于学习、敏于求知"。"求学有时尽，问知穷无涯。"学历学位仅仅是职业生涯的起点，但求知的深度和广度将决定职业生涯的高度。开掘新知，探索未知，是人类的永恒追求。特别是伴随智能时代的到来，人类社会信息总量不断演进增长，新事物、新知识层出不穷，只有坚持终身学习、不断求知，才能在纷繁复杂的世界中透过现象把握本质、看清趋势。我校考古学专业的张勋燎教授曾说："我这一生，不讲运气，讲力气"。他曾连续数月泡在图书馆，通读60多册、1 470多部道教经典，潜心研究，率先提出"道教考古学"构想并长期深耕，90岁高龄仍躬耕教坛、笔耕不辍。前不久，我还看到张老师在课堂上与同学们交流研讨，让我感动不已。我校高分子科学与工程学院傅强教授、向明教授团队，数十年如一日地求知求索，在复杂的分子世界中寻找无尽的可能，最终成功实现了高性能、低成本的锂离子电池隔膜制备和产业化，为我国新能源产业和高分子加工行业技术进步作出了重要贡献，在前天举行的国家科学技术奖励大会上，傅强老师团队荣获国家科学技术进步奖一等奖。无尽的未来还有无数的未知等待我们去探索，希望同学们把保持学习、恒定思考、提升能力作为人生的必修课，坚持以开放包容之心接纳新事物，以质疑思辨之姿探索新路径，以终身学习之道精进新本领，用自身奋斗的确定性更好地应对形势变化的不确定性，在各自的领域有所创造、有所建树、有所作为。

拥抱改变，当"躬身力行、笃行不怠"。这几年"内卷""躺平"等词非常流行，现实中有不少人想要做出改变，最后都只是"思想的巨人""行动的矮子"。成功的人并非生来聪颖，这世界上所谓的传奇，也只是他们在许多人尚未开始思考计划之时，便已将自己的梦想付诸行动并不懈坚持。大道至简，实干为要。水利水电学院1985级校友李胜，毕业后选择从事防灾减灾工作，从早期逐字逐句敲代码编程，到野外埋设传感器获取卫星数据，再到推动前沿信息技术与水利行业的深度融合，一干就是35年，牵头建立了全球首款通用的洪水预报大数据平台"东方祥云"，为全国防汛抗旱"智慧决策"提供了有力支撑，被评为"全国优秀共产党员"。华西基础医学与法医学院2006级校友杨帆，在上海市公安局刑侦总队从警十余年，坚持实干笃行，经手检验的生物物证超过1万件，为2 000多起刑事案件提供关键破案线索，在平凡岗位上创造了不凡业绩，获得"全国五一劳动奖章"等荣誉。他们用实践经历告诉我们，没有等出来的成绩，只有干出来的精彩。面对未来，希望同学们做脚踏实地的行动派、实干家，"不驰于空想，不骛于虚声"，遇到挫折不言弃，碰到困难不停步，不断用行动去争取机会、用行动去验证想法、用行动去创造价值，成长为行家里手、时代先锋、国之栋梁。

同学们，前些天，我看到"青春川大"公众号推送的"在川大毕业前一定要做的50件小事"，其中一条是"离开时记得发一条定位四川大学的朋友圈，和川大好好做个道别吧，就像被录取那天一样"。今天你们从川大毕业，虽然角色发生了转变，但不变的是"川大人"的共同身份和"海纳百川、有容乃大"的精神气质。无论岁月如何更替，无论你们身处何地，母校永远与大家双向奔赴，挂念你们、支持你们、祝福你们，期待不断听到大家的好消息，也欢迎你们常回家看看！

最后，祝愿同学们踏遍万里山河，远征星辰大海，归来仍是少年！

资料来源：四川大学官网

【评析】

该篇讲话稿是汪劲松校长在四川大学2024届学生毕业典礼上的讲话，整体内容始终紧扣"毕业"主题，结构完整，层次鲜明，大量案例让讲话内容更加丰富，对即将毕业的同学既提出了期待，又充满了祝福，尽显教育之风华。

　　讲话稿的写作不是一次单向传播，而是沟通，是一个信息循环的过程，要使人知、使人信、使人动，尽可能达到一个好的传播效果。总结来看，一篇好的讲话稿要包含这几大部分。

　　（1）展示思想、少说空话。讲话稿不是空洞地说教或者洗脑，而是要真诚地分享有价值的思想和见解，让听众去了解一些过去并不知道的东西，要动之以情、晓之以理。

　　（2）筛选语言、流畅表达。讲话稿是为观众的耳朵准备的，而不是为观众的眼睛准备的，因此要多用口语，越是生动的、生活化的语言，越容易被观众所记住。

　　（3）克服恐惧、成为自己。大多数人在公开讲话时都会有恐惧感，需要注意的是讲话的目标不是要成为哪位演讲大师或哪个名人，而是要找准自己的风格定位，成为自己。

第四节　述职报告

一、述职报告的概念

　　述职报告是职场中一项重要的书面交流工具，是党政机关、社会团体、企事业单位或职场工作人员向上级领导、主管部门或人民群众汇报自己在一定时期内履行岗位职责情况，进行回顾、分析、评价的一种书面性材料。它不仅记录了部门或个人工作成绩、经验和教训，还展示了部门或个人对未来工作的思考和规划。述职报告通常在年终或特定的项目结束时撰写，也会在工作会议或绩效评估中呈现。

　　从这个概念中，我们可以知道，述职报告是对过去的回顾，因此它的时间范围通常涵盖一定的周期，如一个季度、半年或一年，具体取决于单位的要求。这一时间范围使得报告能够系统地反映出一段时间内的工作情况和成果。同时，述职报告要写出来你做了什么，但不能只有简单地回顾，还要有分析和评价，要说明做得怎么样，要从中找出规律性认识，这才是述职报告最具价值的部分。我们常说时时反思、常常总结，才能不断进步。

二、述职报告的特点

　　述职报告与一般的报告不同，具有自身独特的特点。

（一）限制性

　　一方面，述职必须紧紧围绕岗位职责和目标来进行。无论是汇报工作成绩，还是说明存在的问题，概括今后工作打算，所用的材料、所写的内容都被限制在述职人的职责范围内，不属于自己的岗位职责，即使做了某些工作也不必写入报告中。

　　另一方面，述职报告有严格的时间限制。一是述职的内容必须是在任职期限内的，不是这一期间做的工作不需写入。二是报告时间的限制性。述职者必须在考核期间，按考核时间的要求写出书面报告，向本部门群众宣读并上交上级有关部门。

（二）规律性

述职报告要写事实，但不是把已经发生过的事情简单地罗列在一起。它必须对搜集来的事实、数据、材料等进行认真的归类、整理、分析、研究。通过这一过程从中找出带有普遍性的规律，得出公正的评价。

（三）呈现性

述职报告表述的重点应该是工作业绩，即在一段时间内做了哪些工作，有什么突出贡献，包括工作质量、效率、完成情况及程度、水准等，实事求是地做出自我评价。写述职报告切忌泛泛空谈、抽象论证，要呈现实实在在的成绩。

三、述职报告的结构与写法

述职报告通常由标题、称谓、正文、落款四部分构成。

（一）标题

述职报告的标题应简明扼要地反映报告内容与报告对象，让读者清楚地了解述职报告的主题。标题在写法上主要有以下 3 种。

（1）标明文种式标题，直接使用文种"述职报告"即可。

（2）文件式标题，一般由单位名称、姓名、时间和文种构成，如《××公司2024年个人年度述职报告》，标题中的四要素可以根据实际情况进行省略。

（3）文章式标题，概括述职报告的核心内容，比较灵活，如《我们是怎样使企业扭亏转盈的》。

（二）称谓

称谓是报告者对听众的称呼。称谓要根据听众对象而定，如"各位领导代表"。称谓放在标题之下正文的开头，有时根据需要在正文中间适当穿插使用。如一篇在教职工代表大会上述职报告的称谓："尊敬的各位领导、来宾，全体教职工代表"。

（三）正文

正文包括前言、主体、结尾 3 部分。

1. 前言

前言主要是对述职人基本情况的介绍，并简要概括述职的目的、对象、时间范围等主要内容，为主体做铺垫。

2. 主体

主体是述职报告的重点，要回答做了什么、怎样做的和为什么会这样做等问题，在内容安排上包括过程和做法、成绩和经验、问题和教训、改进措施和未来计划等方面。

（1）过程和做法

该部分应回顾工作中抓住了哪些主要环节、解决了哪些问题、有哪些好的做法等。对于开创性或难度较大的工作，找出其中可供未来参考的做法很有必要。该部分主要是对述职报告时间范围内的主要工作内容和任务进行概括性介绍，包括工作范围、职责和任务分配等。开头可用一句话概括本部分内容，如"某段时期以来，本人或本部门主要开展了以下几方面的工作"。

（2）成绩和经验

该部分应用典型事例、统计数据等材料来说明成绩，并归纳出行之有效的、反映规律的经验；可以通过数据、实例和具体事例进行说明，突出个人或团队的贡献。工作成绩部分应重点突出，详细具体，使领导能够清晰了解工作成绩。

（3）问题和教训

该部分应明确指出工作中的失误和问题，深刻分析主客观原因，并由此得出应吸取的主要教训，体现自我批评和改进的态度。问题部分应实事求是，不夸大，但也不隐瞒。

（4）改进措施和未来计划

该部分应针对存在的问题提出具体的改进措施，并制订下一阶段的工作目标和计划，展示未来的工作思路。该部分应具体可行，具有指导性和可操作性。

3. 结尾

结尾部分可以总结述职报告的主要内容，表达对领导和同事的感谢，并提出对未来工作的期待和信心。结尾应简洁明了，给读者留下深刻印象。

（四）落款

落款包括署名和日期。如标题中已出现单位名称，落款可以不再写出单位名称。

四、述职报告的写作要求

（一）实事求是

述职报告应以客观事实为依据，如实反映工作中的成绩和问题、经验与教训，不能只报喜不报忧。

（二）充足的材料

充足的材料是写好述职报告的前提。充足的材料，包括正面的、反面的、直接的、间接的、点上的、面上的，这样写出的报告才内容充实、切实可信。

（三）语言准确简明，叙议得当

述职报告的撰写要兼用叙述和议论。交代工作过程、列举典型事例时，以叙述为主；而在分析经验教训、指明努力方向时则应多发议论。语言简明精练、通顺流畅。

五、述职报告写作的误区

（一）述职报告要低调

很多人从小接受的教育就是做人一定要谦虚，不要过于表现自己，所以述职报告的写作也经常出现低调和过分谦虚的情况，甚至有人把自己的失误总结得过于细致。这种放大缺点的做法可能会让领导怀疑你的能力。而装模作样的所谓"自我检视"，就使得述职报告缺少真诚与坦率的态度，达不到自我总结的效果。述职报告是我们展示成果的重要途径，一份充满智慧与自信，同时适度展现个人作为的述职报告，对于个人职业发展和组织评估都具有重要的作用。

（二）述职报告要格式化

述职报告既不能只有客观数据、理性分析，也不能是纪实文学似的长篇报道，而应该是一份系统性的报告，既有表格、图表作为辅助，又有清晰明朗的文字。同时，在汇报的形式上，可以充分利用多媒体演示的方式，给领导和同事更加直观和生动的体验。

（三）述职报告要面面俱到

述职报告要尽可能全面地反映出一定时期内的工作情况，但是，这里所说的"全面"绝对不是事无巨细，更不是月总结或者周总结的堆砌。述职人一定要抓住一定时期内的工作重点和突出的成绩、亮点进行阐述，不能让领导产生"事情做了不少，但都印象不深"的感觉。述职报告既要有浓墨重彩的渲染，也要有点到为止的内敛，即所谓的张弛有度，层次分明。

（四）述职报告难免临阵磨枪

年底通常都是最忙的，而述职报告常常要在这时完成，很多人免不了临阵磨枪、草草了事，这是很不恰当的做法。一份好的述职报告不是临阵磨枪、"拍拍脑袋"就能完成的，它其实也需要日常的积累。我们把平时的总结做好了，才能高效地写出一份详尽且精准的述职报告。

📝 **范例**

2023年度××部门负责人述职报告

尊敬的领导、同事们：

大家好！我是××部门的负责人×××，按照公司年度工作安排，现就本人2023年度在××部门的工作情况、业绩表现、团队建设、存在问题、改进措施及未来计划等方面进行述职，请各位领导和同事们审议。

一、工作概况

2023年，面对复杂多变的市场环境和公司战略转型的新要求，××部门在全体成员的共同努力下，紧密围绕公司年度目标，积极应对挑战，取得了较为显著的成绩。我们主要负责的项目/业务领域包括……（具体列举），通过优化流程、技术创新、市场拓展等措施，有效提升了工作效率和服务质量，为公司整体业绩的增长贡献了力量。

二、主要业绩

项目完成情况：本年度，我们成功完成了×个重点项目，其中××项目不仅按期交付，还超额完成了既定的业绩指标，客户满意度达到××%，为公司赢得了良好的市场口碑。

业绩指标达成：在关键业绩指标上，我们实现了××%的增长，特别是在……（具体指标，如收入、利润、市场份额等）方面，较去年有显著提升。

创新成果：推动实施了××项技术创新或管理创新，如……（具体创新内容），这些创新不仅提高了工作效率，还降低了运营成本，增强了公司的核心竞争力。

三、团队建设与管理

人才培养：重视团队成员的成长与发展，组织了××次专业培训，鼓励员工参加外部学习交流，年内共有×名员工获得晋升，团队整体能力得到有效提升。

文化建设：加强团队文化建设，通过团队建设活动和定期沟通会议，增强了团队凝聚力和归属感，营造了积极向上的工作氛围。

绩效管理：优化了绩效考核体系，确保评价标准公平、透明，通过定期反馈和辅导，帮助员工明确发展方向，激发工作潜能。

四、存在问题与改进措施

尽管取得了一定的成绩，但在工作中我们也发现了一些问题和挑战。

市场拓展深度不足：在部分细分市场，我们的渗透率和品牌影响力有待加强。改进措施包括通过市场调研、精准定位目标客户群、加大营销力度、提升市场份额等。

内部沟通效率待提升：部门间协作和信息共享机制需进一步完善，以减少重复劳动，提高工作效率。改进措施包括将推行更加高效的协作工具和定期组织跨部门会议，促进信息流通。

员工创新能力培养不足：面对快速变化的市场环境，需进一步强化员工创新意识，鼓励更多原创性、颠覆性的创新尝试。改进措施包括设立创新基金、支持员工提出并实施创新项目、并定期组织创意分享会、激发团队创新活力等。

五、未来计划

基于上述问题与改进措施，我们制订了以下未来计划。

深化市场拓展：2024年，我们将加大在关键细分市场的投入，通过定制化服务和精准营销策略，提升品牌知名度和市场份额。

优化内部流程：继续推进流程优化和数字化转型，利用先进的IT工具提升工作效率，同时加强部门间协作，确保信息流通顺畅，减少资源浪费。

强化创新能力：建立常态化的创新激励机制，鼓励员工参与创新项目，加强与外部科研机构合作，引入新技术、新方法，不断提升产品和服务的创新能力。

人才培养与团队建设：继续加强人才队伍建设，通过内部培训、外部学习交流等方式，提升团队专业技能和综合素质，同时加强团队文化建设，营造更加开放、包容的工作氛围。

最后，感谢公司领导的信任与支持，感谢团队成员的辛勤付出与不懈努力。我坚信，在大家的共同努力下，××部门定能在新的一年里实现更大的突破和发展！

谢谢大家！

述职人：××

2023年12月24日

【评析】

这是一篇部门领导的个人述职情况的报告。首先，述职人介绍了工作情况和主要业绩，其中给人印象最为深刻的就是在工作业绩方面，该部门分别在项目完成情

写作与沟通（微课版）

108

况、业绩指标达标、创新成果等方面都做出了一定的成绩；其次，谈到了存在的问题和改进措施；最后，介绍了未来的工作计划。本文充分反映了作者在自己职位上的工作业绩，实事求是地评价自己，并且重点突出，是一篇从内容到形式都很完整的述职报告。

> **小贴士**
>
> 撰写述职报告前，述职人要经历回顾目标、评估结果、分析原因、总结经验4个步骤。只有进行了完善的思考与准备工作，撰写述职报告时才能重点突出、特色鲜明。
>
> （1）要清楚当初制订的目标是什么、想要达到什么样的效果、计划怎么做、分几步做。
>
> （2）要评估在实现既定目标的过程中实际发生了什么；与目标相比，哪些方面做得好、哪些方面未达到预期。
>
> （3）要分析清楚实际情况与预期有无差异以及产生差异的原因是什么。既要敢于面对自己的不足，又要善于总结成功经验。
>
> （4）要针对一段时期内的工作总结经验：要清楚从中学到了什么新东西，如果有人要进行同样的行动，可以给他什么建议；接下来还要做些什么，以实现下一个目标。

第五节　场景写作

一、个人简历的场景写作

情景创设

软件工程师是软件设计人员、软件架构人员、软件工程管理人员以及从事软件开发相关工作的人员的统称。

软件工程师负责开发、测试和维护计算机软件，以满足用户需求和业务要求。软件工程师通常在软件开发生命周期的各个阶段工作，包括需求分析、设计、编码、测试和部署。软件工程师的工作内容包括：负责对公司各部门提出的需求进行分析和可行性评估；负责公司 ERP、生产、仓储等软件系统的研发和设计；负责公司相关软件系统的单元测试、集成测试；负责公司自研系统及外购软件系统的实施上线；负责公司现有软件系统的维护和升级。

软件工程师技术要求除了基础的编程语言（C 语言 /C++/Java）、数据库技术（SQL/Oracle/DB2）等，还有诸多如 JavaScript、Ajax、Hibernate、Spring 等前沿技术。

学习设计要求

个人简历的格式、用字、措辞都应规范和正式，以显示出求职者受到的良好教育和对求职的认真态度。求职者应在个人简历中向用人单位介绍自己的价值和能力，这包括展示独特的解决问题的技能，并用特定事例加以支持。通过优秀的简历展示出个人优势和才能，可以增加求职成功的概率。在撰写个人简历时，还需要注意避免低级错误和夸大其词，确保简历中没有拼写、打印和语法错误。

✎ 写作实践

假设你是软件工程学院一名即将毕业的大学生，得知某公司招聘软件工程师的消息。你对此岗位非常感兴趣，请结合专业情况写一封个人简历。

二、竞聘词的场景写作

📖 情景创设

机械工程师是工程专业人员，主要负责设计、分析、制造机械装置和系统。他们在各个领域中发挥着关键作用，包括汽车、航空航天、能源、制造业等行业。

通过应用科学和工程原理，机械工程师创造出各种各样的机械装置和系统，为社会带来创新和进步，为各行各业提供可靠和高效的解决方案。

📖 学习设计要求

竞聘者要确保竞聘词的目标清晰，明确表达自己竞聘的岗位，以及个人的职业目标。同时竞聘词要有一个清晰、有条理的结构，语言表达要流畅自然，简单明了，使评委容易理解和接受自己的观点。在竞聘词中要表现出自信和魅力，但同时也要保持谦虚和真诚。不要夸大自己的能力和经验，要以客观的态度展示自己的优势。

✎ 写作实践

工学院承办的"新时代·工程师"主题竞聘比赛即将举行。请结合自身专业、特长等，阐述你对新时代工程师的体悟和认识，写一份展现当代青年的热血与担当的竞聘词，题目自拟。

三、讲话稿的场景写作

📖 情景创设

2024 年 7 月 26 日至 8 月 11 日，第 33 届夏季奥林匹克运动会在法国巴黎举办，全世界 206 个国家和地区的运动员齐聚巴黎，共赴这场盛会。这届奥运会在十几天的时间里占满了各个社交网络的热搜头条。这届赛事带来了许多令人振奋的瞬间，这不仅与胜利和奖牌有关，也与具体的每一个人有关。运动员在比赛过程中展现的勇气、快乐、竞技体育精神，和奖牌、世界纪录同样珍贵。

我们总是铭记冠军，但是竞技体育中属于大多数人的故事：并不一定总能赢，但要竭尽全力，发挥自己的最好水平。至于能不能站上领奖台，那不过是命运的另一重叙事而已。因为体育赛场上的比分，只是输赢的一种衡量标准，而走过一百多年历史、向全世界几十亿观众直播的奥运，所要展现的并不只是世界顶尖运动员的"诸神之战"，它其实也在面向每一位普通人，讲述一个关于梦想的故事：梦想有过也拼过，这就值得。

"赢"的意义并不只在梦想实现、夺取第一的那一刻才存在。它拓宽了生命的厚度，给人生增添一段风雨兼程的史诗，这就是意义。就像法国作家司汤达的墓志铭"活过，爱过，写过"，人生若是有过几个色泽饱满的过去，就已足够璀璨。体育带给我们的应是对世界、对人生、对所做之事保持乐观向上、积极进取的态度，是面对暂时的失败依然有推倒重来的勇气，是超越胜负的成长教育。

📕 学习设计要求

健康的体魄是生命质量的基础，就大学生而言，体育锻炼不仅是增强体质的手段，更是培养心理韧性、提高社交能力的重要方式。在青春的旅途中，体育锻炼不仅是一种简单的身体活动，它更是一种生活方式、一门塑造健康的学问、一种丰富生活的途径。对于大学生来说，将体育锻炼融入日常生活是提升生命质量的关键所在。针对日常运动的实际情况，思考与厘清"大学生如何塑造强健体魄与精神风貌"的时代命题，进一步实现体育强国梦。

✍ 写作实践

假如你是某企业工会的工作人员，为了丰富职工体育文化生活，倡导职工健康向上的生活方式，增强各部门之间的交流与合作，你部门决定在企业内部组织一场趣味运动会，现要求你做一次动员演说，请你针对活动内容写一篇讲话稿。

四、述职报告的场景写作

📚 情景创设

学生干部是指在群体中担任某些职务，负有某些职责，协助学校进行管理工作的学生，包括班级干部、学生会干部、团委干部、社团干部等。学生干部首先是学生，是接受学校教育的主体，要服从学校管理，并按照学校的培养目标完成学业。同时，学生干部还在学校党委的领导和团委的具体指导下，承担部分学生管理工作。此外，学生干部还肩负着为同学发声，处理校方和同学的关系，维护同学权益，为同学提供更加丰富多彩的校园文化生活、更多第二课堂的平台等重要职责。

由此可见，学生干部在班级、社团及学校的教育、管理、服务中，发挥着举足轻重的作用，学校应最大限度地发挥学生干部的思想引领作用，持续提升他们的价值意识与规范意识，唤醒他们的成长意识与奉献意识，培养他们的自主意识和榜样意识。

📚 学习设计要求

学生干部述职报告既是学生干部对自己任职一定时间段内工作经验的梳理与总结，也是学生干部对未来一定时间段内工作发展方向的畅想与规划。写作中既要明确厘清报告的目的、范围，对工作开展情况进行具体展示，有理有据，增强说服力；也要对存在的问题与不足进行诚实剖析，并提出改进的对策和措施，展示对自身工作的深刻认知和反思能力；还需对未来工作计划和目标进行清晰的阐述，明确实施路径，展示"永远在路上"的觉醒和行动力。写作要叙议结合，点面结合，报喜也要报忧，还要突出个性。

✍️ 写作实践

大学生创新创业协会是大学生自主创办的创新创业类社团，主要以拓展创新创业知识、提高创新创业素养为宗旨，致力于培养大学生创新精神和创业能力，为大学生提供一个广阔的创新创业实践平台。

假如你是大学生创新创业协会的一名社团干部，本年度依托协会为同学们提供了大量可靠的兼职机会，成功举办了3场创业讲座、2场创业知识竞赛、1场模拟实战营销大赛和1场简历制作大赛，并推出了系列礼仪培训课程。现请你根据一年的工作情况，在年末进行述职演说，并撰写一份相应的学生干部述职报告。

📋 小贴士

职场类文书本质上是向用人单位展示自己的价值，因此在写作前需要对用人单位的需求，行业、单位、部门的整体发展情况有全面的了解，做到有的放矢，这样才能在写作中提高效率。

综合练习

一、多项选择题

1. 个人简历的写作目的是（　　　）。

    A. 介绍个人经历　　　　　　　　　B. 表达求职意向

    C. 询问职位信息　　　　　　　　　D. 请求面试机会

2. 述职报告的主要特点是（   ）。

    A. 个人性   B. 规律性   C. 通俗性   D. 艺术性

二、判断题

1. 述职报告是在自身实践之后进行的，要把实践中的成功经验归纳出来，把教训分解出来，从而对过去的工作做出正确的估计，得出科学的结论。（   ）

2. 在竞聘演讲中，如能巧妙分析不足，往往让人感觉真诚、客观。（   ）

三、简答题

1. 请简述个人简历的写作要点。

2. 请简述竞聘词的写作要点。

3. 请简述述职报告的结构。

第五章　语音感知与沟通素养

【知识目标】

1. 理解语音感知对于有效沟通的重要性以及语音感知在写作和沟通中的作用。

2. 掌握提升语音感知的方法和技巧，包括情绪管理、自我反思、自我定位等方面的技能。

3. 了解沟通素养的内涵，包括倾听能力、表达能力、非语言沟通等方面的要点。

4. 增强语言表达能力，能够清晰、准确地运用口头语传达信息、思想和情感，明确、自信地表达自己的立场、意见或看法，使他人易于理解和接受。

【素养目标】

1. 具备良好的自我认知，包括情绪管理能力、自我评价能力、自我调节能力等。

2. 具备良好的沟通技能，包括倾听能力、表达能力、沟通解决问题的能力等。

3. 具备良好的沟通意识，包括尊重他人、善于表达、善于倾听、善于理解他人等。

4. 具备良好的写作素养，能做到逻辑清晰、表达准确、观点鲜明、文字流畅等。

第一节　语音的感知

　　口语交际的实效性可以通过语音感知来体现。在口语交际中，准确地感知和理解对方的语音信息是非常重要的，因为它直接影响到我们对对方意图和表达的理解程度。拥有良好的语音感知能力，我们可以更准确地分辨对方说话的内容、语调、语速和语气等细节，从而更好地理解对方的意思。这有助于避免误解和沟通障碍，并提高交流的效率和效果。

同时，当我们能够准确感知和模仿他人的语音特点和语调时，便可以更好地适应对方的语言风格，增强交流的亲和力和连贯性。因此，通过提高语音感知能力，我们可以更好地达到口语交际的实效性，促进有效的沟通和理解。

一、语音特点的感知

语音与自然界的其他声音在某些方面相似，但也存在差异。相似的地方在于它们都是由物体的周期性振动引起的空气粒子的振动。然而，语音不仅具有自然属性，还具有社会属性。作为人类交际的重要媒介，语音承载着语言信息，并采用了约定俗成的语言符号形式。相比之下，自然界的其他声音是连续的，没有明确的结构和组织；而语音则是由离散的单位按照一定规则组织起来的。

语音涉及发音、传递和感知这 3 个环节，分别对应生理、物理和心理这 3 个方面的属性。这种对应关系在语音学中分别称为发音语音学、声学语音学和听觉语音学。对语音发音的研究可以追溯到大约 2000 年前的古印度。[①]

（一）语音的分类和描述

语音是人类交流的重要方式之一，通过声音的产生和调节，我们能够表达思想、感情和意图。在语音学中，对语音的分类和描述是研究的基础，我们将语音分为元音和辅音，并进一步细分为浊音和清音。

1. 元音

元音是由声音通过口腔自由流动而产生的音素。根据舌位、口腔开合程度和唇形等因素，元音可以被分为不同的类别。英语中的元音可以分为前元音（如 /i/ 和 /e/）、中元音（如 /ə/）和后元音（如 /ʊ/ 和 /ɒ/）。此外，元音还可以根据舌位的高低分为高元音（如 /i/ 和 /u/）和低元音（如 /æ/ 和 /ɑ/）。

2. 辅音

辅音是在发音过程中，声带不振动或振动幅度较小的音素。辅音的分类可以根据发音部位、发音方法和清浊音等特征进行，辅音可以分为鼻音、塞音、擦音、破擦音和近音等。鼻音是鼻腔振动产生的音素，如 /m/；塞音是口腔中气流被完全阻断然后突然释放产生的音素，如 /p/；擦音是气流在口腔中摩擦产生的音素，如 /s/；破擦音是擦音和塞音的结合，如 /tʃ/；近音是舌尖靠近牙齿或上腭产生的音素，如 /l/。

其中，浊音和清音是辅音的一个重要分类。浊音是指发音时声带振动的辅音，而清音是指发音时声带不振动的辅音。浊音和清音可以分为多个对立对，如 /p/ 和 /b/、/s/ 和 /z/ 等。这些对立对的区别在于声带是否振动。

3. 声调

声调是语音的一个重要特征，它反映了语音的一个重要维度，即音节的高低升降变化。在语音学的框架内，声调是语音分析的一个重要组成部分，尤其在声调语言中（如汉语、泰语等），声调直接影响词汇的意义。在语音的分类体系中，声调通常被视为音素（特别是元音）的一个附加特征，或者在某些语言中，声调本身就是一种独立的音素。学习声调

---

① 叶蜚声，徐通锵. 语言学纲要 [M]. 北京：北京大学出版社，2010：40.

有助于全面理解一种语言的语音特征，特别是那些声调对词汇意义有重要影响的语言。

（二）如何了解自己的语音特点

在日常生活或者特殊场景中，语音具有多样性和变化性，因为它受到许多因素的影响，如语言、文化、地区和个体差异等。这些因素导致了语音的多样性，使得不同语言和方言之间存在着发音上的差异。个体之间也存在发音的差异，对他人的语音感知也会存在不同。在口语交际中，准确地感知和理解对方的语音信息是非常重要的，因为它直接影响到我们对对方意图和表达的理解程度，所以我们首先需要进行语音的自我感知。可以通过以下几种方法了解自己的语音特点。

（1）录音和回放：使用录音设备或手机应用程序录制自己说话的声音，并回放，仔细听听发音准确性、语调、语速等方面是否符合自己的期望。

（2）观察非语言反应：观察他人在自己说话时的反应，注意他们的面部表情、姿势和眼神等非语言信号，如果他们有困惑、不解或者频繁要求重复的情况，可能我们的发音准确性或语速有待改进。

（3）观察嘴型和发音：在镜子前练习说话，仔细观察自己的嘴型和发音，注意舌头、嘴唇和牙齿的位置，以及声带的振动情况，这样可以更直观地了解自己的发音准确性。

（4）与他人交流（更适用于第二语言习得）：与以目标语言为母语的人交流，尽量多与他们进行口语对话，通过与他们的交流，可以感知自己的发音准确性、语调和语速是否与他们的相符；同时，也可以向他们请教一些发音技巧和建议。

（5）听众反馈：向身边的朋友、家人或同学寻求他们对自己发音的反馈，他们可能会提供有关发音准确性、语调、语速等方面的意见和建议。

（6）语音分析工具：使用一些开源工具，如语音识别软件或在线语音评估平台，这些工具可以帮助我们分析和评估自己发音的准确性，如声调是否正确、元音是否饱满、停顿是否得当等。

✖ 小工具

图5-1所示是使用Praat对音频文件进行基本语音分析的示例脚本。

```praat
1   # 打开音频文件
2   Read from file: "path/to/your/audio.wav"
3
4   # 提取基本频率（Fundamental Frequency）
5   To Pitch: 0.01, 75, 600
6
7   # 绘制基本频率曲线
8   Draw: "Pitch"
9
10  # 提取共振峰（Formants）
11  To Formant (burg): 0.005, 5, 5500, 0.025, 50
12
13  # 绘制共振峰曲线
14  Draw: "Formant"
15
16  # 分析语音持续时间
17  endTime = Get end time
18  duration = endTime - 0
19
20  # 输出分析结果
21  writeInfoLine: "音频持续时间: ", duration, "秒"
```

图5-1　Praat示例脚本

Read from file: "path/to/your/audio.wav"的意思是读取指定路径下的音频文件，其中"path/to/your/audio.wav"需要替换为实际的音频文件路径。

To Pitch:0.01,75,600的意思是提取音频中的基本频率，参数0.01表示分析的时间步长，75表示基本频率的最小值，600表示基本频率的最大值。

Draw:"Pitch"的意思是绘制基本频率曲线，使基本频率的变化可视化。

To Formant (burg):0.005,5,5500,0.025,50的意思是提取音频中的共振峰，(burg)表示使用burg方法进行共振峰提取，参数0.005表示分析的时间步长，5表示共振峰的最小数量，5500表示共振峰的最大频率，0.025表示共振峰的带宽，50表示共振峰的最大数量。

Draw:"Formant"的意思是绘制共振峰曲线，使共振峰的变化可视化。

endTime=Get end time的意思是获取音频的结束时间。

duration=endTime-0的意思是计算音频的持续时间，即结束时间减去起始时间。

writeInfoLine:"音频持续时间：",duration,"秒"的意思是输出分析结果，其中包括音频的持续时间。

通过执行这些脚本，我们可以对自己的音频文件进行基本频率和共振峰的分析，并将这些分析结果可视化；此外，还可以获取音频的持续时间，由此进一步研究和理解自己音频的声学特性。

（三）语音对沟通效果的影响

语音在交际中的重要性是不可否认的。它不仅传递语言信息，还在话语调节中扮演关键角色，是说话者身份认同的重要指标，反映了说话者的身体状态、年龄、性别、心理状态和社会语言隶属度等。

拓展阅读

很多四川人都不太能听懂乐山话，因为乐山话保留着大量的古代入声韵，而这种入声韵在四川很多城市的方言里都不复存在了。在乐山话的韵母中，æ属于入声韵的一种，与普通话中的标准音相比，发音时嘴型稍微收敛，双唇略扁，唇部肌肉相对放松。例如，"白"读作[pæ]，"达"读作[tæ]。uæ也是乐山话中的入声韵母，发音时，起初双唇呈圆形，然后迅速向两侧拉伸，口张得更大，唇形稍微扁平，声音短促而有力，带有一种粗硬的感觉。例如，"刮"读作[kuæ]，"滑"读作[xuæ]，"括"读作[kʻuæ]，"踢"读作[ʦuæ]。[1]当与乐山人交谈时，可能某些词语的发音很难分辨，但结合合境，大致也能猜到说话者想要表达的意思。这表明语音的理解不仅依赖于具体的语音模式，还与语境密切相关。此外，当听者已经习惯了与母语语音存在大量语调方面的不同的一种语音模式后，无论是在他们的地区变体内还是跨地区变体内，他们都能与他人进行沟通交流，我们可以称之为语音的习得与适应。比如北方的学生来四川上学，一开始可能听不懂当地人说话，但时间长了，听习惯了，就慢慢听懂了，毕竟四川话也属于北方语系。

① 李东穗. 四川乐山方音系统研究 [D]. 南昌：江西师范大学，2017.

语音对沟通效果的影响主要体现在以下几个方面。

（1）清晰度。清晰的语音使信息更容易被理解和接受。如果说话者的发音不清楚或含糊不清，听者可能会感到困惑或难以理解所传达的意思。演讲者如果发音不清晰，观众可能无法准确理解他们的演讲内容。

（2）语速。语速的快慢也会影响沟通的效果。过快的语速可能导致听者跟不上说话者的思路，而过慢的语速可能让听者感到无聊或不耐烦，适当的语速有助于保持沟通的流畅性和有效性。

（3）音调和语调。音调和语调可以传达情感和意图。不同的音调和语调可以表达喜悦、愤怒、悲伤等不同的情绪，或者表示疑问、陈述、命令等不同的意图。例如，当一个人用愉快的语调说话时，听者可能会感到愉悦和舒适；而当一个人用愤怒的语调说话时，听者可能会感到紧张或不安。

（4）语音节奏和重音。语音节奏和重音有助于强调重要的信息或观点。通过适当的节奏和重音，说话者可以引起听者的注意并突出他们想要传达的重要内容。例如，在演讲中，演讲者可能会通过改变语音的节奏和重音来强调关键观点。

（四）规范语音的重要性和方法

规范语音的重要性在于确保有效地交流和理解。当人们使用相同的语音时，他们更容易相互理解，并且能够准确地传达自己的意思。规范语音还有助于建立共同的语言规范和标准，使得不同地区和社群之间的交流更加顺畅。

规范语音对于社交互动具有重要的意义。它能够提高沟通的清晰度和效率，增强说话者的说服力，促进良好的人际关系，还能够提升个人的自信心。使用规范语音，我们能够更好地与他人交流和互动，建立积极和有意义的社交关系。

以下是一些方法，可以帮助我们规范自我的语音，修正发音技巧。

（1）学习国际音标：国际音标是一种用于表示语音音素的符号系统，通过学习国际音标，我们可以更准确地了解和描述不同语音的发音方式。

（2）练习元音发音：在发音时使用镜子观察自己的口腔形状和舌位，正确发出元音。例如，当发 /i/ 时，舌面应该抬高并靠近上颚。

（3）唱歌练习：通过唱歌练习，我们可以更好地感受到不同音素的发音方式和音高变化。例如，唱一首流行歌曲中的高音部分，/i/ 可以锻炼我们发出高音的能力。

（4）辅音连读：在句子中进行辅音连读，以提高流利度和自然度。例如，"best" 的尾音 /st/（其中 /t/ 为不完全爆破音）与 "time" 的首音 /t/ 相连，当 /t/ 音在连读中变得不那么明显，整个短语的发音变得流畅自然很多。

（5）语调变化：通过讲述有趣的故事来练习语调变化。例如，讲述一次令人兴奋的旅行经历，通过改变语调和速度来表达不同的情感和重点。

（6）观察对话：观察真实生活中的对话，并注意说话者语调的变化。

总之，通过这些方法，我们可以提高自己的语音表达能力，更好地与他人进行交流。这需要持续地学习和练习，但通过努力，我们可以逐渐提高自己的发音水平。

二、影响语音感知的因素

语音感知是人类语言能力中至关重要的一部分。它涉及我们如何听取、理解和区分不同的语音。然而，语音感知能力并非完全由遗传决定，而是受到多种因素的影响。对语音感知的研究始于 20 世纪初，当时特鲁别茨柯依（Trubetzkoy）提出了一系列关于语音感知的假设。他认为，母语经验、语音关系以及个体情绪可能会对语音感知产生影响。

（一）母语经验的影响：母语负迁移

母语经验被认为是影响语音感知的最重要因素之一。它涉及个体在早期语言发展阶段接触和学习母语的过程。母语经验对语音感知的影响已经成为语音心理学和语音认知领域的研究热点。母语经验对个体在声音辨别方面具有显著影响。我们对于自己母语中的声音更加敏感，但对非母语中的声音可能存在一定的认知偏差。这进而也影响了个体在学习第二语言的语音时的发音准确性和语音感知能力，导致个体发音错误或对第二语言的声音感知存在困难，我们称这种情况为母语负迁移。

> **拓展阅读**
>
> 　　法语母语者在学习英语时难以区分/th/和/s/，因为法语中没有/th/这个音位，而且法语中的/s/的发音方式与英语中的/s/有所不同，所以法语母语者可能会在学习英语时对这些音位的区分感到困难。德语母语者也会遇到这样的问题，在英语中，/θ/是一个清辅音，发音时舌尖放在上齿龈上，声带不振动，例如单词"think"。而在德语中，这个音位没有对应的发音，德语母语者可能会将其替换为类似的清辅音/s/，导致发音不准确。"very"这个词他们也不容易发音准确，因为/v/这个音位在德语中没有对应的发音，他们会用/w/来代替。最典型的就是/ð/和/d/。在英语中，/ð/是一个浊辅音，发音时舌尖放在上齿龈上，声带振动，例如单词"this"。但是/ð/在德语中没有对应的音位，德语母语者可能会将其替换为类似的浊辅音/d/，德语母语者说"谢谢"基本不会说[θæŋk]，因为刚好德语的"谢谢"就是[dæŋk]。

> **拓展阅读**
>
> 　　德语母语者在学习汉语时可能会受到德语音节结构的影响，从而在学习汉语时对音节划分不准确。例如，德语中的单个辅音可以出现在一个音节的开头或结尾，而在汉语中，辅音通常只能出现在音节的开头。假设一个德语母语者想要说汉语中的词"北京"（běijīng）。由于德语中允许辅音出现在音节的结尾，该德语母语者可能会错误地将"北京"发音为"bei-jin-g"。另外，德语中的复辅音也可能导致母语负迁移。例如，德语中的"st"或"sp"等复辅音在汉语中通常需要拆分成两个音节。所以，德语母语者可能会错误地将汉语中的"是"（shì）发音为"s-hi"，将"说"（shuō）发音为"s-huo"。德语中存在这样类似的发音组合，但汉语中的"sh"是一个独立的音素。

母语经验对个体在声音辨别、声音编码和解码、语音知觉以及第二语言学习方面都具有显著影响。

（二）语音关系的影响：变体与融合

语言使用的语境对口语形式有影响，语音感知与口语表达密切相关，准确感知和模仿他人的语音和语调可以增强交流的亲和力和连贯性。说话者内部和说话者之间的语音差异和言语适应并非偶然产生，影响因素包括说话者的生理、方言、情感和社会（情境）等。说话者之间的语音融合受到当地社会因素的影响，比如说话者在社会中的地位和声望。通常情况下，不那么强势的一方会向强势一方的说话风格靠拢，强势一方更倾向于将对话引导到自己感兴趣的话题上，或者他们可能会在对话中过多地表达自己的观点，而忽视其他人的发言，这种行为可能会导致对话的焦点偏离，影响对话的效果和结果。

说话者会根据地理位置、个人习惯以及具体情境，按照一定的规律调整自己的发音。一方面，语言会随着时间推移，在不同的地区形成独特的变体，即方言；另一方面，在相互交流时，说话者往往会倾向于模仿对方的说话风格。这些调整往往与说话者对所处环境或对话对象的态度相吻合。例如，那些对当地环境持积极态度的人，比起持相反态度的人，会更频繁地使用当地的方言和俚语。同时，为了与说话对象建立更紧密的联系，说话者也会倾向于模仿对方的说话风格，这种现象被称为"演讲/沟通适应"。

第二语言学习研究表明，相比于后天习得的第二语言，听者更善于感知母语的声音。日语听者多难以区分英语中的 /l/ 和 /r/，而这两个发音在英语中是完全不同的。同样，说英语的人对印度语的牙音和卷舌停顿音的感知比说印度语的人更困难。这些研究表明，在区分母语对比音方面，听者没有困难，但在区分母语中没有对比功能的非母语音时，他们就不那么成功。特鲁别茨柯依的语音感知研究包含 3 个重要假设：一是母语经验影响语音感知能力，二是语音关系影响语音感知，三是特定对比类别可能对语音感知产生影响。目前，第一个和第二个假设已在研究中得到证实。在同一种语言中，同时出现的声音也可以是非对比关系，例如当它们是同一音位的变体时。在英语中，辅音 /d/ 的音位变体 [ɾ] 在重读第一个元音时出现，如 "riding" 读作 [ráyɾɪŋ]，而 [d] 出现在其他地方，如 "ride" 读作 [rayd]。然而，要注意，在 "riding" 的读音中用 [d] 代替 [ɾ] 对这个词的意思没有影响。

在此，我们引入"语音融合"的概念，语音融合被认为是为了更好地实现交际目的和提高语音的可理解性。语音融合反映了语音感知和生产之间的联系，但语音融合的发生不仅仅取决于我们感知到的语音，还可能受到其他因素的影响。互动的说话者在语音融合方面表现出了差异，个体说话者的语音融合程度从 33% 到 83% 不等。比如，大学室友在一学年的相处过程中会表现出类似的微妙的语音融合水平。这取决于说话者的语音感知详细与否，他们的认知系统中感知和生产之间的联系是强是弱，或者说话者对感知到的语音模式的执行力是否充足。因此，语音模式在生产方面具有灵活性，语音感知与语言产生本身有联系，语音模式在感知方面的实现可能涉及多个方面。

英国有这样一个实验，让带着标准英式发音的人去英国西南部的一个郡县——布里斯托尔进行随机采访。非常明显，被采访的当地人在跟这位采访者交流时，会不由自主地规范自己的发音，模仿标准英式发音。但在几分钟前，他们和自己的同伴交流时，还是一口纯正浓厚的布里斯托尔口音。这是一种很奇妙的发散现象。同时还有另外一个实验，让标准英式发音的采访者去采访拥有威尔士口音的人，在不经意间让他们听到对威尔士口音的侮辱性评论，结果几乎所有受访者在接下来的访谈中口音都变得更重了。由此可见，一个人的发音可能会受到对话伙伴的影响，并进一步扩散到整个对话小组中，而这种影响并不受社会地位或等级关系的制约。

（三）个体情绪的影响：丰富的情感

在我们的语言交流中，情绪表达的重要性是不可忽视的，说话者的情绪对听者的语音感知有着强大的影响力。在历史的长河中，人们也一直因情绪表达对听者产生的强大影响而对其进行深入研究。早在古希腊和罗马时期，一些伟大的修辞学家如亚里士多德、西塞罗和昆体良就对情绪表达进行了系统的论述，并提出了一些具体的策略来丰富语音的情绪，他们的论述对后来西方哲学中有关修辞学的研究产生了深远的影响。

除了可视化的面部表情和肢体动作，情绪也会通过语音来传达，所以情绪表达在口语交际中扮演着重要的角色。在日常生活中，如果我们想要更好地与他人进行沟通和交流，就需要学会调节和控制自己的情绪。

表 5-1 所示是日内瓦大学情感哲学家谢勒（Scherer）博士设计的情感状态特征划分表。

表 5-1　情感状态特征划分表

情感状态类型：简要定义和举例	强度	持续时间	同步性	事件焦点	评估诱发	变化速度	行为影响
心情：指生物体（包括人类）针对重要的外部刺激或内部事件所产生的一系列同步反应，这些反应涵盖了诸如愤怒、悲伤、喜悦、恐惧、羞愧、自豪、兴奋、绝望等多种情感状态。这些情感反应通常是短暂且像插曲一样穿插在我们的日常生活中	++~+++	+	+++	+++	+++	+++	+++
情绪：是一种持续性的情感状态，其最显著的特征是主观感受上的变化。这种变化虽然强度不高，但会持续较长时间，并且往往没有明显的外在原因。常见的情绪状态包括高兴、沮丧、易怒、无精打采、悲伤	+~++	++	+	+	+	++	+

情感状态类型：简要定义和举例	强度	持续时间	同步性	事件焦点	评估诱发	变化速度	行为影响
人际立场：是指在特定的互动情境中，个体对另一方所持有的情感态度，这种态度会对该情境下的人际交流产生重要影响。这些情感态度可以表现为疏远、冷淡、热情、支持或轻蔑等	+-++	+-++	+	++	+	+++	++
态度：是指一种相对持久且带有情感色彩的信念、偏好或倾向，它涉及对物体、事件或人的喜好、厌恶、珍视或渴望	0-++	++-+++	0	0	+	0-+	+
人格特点：是指个体在情感上稳定且持久的性格倾向和行为模式，包括紧张、焦虑、鲁莽、忧郁、敌意、嫉妒等	0-+	+++	0	0	0	0	+

想象一下，当你拿起电话听到亲人温暖悦耳的声音时，那声音会带给你愉悦和快乐的感受。但是，当你在使用短视频软件过程中听到一个你不喜欢的主播的声音时，那声音会让你感到极度不愉快甚至刺耳。人类天生具备对环境中的事物和人产生愉悦或不愉快反应的能力，但我们大多数时候必须学会判断他人是朋友还是敌人。换句话说，人们的声音，就像他们的面容和他们的其他个人特征一样，必须具备情感价值，才能影响我们的内心状态。一旦人们的声音获得了情感价值，仅仅听到这些声音就足以影响我们对他人的感知和互动了。了解他人认知的学习过程对于理解人际感知机制至关重要，人类声音的声学特征可以基于言语的情感价值而获得情感意义。

> **小贴士**
>
> 提升自己的语音感知和表达能力，可以从以下几个方面入手。
>
> （1）主动录下并回放自己的语音，进行反馈和自我评价，以便更好地认识自己的语音。
>
> （2）学会倾听他人的语音，并观察他人的语音特点，这有助于拓展对不同语音的认知。
>
> （3）在沟通中留意语音对沟通效果的影响，尤其是在重要场合，注意语音的语调、音量和节奏对交流的影响。
>
> （4）关注母语经验、语音关系和个体情绪对语音感知的影响，了解这些因素如何影响自己的语音表达，从而更好地改善自己的语音表达能力。

第二节　沟通的基础

语言是人类重要的交流工具，是人类区别于其他生物的重要标志之一。对于一般人而言，一生中使用口头语言的概率达 90% 以上。无论是处于学习阶段的学生，还是在社会中的就业者，能准确、熟练地使用语言，对其学习和工作都会产生积极影响。出色的语言表达可以使相互熟识的人之间产生浓厚的情意，感情更深；使陌生人产生好感，结成好友；使意见分歧的人互相理解，消除矛盾；使彼此怨恨的人化干戈为玉帛，友好相处。

微课堂

沟通的基础

美国著名的人际关系学、成功学家戴尔·卡耐基说，一个人的成功，只有 15% 是靠专业技术，另外 85% 却要靠人际交往、有效说话等软科学本领。时至今日，毛遂自荐、晏子使楚、烛之武退秦师、诸葛亮舌战群儒的故事依旧脍炙人口，马丁·路德·金"我有一个梦想"的呐喊仍然萦绕耳畔。

一、沟通的概念

沟通是指人与人之间通过语言、文字、姿态或其他方式进行交流和互相理解的过程。在沟通中，信息被传递和接收，观点被表达和理解，这可以使人们更好地协作、解决问题和建立关系。沟通作为一项语言信息的传播活动，由信息传输者、信息内容、传播中介、信息接受者、反馈等要素构成。

沟通是个人与他人之间通过某种途径进行互动，完成信息传输，以达到特定沟通目的的过程，方式包括谈话、社交互动、合作等。沟通是一个动态的过程，不是一个静态的片段。沟通不是单方面的输出，而是双向的互动。沟通的意义在于它可以帮助人们表达想法和情感，促进交流和理解。通过有效的沟通，人们能够更好地协作、解决问题，建立良好的人际关系，增进合作，以及传递信息和知识。在有效的沟通中，人们能打破隔阂，消除误解和冲突，促进社会发展和个人成长。因此，沟通在个人生活、工作和社会交往中具有重要的意义。

二、有效沟通的技巧

时代在变迁，人们的生活也在改变，但是沟通能力的重要性却是不曾改变的，"一人之辩，重于九鼎之宝；三寸之舌，强于百万之师"在今天依旧适用。有效沟通的能力是一个人内在修养和智慧的外在体现，毫不夸张地说，有效沟通能改变人生命运、扭转谈判结果，甚至改写历史。有效沟通不等于夸夸其谈，不等于不分时间、地点废话连篇，有效沟通是言之有物，言之有理，言之有文，言之有序，言之有情。

有效沟通是指信息能够被清晰、准确地传达和理解，以实现预期的目的。这要求说话者和听者双方都及时有效地关注传达信息的方式、内容，并对谈话内容给予反馈。因此有效沟通既需要良好的表达能力、倾听能力，还需要尊重、同理心以及适时的反馈。有效沟通的技巧包括以下几点。

（一）表达清晰

准确表达自己的意图是有效沟通的首要原则，这要求说话者在沟通中使用简洁明了的语言，避免啰唆、冗长、复杂的表达方式；强调最重要的信息，让听者能够快速理解要点；确保语言表达准确，避免使用模糊或含糊不清的词语或表达方式，避免出现歧义；在表达观点或信息时，采用清晰的组织结构，例如按照时间顺序或逻辑顺序进行表达，让沟通更高效。同时，沟通中说话者可以通过重复关键信息，增强听者对关键信息的记忆和理解。

（二）良好的沟通态度

有效的沟通离不开说话者和听者双方对彼此尊重、客观、包容、开放的态度。良好的沟通态度是建立健康、积极沟通关系的基石，能使沟通事半功倍。在沟通过程中，尊重对方是非常重要的。尊重对方意味着尊重对方的观点和感受，避免批评和贬低对方，认真倾听对方的观点，不打断对方的发言，尊重对方的感受并做出合理的反应，不探听对方的隐私，不随意指责对方，避免使用侮辱性的语言。

（三）细心地倾听

倾听是指用心、专注地接收和理解对方所说的话。这不仅仅是听到对方的声音，还包括理解对方的观点、感受和意图。倾听是一种尊重和关爱对方的表现，也是有效沟通的重要组成部分。倾听既要求听者学会听事实，能听清楚、听明白说话者话语所传达出来的事实内容，还要求听者能听出说话者话语的情感色彩与弦外之音。倾听不仅需要听者具有良好的听觉，而且要求听者具备良好的理解能力。倾听不是简单而机械地接受，而是一个仔细观察和认真思考的过程。这是一个人综合素养的体现，也是对综合能力的运用通过倾听，能够对对方话语、语音语调、表情动作等因素做出的综合的分析与总体的判断。

（四）积极的反馈

沟通是一个双向互动的过程，及时给予对方反馈，并且保持积极主动的互动能有效增强沟通的效果。这种反馈可以是一个微笑、一个点头，也可以是针对对方的说话内容表达自己的理解与态度或进行质疑，等等。反馈可以显示听者对说话者的情感支持。

（五）管理好情绪

有效沟通的前提是沟通双方都能试图理解对方的感受和立场，保持冷静，避免情绪化的反应，以同理心去思考问题、解决纷争。同理心是指理解和体会他人情感和观点的能力，同理心帮助我们站在他人的角度去理解他们的感受和想法。这种能力能够帮助我们建立更好的人际关系，增进沟通交流，并且促进团队合作。而如果在沟通时一味地沉溺于自己的情绪，指责他人，沟通双方既理不清也讲不明，很容易因为冲动而失去理智，恶语伤人，最终可能造成严重后果。

三、打造沟通的风格和特色

声音是语言的载体，沟通中的语气、语调、音量、语速直接反映了说话者的感觉、心情、态度等情感因素。打造具有特色、悦耳动听的声音有以下技巧。

（一）清晰发音

说话时清晰地发音，是指音节发音饱满、圆润、完整。

在吐字归音过程中，每一个音节的发音在不同的阶段要做不同的处理，把握好出字、立字、归音的具体要求。出字是指对音节字头的处理。字头的发音要做到有力，并且要稳住。咬字阶段是声母的成阻和持阻的阶段，应注意要有一定的力度，成阻部位的肌肉要有一定的紧张度。在普通话发音中，元音（韵母）占主要地位，但元音的发音其实是在滑动的过程中完成的，元音发音要完整，持续时间稍长，使听感更为突出。在归音阶段，发音时字尾的发音嘴型由开到闭，咬字器官肌肉由紧到松，字尾弱收到位，避免含糊不清的发音。

如果说话者牙齿闭合过度或双唇像腹语者一样紧闭不动，那么毫无疑问发音会含糊不清，这时说话者像在自言自语，声音颤抖犹豫，显得非常没有自信。

（二）控制音量

音量小，声音断断续续，声线颤抖，声音不实、发虚等是发音时常见的问题。每个人的音量的可变范围都很大，说话时需要善于控制自己的音量。过大的音量会显得聒噪、攻击性强，而且对身体消耗太大，不利于恰当地表情达意。音量过小容易造成听者听不清，甚至听不见，而且会显得说话者非常没有自信。因此，不论在何种场合，音量都要适中，不可太大或太小。说话者要根据听者的多少和场所的空间大小来确定自己的音量，要使在场的所有听者都能毫不费力地听清自己的声音。

（三）把握节奏

说话的节奏指的是在说话过程中，将话语组织成有规律的、流畅的声音韵律，这包括语速、音调变化等因素。好的说话节奏可以让话语更具吸引力，更容易得到他人的关注和理解。平稳自然的说话节奏可以有效地传达信息，并产生良好的沟通效果。

语速是说话、吐字的速度。在沟通中，适当的语速对于听者理解、反馈听到的内容是十分重要的。过快的语速可能会让人感到紧张、焦虑或者无法理解，而过慢的语速则可能会让人感到无聊、不耐烦或者缺乏兴趣。在表达时，对于重要信息或者复杂的概念，适当放慢语速可以帮助听者更好地理解和消化信息；而对于轻松愉快的话题，可以适当加快语速以增加活跃感和趣味性。说话者要根据听者的反应调整语速，把握沟通的整体节奏，当快则快，当慢则慢。

音调是指说话时声音高低、变化的模式。音调可以帮助说话者表达情感和意思，表达陈述、疑问或感叹语气，例如高音调通常表示兴奋或惊讶，低音调通常表示不确定或严肃。在日常交流中，音调过高往往给人一种刺耳或者刺激的感觉，甚至会显得过于紧张或者焦虑，让人感觉不舒服，难以专注或放松。音调过低可能会给人一种沉闷、沉重、了无生气的感觉，有时候还可能显得沮丧、无精打采或缺乏活力，让听者难以产生共鸣或愉悦的情绪。适当的音调可以让人感到自然和舒适，更容易引起共鸣和理解。因此，在日常交流中，说话者要根据自身的意图和说话的内容匹配合适的音调，适当的音调能有效地传达情感和吸引他人的注意。

（四）放松声带

声带是人体内的组织，位于喉部，主要由黏膜组织和肌肉组成。声带的主要作用是产生声音，它们在吞咽时关闭以防止食物进入气管，并在说话或唱歌时振动以产生声音。在与人交谈时保持声带的放松状态有助于发出更加动听的声音。

（五）培养语感

我们可以通过广泛聆听各种音频资料、深入阅读多样化的文本内容，来增强对语言的直观感受和深入理解，也可以积极学习并借鉴经典范文中的精彩语句和独特表达方式，通过细致的分析和反复的练习，将这些元素逐渐内化为自己的语言财富。在此基础上，多进行写作、演讲等语言实践，通过不断的锻炼，提高自己的语言感知和理解能力。

> **小贴士**
>
> 要想达到更好的沟通效果，需要注意以下几个方面。
>
> （1）确保沟通的清晰性和准确性，避免使用含糊的语言，以便有效地传达信息。
>
> （2）倾听对方并给予积极的反馈，这有助于营造良好的沟通氛围，增强沟通的效果。
>
> （3）发展自己的语言风格，这包括词汇选择、句式结构和词语把握，以塑造个性化且具有影响力的沟通方式。
>
> （4）在沟通中把握分寸，避免言辞过激或不当的表达，保持礼貌和尊重，以确保沟通的顺畅和友好。

第三节　沟通的心理准备

沟通是人类社会中不可或缺的一部分，无论是在家庭、工作场所还是社交环境中，有效的沟通都是建立良好关系、解决问题和实现共同目标的关键。许多人在与他人沟通时面临各种挑战和困难，这可能包括情绪紧张、语言障碍、文化差异、个人偏见等。因此，了解并做好沟通的心理准备对于成功的沟通至关重要。

心理准备涉及许多方面，包括自我意识、情绪管理、倾听技巧、非语言表达等。自我意识是指对自己的认知和理解，包括自己的价值观、信念和偏见。情绪管理涉及了解和控制自己的情绪，以便在沟通中保持冷静和理性。倾听技巧是指有效地倾听他人的观点和意见，并给予尊重和关注。非语言表达则包括面部表情、姿势、眼神接触等。通过研究沟通的心理准备，我们可以更好地理解人们在沟通中的行为和反应，并改善沟通效果。沟通的心理准备是复杂却又关键的领域，不同的个体之间总会存在分歧、误解或矛盾，出于各种因素的影响，有的人选择保持沉默、疏于表达，有的人可能害怕面对冲突或担心被误解，因此避免交流。沟通在人际关系中占据极高的地位，我们积极主动地去沟通、去解决问题，会减少很多嫌隙的产生。通过本节的学习，我们可以增强沟通的效果，促进更加良好和谐的人际关系的建立。

微课堂

沟通的心理准备

一、文化冲突导致沟通障碍

（一）文化相对主义

文化相对主义认为，不同的文化具有不同的价值观、信仰和行为准则，这些差异是由历史、地理、社会和经济等因素决定的。根据文化相对主义的观点，没有一种文化可以被视为绝对正确或错误、优越或低劣，每种文化都应该在其自身的背景下被理解和评价。举例来说，一种文化可能强调集体主义和家庭价值观，而另一种文化可能更注重个人主义和自由。在文化相对主义的观点下，我们不应该将其中任何一种文化视为优越或低劣的文化，而是要理解和尊重每种文化的独特性。

文化相对主义也强调了文化之间的相互影响和变化。随着文化全球化的发展，不同文化之间的接触和交流越来越频繁，这导致了文化的融合和变革。文化相对主义认为，我们应该以开放和包容的态度去理解和接受其他文化的观点和习惯，而不是将其视为威胁或错误。需要注意的是，文化相对主义并不意味着对所有文化都应该采取绝对的宽容和接受态度。一些文化可能违背了普遍的人权原则，例如，妇女、儿童或少数群体受到不公平对待。在这种情况下，国际社会通常会努力改变这些不公正的文化。

如果将这种文化相对主义运用到我们的日常生活中，也可以这样去理解：个体的成长环境、家庭背景、父母的教育方式，包括个体的种种经历都不尽相同，那么自己和别人在价值观、信仰、行为准则上肯定都存在差异，因此每个人的想法和观点都没有绝对的正确与错误。如果我们站在对方的视角去看待整件事，自然而然就能理解对方为何如此坚持。比如，A 认为用半个月零花钱请好哥们儿吃顿大餐是很正常的事，B 认为不管什么缘由出去吃饭都还是 AA 制比较好。基于文化相对主义，A 没有立场认为 B 抠门，B 也没有立场认为 A 铺张浪费，可能 A 的价值观的核心是"义气""吃得开心"，B 的价值观的核心是"公平分配""点到即止"。我们从小就学的"己所不欲，勿施于人"也是这个道理。

（二）文化冲突

霍尔（Hal）的文化冲突理论是一种关于跨文化交流和沟通的理论，强调了不同文化背景对人们行为和价值观的影响。该理论认为，文化背景是人们思维方式、行为模式和价值观念的基础，而不同文化之间的差异可能导致沟通和交流障碍。根据霍尔的理论，文化冲突主要源于两个方面：时间观念和空间观念。

时间观念即不同文化对待时间的态度和使用时间的方式存在差异。霍尔将文化分为"单线性文化"和"多线性文化"。单线性文化强调准时、按计划进行，如北美和西欧国家就是这种文化；而多线性文化则更具弹性，注重人际关系和灵活性，如拉丁美洲和中东地区就是这种文化。当这两种文化相互交流时，可能会出现误解和冲突。如果一个来自单线性文化的人要求会议准时开始，而一个来自多线性文化的人习惯于稍后到达，这就可能导致沟通障碍和冲突。

空间观念即不同文化对个人空间和公共空间的看法存在差异。霍尔将文化分为"高接触文化"和"低接触文化"。高接触文化注重身体接触和亲密关系，如拉丁美洲和地中海地区就是这种文化；而低接触文化则更加注重个人空间和隐私，如北欧和日本就是这种文化。当这两种文化相互交流时，可能会引发误解和冲突。如果一个来自高接触文化的人在交谈时与一个来自低接触文化的人靠得太近，这就可能导致沟通障碍和冲突。

文化冲突理论强调不同文化背景对人们行为和价值观的影响，当日常生活中出现文化冲突时，我们需要做的就是了解和尊重不同文化之间的差异。

> **小贴士**
>
> 要想做到有效沟通，需要注意以下几点。
>
> （1）学会情绪管理，包括意识到自己的情绪状态、寻找情绪释放的途径以及积极的情绪调节方法，以确保在沟通中保持冷静和理性。
>
> （2）掌握情绪管理技巧，例如深呼吸、积极思考、寻求支持等，以应对沟通中可能出现的紧张和压力。
>
> （3）学习冲突解决策略，包括倾听对方观点、表达自己的想法、寻求共同利益，并尝试寻求双赢的解决方案，以促进良好的人际关系和沟通效果。
>
> （4）培养文化敏感性，了解不同文化背景下的沟通习惯和价值观，尊重和理解文化差异，以促进跨文化沟通的顺利进行。

二、情商与情绪管理

（一）情商

情商（Emotional Intelligence，EI），也称"情绪智力"，作为一个心理学术语，其起源可以追溯到 1990 年，由心理学家彼得·萨拉维（Peter Salovey）和约翰·迈耶（John Mayer）首次提出。他们认为，情商是一种能力，涉及个体对情绪的感知、获取、产生、理解以及在思考过程中对这些情绪和情感知识的运用，同时还包括反思性地调节情绪，以促进情感和智力的增长。

随着丹尼尔·戈尔曼（Daniel Goleman）的著作《情商》在《纽约时报》畅销书排行榜上的成功，情商这一概念逐渐为大众所熟知和接受。戈尔曼的情商概念超越了萨拉维和迈耶最初的观点，不仅关注情绪意识和情绪调节，还强调了人际交往能力的重要性。他认为，情商涉及个体如何表达和控制自己的情绪，如何应对他人的情绪，以及如何调整自己的情绪以适应不同的情境。

（二）情绪的体验与管理

每个人都会经历各种不同的情绪，如愤怒、悲伤、快乐和焦虑等。这些情绪带来的体验因人而异，取决于所处的环境、涉及的人物以及其他因素。举例来说，当我们面对朋友的离世时，我们感受到的悲伤与父母或其他家庭成员离世时的悲伤往往是不同的。同样，和几周未见的朋友相聚所带来的幸福感与和一年未见的朋友相聚所带来的幸福感也是不同的。情绪为我们提供了需要以某种方式改变情况的信息，以满足我们的需求。例如，愤怒的产生是为了让我们认识到某件事情的不公平，内疚或许是因为我们做了一些违背道德和自己价值观的事情。此外，情绪还可以作为一种自我沟通的方式，在我们的大脑理性处理从感官接收到的具体信息之前，提供情绪信息。比如，当我们看到有人拿着枪时，恐惧会促使我们在行动之前停下来思考如何应对。有效地管理情绪可以帮助我们更好地处理压力，增强情绪的稳定性，并建立积极的人际关系。

三、情绪调节技巧

（一）情绪的本质

在掌握有效的情绪调节方法之前，我们首先需要了解情绪的本质。情绪是一种复杂的心理反应，由认知、生理和行为等多个方面组成。它们受到内在因素（如个人特质和基因）和外部因素（如社交关系和工作压力）的影响。因此，了解自己的情绪触发因素和反应模式是情绪调节的第一步。

（二）认知行为疗法

在此向大家介绍一种心理疗法，即认知行为疗法。认知行为疗法的核心理念是我们的情绪、看法和行为之间相互关联，通过改变其中一个方面，可以影响其他两个方面。换言之，通过改变对某种情况的看法，我们可以改变在该情况下的情绪和行为；通过改变在某种情况下的行为，我们可以改变我们的看法和情绪；等等。

认知行为疗法有一种描述情绪、看法和行为之间的关系的典型方式：你因一种情况产生的情绪会影响你在这种情况下的看法和行为；你对一种情况的看法会影响你在这种情况下的情绪和行为；你在某种情况下的行为会影响你对这种情况的看法和产生的情绪。图5-2显示了这种关系。

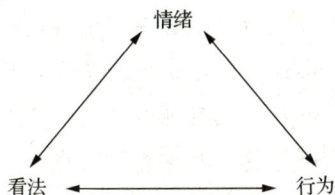

图5-2　认知行为疗法中情绪、看法、行为之间的关系

这3个元素相互关联，很容易混淆。当人们被问及因某件事产生的情绪时，他们通常告诉我们的是他们对这件事的看法。例如，一个即将毕业的学生，在谈及她找工作的事情，以及她每天都要经历找工作的过程有多累时，她觉得自己"没用、精疲力尽"。但是这些都不是情绪，当她被问及对这种情况的情绪是什么，她试了好几次才发现自己感到"沮丧和焦虑"。我们很难描述自己的情绪，其中一个原因是我们的情绪出现得太快以至于我们都意识不到它出现了，所以我们在行动之前通常不会停下来思考它们。但是，将我们的情绪、看法和行为分开是有效地调节情绪的重要一步。

当我们试图确定对某事的感觉时，需要记住6种主要的情绪：愤怒、恐惧、悲伤、羞耻（内疚）、爱和幸福。①愤怒通常是对不公平、威胁或挫折的反应；②恐惧是对危险或威胁的感知，可以是真实的或想象的；③悲伤通常与失落、失败或痛苦相关；④羞耻（内疚）是自我意识的情绪，羞耻更多涉及自我价值的贬低，而内疚则通常与违背道德或责任感有关；⑤爱是一种深厚的情感连接，可以是亲情、友情或浪漫爱情；⑥幸福则是一种积极的心理状态，通常与满足、快乐或成就感相关。如果我们的情绪无法用这些词来描述，可以试着用程度来切入。例如，我可能不会感到"愤怒"，但我可能会感到恼火、沮丧或恼怒；或者也许我没有感到"恐惧"，但我感到焦虑、担心或紧张。简单来说，行为指的是个体在特定情境下实际展现出来的表现方式，而非内心所期望的或感觉上应当去做的，是实际发生的行动或反应。那么看法指的是个体对某一事物、现象或观点所持的主观认知、理解与评价。与行为不同，看法更多地体现在思维层面，是个体内在思考的结果，具有主观性和多样性，不同的人对同一事物可能持有截然不同的看法。以下所举例子，可能有助于理解情绪、看法和行为之间的差异。

🧑 案例

单身青年甲的母亲总是问他什么时候处对象，什么时候结婚，什么时候生孩子。这不仅惹恼了甲，也让他开始思考这些事情，然后他会为自己还没有组建家庭而感到沮丧。所以，当母亲在电话里再次提起这件事时，甲大发脾气，挂断了电话，并且心里想到："她总是让我感到难受。我是不是很失败？我让我的家人非常失望。"看看甲的情况以及他和母亲的争吵，我们能识别他的情绪、看法和行为吗？首先，甲对这种情况有什么情绪？他很生气（他个人称之为"恼怒"和"愤怒"），考虑到他对这种情况的看法（"我是不是很失败？"），他可能会感到悲伤；同时他也有这种看法："我妈妈总是让我难受。"所以他的行为就是挂断他妈妈的电话。

根据认知行为疗法，如果甲能改变他的行为或看法，他对这种情况可能就会有不同的情绪。例如，大发脾气后挂断母亲的电话是一种攻击性行为；如果他能改变这种咄咄逼人的行为，比如告诉母亲他得走了，然后正常地挂断电话，而不是冲动地发泄，他可能会发现自己没有那么生气。或者如果甲能改变他对这种情况的看法，例如，把"我妈妈总想让我难受"变成一个更中性的看法"我妈妈经常问我这些问题，这让我烦躁且沮丧"，也会对他有所帮助。

所以有时候我们需要认识到，我们通常不是情绪化地对正在发生的情况做出反应，而是对自己对该事件的解释做出反应。换句话说，一件事发生了，我们的大脑对这件事形成了某种解释，作为对这种解释的回应，我们体验到一种情绪。如果这种情绪是消极的，我们会思考怎样才能摆脱这些想法，通常，人们不喜欢这个答案：摆脱想法的方法是停止试图摆脱它。如果你曾经试图停止思考某件事，你就会知道这是行不通的；你越努力不去想它，你最后想得就越多。正如克里斯托弗·杰默（Christopher Germer）所指出的："当你抗拒某样东西时，它会跑到地下室去举重！"换句话说，你越抗拒它，它就变得越强大。当我们试图不去想某件事时，我们的大脑会不得不去想它，以便知道什么是不应该去想的。看到这里，你是不是越来越困惑了？我们可以做一个练习。

✏️ 课堂练习

在接下来的30秒内，无论如何，不要想粉红色的大象，尽量避免以任何方式、形状或形式去想粉红色的大象，如果方便的话，你可以闭上眼睛，但尽量不要去想象它们松软的大耳朵、皱巴巴的粗鼻子和细长的尾巴。

怎么样？或许大多数人的脑子里现在想的都是粉红色的大象，因为试着不去想它们是行不通的。事实上，研究发现，试图抑制想法实际上会引发这些想法的增加；人们试图压抑某些想法的时间越长，他们最终出现这些想法的次数就越多。

认知行为疗法指出，停止思考某件事的关键是正念（冥想），或者练习让想法简单地穿过我们的大脑——既不抓住它们，也不试图摆脱或抑制它们。换句话说，如果我们的大脑正充斥着让我们痛苦难堪的想法，如果想摆脱它们，就承认这些想法：让它们来，不要试图阻止它们，不加评判，它们就在那里。渐渐地，其他想法会取代它们。

（三）其他情绪管理技巧

在实际应用中，也有许多有效的方法可以帮助我们调节情绪。

（1）认知重构。这种方法通过改变我们的思维方式来调节情绪。这包括识别和纠正负面思维方式，进行积极的自我对话，并寻找更合理和积极的解释方式。

（2）情绪表达和释放。这也是一种有效的情绪调节方法。通过表达情绪，如倾诉、写作或绘画，我们可以减轻压力和紧张感。

（3）身体活动和放松。运动可以释放身体内的紧张能量，促进身心的平衡和放松。同时，深呼吸、冥想和渐进性肌肉松弛等放松技巧也可以帮助我们降低焦虑和压力水平，提升情绪的稳定性。

（4）建立良好的社交关系。与他人分享情感和经历，寻求支持和理解，可以帮助我们缓解负面情绪，并获得情感上的满足感。同时，积极参与社交活动和建立亲密关系也可以提升我们的情绪调节能力。

（5）减少评判。减少对自己、对周围的人和事的评判也会有平静身心的效果。当你专注于接受事情本来的样子，而不是因为事情不像你希望的那样而感到愤怒时，你们会体验到更多的平静感。

除了以上方法，还有一些技巧我们可以使用。威廉·尤里（William Ury）建议我们试着把面对面的对抗变成肩并肩解决问题。以下是他给我们提供的化解与难相处之人发生的冲突的建议。

（1）到阳台去。这是一个比喻，意思是休息一下。当有人激怒你时，花点时间找个借口冷静一下，停留在"主舞台"上不断地寻找解决方案可能会适得其反。

（2）换位思考。与其继续辩论和反驳每一个论点，不如通过提问和倾听走进对方的内心，将关系的动力从对抗转变为对话。

（3）改变框架。尝试从更多角度重新看待问题。试着从第三、第四或第五个角度看问题。

（4）建一座金桥。"建一座金桥"同样也是一个比喻，指的是通过保留对方的尊严，找到帮助对方说"是"的方法，给对方台阶下。但也要基于客观的标准，不能太明显和夸大。

（5）让拒绝变得困难。用信息来说服对方，而不是抨击对方。正如尤里所说，最好的方案是让对方清醒过来，而不是强迫对方接受。帮助对方理解他或她所支持的观点的后果，以及你的方案的好处。

现在想象一下，你和一个易怒的人发生了冲突，但没有得到令人满意的沟通结果。你应该怎样去实施上述5个建议中的一个或多个？如果有那么一种可能，可以和这个难相处的人"重新来过"，你会怎么做？完成下面的填空题，如果你在以下情况中遇到这种人，你该怎么做？

到阳台去：在冲突的什么阶段，你会建议对方冷静一段时间？

_____

换位思考：你应该在什么时间节点、以什么方式站到对方的角度去倾听他们的想法，而不是在冲突中增加新的想法和论点呢？

_____

改变框架：你怎样才能改变冲突的框架呢？如果从另一个人的角度出发，造成冲突的问题会是怎样的呢？

_____

建一座金桥：你能做些什么或说些什么来帮对方保留尊严呢？

_____

让拒绝变得困难：你能说些什么或做些什么来帮助对方看到你的方案的好处？

_____

四、情绪管理和解决冲突

有效的沟通需要清晰地表达自己的观点和需求。当我们遇到冲突时，双方无法管理好情绪，一直抱怨对方，往往会忽视了真正的问题所在——应该学会用明确、具体的语言来表达自己的观点和需求，避免含糊不清或模棱两可的表达方式。只有当我们能够清楚地传达自己的意图，对方才能更好地理解我们的立场。儒家文化讲究中庸之道、寻求共赢的解决方案是处理冲突和分歧的目标。在沟通过程中，我们应该摒弃"我对你"的态度，而是采取"我们一起"的思维方式。通过合作和妥协，我们可以找到双方都能接受的解决方案，从而达到解决冲突并和谐共处的目的。

在情绪管理和冲突解决的过程中，我们需要保持冷静和理性，避免情绪化的反应和攻击性的言辞，以平和的态度去面对和解决问题。同时，我们也要学会倾听和尊重他人的意见，尽量理解对方的立场和感受，通过开放的沟通和互相理解，寻求共同利益促成"win-win"的局面，与他人建立更加稳固良好的人际关系。

（一）沟通在冲突中的角色演变

尽管人们已经认识到沟通在冲突中的重要性，但早期的研究者通常将其视为不被重视的或理所当然的活动。特别是在涉及一个与沟通有关的囚徒困境游戏中，最初的研究往往简单地将其看作是"让玩家交谈或不让他们交谈"，或者将其视为通过行动和对抗来传达偏好的暗示性线索。换句话说，早期的研究忽略了沟通本身的重要性，反而更关注行动和对抗所传达的信息。

马歇尔在他的《非暴力沟通》（*Nonviolent Communication*）一书中介绍了一种以尊重

和共情为基础的沟通方法，强调倾听他人的需求和情感，并通过表达自己的感受和需求来帮助人们解决冲突、建立互惠关系和促进合作。人们之间的冲突往往源于不同的需求和价值观之间的冲突。他提出了4个步骤来实践非暴力沟通：观察事实、表达感受、表达需求和提出请求。通过这种方式，人们可以更好地理解彼此的需求，并寻求共同的解决方案，由此建立更深入、更有意义的人际关系。

（二）冲突的四要素

冲突是人际关系中常见的现象，无论是在个人生活中、学习环境还是工作环境中。冲突也是人类社会中普遍存在的现象，无论是在个人层面还是在组织层面，都可能出现各种形式的冲突。这些冲突可能源自不同的利益、价值观、资源分配不公等问题，导致各方之间的紧张关系和对立。根据交际学者威廉·威尔莫特和乔伊斯·霍克的观点，界定人际冲突包含以下4个核心要素。

（1）斗争的外在表达：冲突首先表现为一种明显的、双方或多方之间的斗争状态。

（2）至少有两个相互依赖的个体：这种斗争发生在至少两个彼此之间存在某种依赖关系的个体之间。

（3）能够被察觉的不相容性：在这些个体中，至少有一方意识到存在不相容的目标、资源稀缺问题或受到来自他人的干扰。

（4）追求特定目标：冲突双方或多方都在试图实现各自特定的目标，这些目标之间的冲突导致了整个斗争的升级。

通常来说，很少有学者会否认沟通是冲突的一个基本特征。沟通在问题形成过程中起着重要作用，它帮助我们构建认知框架，将情感因素转化为冲突，并实际上推动冲突的发展。沟通的功能是作为一种临时代码来表明意图、交换信息、施加影响和协调结果。最重要的是，"沟通是冲突得到社会定义的手段"。

（三）冲突的四大误区

虽然不是所有的冲突都会破坏人际关系，但许多文化都禁止在公共场合发生冲突。其实我们成长的环境和经历是影响我们表达方式和处理冲突能力的关键因素。研究显示，我们中的许多人都是在4个误区的熏陶下长大的，这些误区会导致我们对冲突产生负面情绪。下面我们详细分析冲突的4个误区，这可以帮助我们在未来面对冲突时更好地理解其本质。

误区一：冲突总是人际关系不佳的标志。很多人认为所有冲突的根源都是潜在的人际关系问题，这是一种过于简单化的假设。冲突是任何人际关系中再正常不过的一部分，不断地争吵和诋毁可能是更深层次问题的症状，产生意见的分歧和冲突不一定意味着关系触礁。事实上，过于礼貌、生硬的对话往往比周期性的分歧更可能引发问题。自由诚实地表达不满往往是健康关系的标志，因为这种状态意味着一个人与说话对象相处时感到足够安全与舒适。

误区二：冲突总是可以避免的。"如果你说不出什么好话，那就闭嘴。"我们许多人在幼年时期就被教导不能顶嘴，这是一种避免冲突的具体行为，正所谓"以和为贵"。然而，研究表明，几乎每段人际关系中都会出现冲突。因为我们每个人对这个世界都有独特的看法，所以如果我们总是与另一个人看法一致，那才是一件奇怪的事。尽管有时候这样的冲突可能并不激烈，但多多少少的意见不合与争吵会使我们与我们关心的人渐行渐远。比如，婚姻中的满足感与冲突的数量无关，而是与双方处理冲突的方式有关。冲突也是小组讨论互动中正常且颇有成效的一个环节。如果我们认为冲突本质上是无益的，是需要避免的，那就是陷入了误区，因为即使在最健康的人际关系中也会发生冲突和分歧。

误区三：冲突的导火索是误解。 我们来看一对情侣吵架的情景。"你根本不了解我的日子是怎么过的。我要睡觉了！"女朋友一边喊一边拿起枕头和毯子向客厅走去。"哦，是吗？随便吧，你根本不会明白如果我今晚不把这个活儿干完明天会发生什么！"男朋友回答道，他正弯着腰坐在卧室的桌子前，手指飞快地在笔记本电脑的键盘上敲击着。很明显，这对情侣之间有矛盾，他们认为产生分歧的原因是彼此之间缺乏理解，但实际上他们是相互理解的。男方知道女方想睡觉，女方知道男方需要熬夜工作，他们的分歧在于谁都不同意对方的事情更重要。这种分歧才是冲突的根源，而不是误解。

误区四：冲突总是可以化解的。 现在有很多心理咨询师、机构培训专家、知名的作者等，经常给出关于化解冲突的建议。有些人声称，只要运用一些技巧和话术，冲突就能马上消失。这是不正确的，并不是所有的冲突都能通过努力倾听或分析对方的信息来化解。有些冲突格外强烈，其中一方的看法难以被改变，以至于另一方可能不得不接受与其本意相违背的观点，但此时冲突依然存在。

（四）利益导向谈判：解决冲突的有效策略

利益导向谈判法可以帮助人们在冲突中找到共同的利益，并达成可持续的协议。这种方法包含4个原则：将问题与人分开、关注利益而非立场、生成多个选择、基于客观标准来决策。

（1）将问题与人分开强调将人际关系与问题本身分开来看待，在谈判过程中，要专注于解决问题，而不是攻击对方的人格或立场。

（2）利益是指参与者在谈判中所追求的实际需求、关心的事项或目标；与之相对，立场是指参与者对问题的特定解决方案或观点。关注双方的利益，可以找到更多的共同点和合作机会；寻找双方之间的共同点可以帮助建立合作关系，增加双方的理解和信任，并为达成互利的解决方案奠定基础。

（3）生成多个选择即提出多个可能的解决方案，可以增加灵活性和创造力，为双方提供更多的选择余地。

（4）基于客观标准来决策则需要在谈判中积极倾听对方的观点和需求，并表达自己的意见和利益。

这种方法有助于进行有效的双向交流，促进共同理解和合作。

第四节　肢体语言的训练

肢体语言又称身体语言，是指通过头、眼、颈、手、肘、臂、身、胯、足等人体部位的协调活动来传达思想、情感和意图的一种沟通方式。它是一种非词语性的身体符号，广义上包括躯体行为、手势、动作、姿态、面部表情以及人际距离等。在人际交往中，肢体语言扮演着重要角色，能够传递出说话者的态度、情感和意图，是日常交流不可或缺的一部分。

微课堂

肢体语言的训练

阿尔伯特·梅拉宾（Albert Mehrabian）是肢体语言研究的先驱，他发现信息的总影响大约 7% 来自言语（只有文字），38% 来自声音（包括语音、语调变化和其他声音），55% 来自非言语。肢体语言是一个人情绪状态的外在反映。每个动作都可能是一个人当时感受到的情绪的关键。例如，一个对体重增加有自我意识的男性可能会拉他垂在下巴下面的皮肤褶皱；意识到自己大腿上有赘肉的女性可能会频繁地把裙子捋顺；感到恐惧或防御的人可能会交叉双臂或跷二郎腿或两者兼而有之。

一、肢体语言的五大功能

艾克曼（Ekman）和弗里森（Friesen）根据肢体语言的功能对它们进行分类。他们确定了 5 个类别：象征、解释说明、情感表现、调节和适应环境。

（一）象征

在特定文化中具有特定的或普遍的含义，并且实际上可以替代单词或短语的肢体语言被称为象征。例如，当父亲正忙着加班完成一份明天要交的报告时，他年幼的儿子跑过来说想要一个新的游戏机，他从电脑椅上转过身，张开手掌，表明他想要安静、不被打扰；为了表达你对音乐会上小提琴独奏者的热情，你疯狂地鼓掌；母亲想让孩子不要在图书馆里说话，所以把食指放在噘起的嘴唇上告诉孩子闭嘴。

（二）解释说明

人们经常给口头信息加上解释，这些解释性的肢体语言可能与口头信息矛盾，可能是口头强调信息，也可能是对口头信息的补充。例如，老师"砰"地一声合上书，同时宣布"我们不读这个了"，或者敲打讲台，同时宣布"这一点很重要！"。这是两个很经典的肢体语言的例子。电视新闻播音员有时会点头或翻页，这表明他们正在转移到一个新的故事或话题上。肢体语言的解释说明功能可以帮助我们传达关于物体的大小、形状和空间关系的信息。我们甚至在打电话时都会用到这个功能，但没有在面对面交谈时使用得那么多。

（三）情感表现

用来表达情感的肢体语言被称为情感表现。早在 1872 年，查尔斯·达尔文（Charles Darwin）系统地研究人类和动物的情感表达时，他就认识到非语言暗示是情感交流的主要方式。面部表情、声音暗示、姿势和手势可以传达出你情绪的强烈程度。例如，如果你很快乐，你的面部表情会把你的快乐传递给别人，同时你手的动作、舒展的姿势、移动的速度都会告诉别人你有多快乐。如果你感到沮丧，你的面部可能会透露出你的悲伤或沮丧，而你耷拉的肩膀和低下的头则表明你绝望的程度。当你想表现得友好时，你会使用柔和的语调、坦率的微笑和放松的姿势。当你对一个问题持中立态度时，你的全身几乎不会有肢体语言出现。当你感受到敌意时，你可能会发出刺耳的声音，皱眉，露出牙齿，姿势紧张且僵硬。

（四）调节

人们将肢体语言当作一个可开可关的阀门，以此控制他们与另一个人之间的交流或信息流动。当你渴望回应一条信息时，你会与对方进行眼神交流，扬起眉毛，张开嘴巴，抬起食指，并稍微向前倾身；在教室里，你可以举手表示你想发言。当你不想参与对话时，你会做相反的动作：避开对方的目光，闭上嘴巴，交叉双臂，向后靠在座位上或做出其他远离口头交流的动作。

（五）适应环境

当你感到寒冷时，你会拿起一件毛衣或将手臂交叉在胸前保暖。当夏日温度达到 39 摄氏度时，你可能会用手或用某些纸片扇来扇去给自己制造一点微风。这些肢体语言帮助你满足个人需求并适应周围环境。当你扶正鼻梁上的眼镜、抠挠蚊子叮出来的包，或者梳理头发时，你正在利用动作来满足个人需求并适应周围环境，同时也向在场的其他人传达了自己的相关信息。

二、肢体语言的三大规则

某些情况下，我们看到的肢体语言其实并不一定能反映出对方的真实感受或态度。我们需要遵循 3 个基本规则才能正确解读肢体语言。

（一）规则一：解读肢体语言

解读肢体语言的新手可能犯的最严重的错误之一就是孤立地解读单个手势，而不考虑其他手势或周围环境。例如，挠头可能意味着很多事情——出汗、不确定、头皮屑、跳蚤、健忘或说谎——这还得取决于同时出现的其他手势。和任何其他语言一样，肢体语言也有词语、句子和标点符号。每个手势就像一个词语，一个词语可能有几种不同的意思。例如在英语中，"dressing"这个词至少有 10 种意思，包括穿衣服的行为、食物的酱料、家禽的填料、伤口的处理、肥料和给马梳毛发等。只有当我们把一个词语和其他词语放到一个句子中，才能完全理解它的意思。手势以"句子"的形式出现，被称为"肢体语言集群"，它总是能揭示一个人的真实感受或态度。一个肢体语言集群，就像一个口头句子一样，至少需要 3 个词语，要准确地定义每个词语。有洞察力的人是能够读懂肢体语言集群并准确地将它们与口头句子相匹配的人。例如，我们思考一下，当人们对所听到的东西不感兴趣时，会有什么样的肢体语言？

如图 5-3 所示，在演讲会场，一个听众手托着脸，食指指向上方，拇指支撑下巴，另一个手指捂住嘴，双腿紧紧交叠（跷二郎腿），手臂交叉在身体前（防御性的），而头和下巴低着（消极的 / 敌对的）。说明这个听众对她听到的内容有批判性的想法，这种肢体语言集群的意思是，"我不喜欢你说的话"或"我不同意"或"我在抑制负面情绪"。

图5-3

（二）规则二：寻找一致性

研究表明，肢体语言的影响力大约是言辞的 5 倍，当两者不一致时，人们（尤其是女性）更倾向于依赖肢体语言并忽视言辞。例如，你作为演讲者刚完成了一场演讲，要求图 5-3 所示的那位听众对你所说的观点发表意见，如果他说不同意你的观点，他的肢体语言与他的言辞是一致的，也就是说他没撒谎；但如果他说同意你的观点，配合他的肢体语言，他有可能在撒谎，因为他的言辞和肢体语言并不一致。

如果你看到一个演说家站在讲台后面，自信地讲话，但他的双臂紧紧地交叉在胸前（防御），下巴低着（批评/敌对），同时告诉他的听众，他对年轻人的想法是多么包容和开放，你会相信吗？如果他试图让你相信他热情、关怀态度的同时，手部却做出一个有力的、朝斜下方劈砍的动作呢？西格蒙德·弗洛伊德（Sigmund Freud）曾经说过这样一个例子，一位来咨询的女士嘴上说她的婚姻多么幸福，但她却无意识地把结婚戒指反复从手指上摘下来，又戴回去。弗洛伊德意识到了这种无意识姿态的重要性，很明显这位女士的婚姻问题已经开始浮出水面。由此可见，观察肢体语言和言辞的一致性是通过肢体语言准确解释态度的关键。

（三）规则三：结合情境解读

所有的肢体语言都应该结合它们出现的情境来考虑。如图 5-4 所示，如果一个人在公共汽车站，胳膊和腿紧紧地交叉在一起，下巴朝下，而这是一个寒冷的冬日，这很可能意味着她很冷，而不是防御。然而，如果有人坐在她对面试图向她推销产品或服务时，这个人用了同样的肢体语言，这可以正确地解释为这个人拒绝此推销。

图5-4

三、典型手势与身体姿势

在许多国家，手已经扮演了"标点符号"的角色，以规定谈话中的秩序。举手的手势是从意大利人和法国人那里借来的，他们几乎都"用手说话"，甚至有人说如果把意大利人的手绑起来，他们就没有办法说话。但在英国，当你说话时挥舞双手，会被认为是不合适的或不礼貌的。本部分我们只选取一些常用且典型的手势与身体姿势进行讲解，如果感兴趣，可以进一步自行查阅相关专著。

（一）给出观点

观察一个人在总结一场讨论，并给出两种观点时的手势，这可以揭示他们是否有这样或那样的偏见。他们通常一只手掌心朝上，说出他们喜欢的观点，然后用另一只手给出相反的观点。惯用右手的人把他们喜欢的观点留给右手，而惯用左手的人偏爱用左手给出自己喜欢的观点。

（二）双手紧握

十指紧扣双手紧握的手势表示一种克制、焦虑或消极的态度。双手紧握有 3 种情况：双手紧握放在脸前；双手紧握放在桌子上或膝上；站立时，双手紧握垂放在身前，如图 5-5 ～ 图 5-7 所示。手被举起的高度和一个人的沮丧程度也存在相关性，手高举的人往往比低举的人更难对付。就像所有消极的手势一样，我们需要采取行动解开对方的拳头，比如给他们一杯饮料或让他们拿东西。

图5-5　　　　　　图5-6　　　　　　图5-7

（三）背手

众所周知，英国皇室男性成员走路时习惯抬起头和下巴，一只手在背后握住另一只手。这种姿势在领导者或权贵政要中很常见，如图 5-8 所示。

与这种姿势相关的情感是优越感、自信和力量。在这种姿势下，这个人暴露了脆弱的胃、心脏、腹部和咽喉，因此这是一种下意识的无畏行为。如果你在压力很大的情况下采取这种姿势，比如接受报社记者的采访或在牙医诊所外等待时，会开始感到自信。但一只手握住另一只手的位置较高，说明这个人可能感到沮丧或生气，如图 5-9 所示。如果一只手已经握到另一只手大臂处了，这是一种掩饰紧张或自我克制的姿势，如图 5-10 所示，如果你发现自己在做这个动作，那就换成在背后手心相握，你会开始感到更自信，更有控制力。

图5-8　　　　　　图5-9　　　　　　图5-10

（四）尖塔手势

如果你想让自己看起来很自信，并且对所有问题了然于胸，双手指尖相贴的尖塔手势会帮你做到这一点。尖塔手势有两个主要的版本：朝上的尖塔，当某人发表意见、想法或讲话时，通常采用这种手势；水平的尖塔，这时通常是某人在听，而不是在说话，如图5-11和图5-12所示。虽然尖塔手势常被视为积极信号，但它出现在积极或消极的情境中时，所代表的含义大不相同。例如，假设你正在向某人展示一个想法，并且看到他一边听一边做出了尖塔手势，并紧接着给出了几个积极的信号，例如张开手掌、向前倾、抬头、点头等，这表明很可能你已经得到了某种认可。但如果尖塔手势之后跟随的是一系列消极的动作，比如双臂交叉、双腿交叉、目光转移，那么他可能会强硬地拒绝你。由此可见，在尖塔手势之后出现的一系列动作才是关键。

图5-11　　　　　　　　　　图5-12

（五）交叉双臂

如果在一场谈话中某人突然双臂交叉于胸前，这可能表示这个人感到不舒服，不论是对于环境，抑或是你们正在谈话的内容。有人可能会说，交叉双臂只是因为他们觉得冷，但这并不否定它的非语言意义，因为冷是一种不舒服的形式。其实做出这个动作的目的是需要一个障碍物遮挡躯干，比如开会时有的人会突然开始把玩他的手表或者袖口，一场在沙发上的谈话过程中有人突然抱起了一个抱枕，这些寻找遮挡物的动作，都是因为感到不舒服。但有时候双臂交叉于胸前，也可能是为了缓解肩周的酸痛，或单纯地就是觉得这样舒服。唯一的区别是，当这种动作表示不舒服时，它是突然出现的。

（六）掌心朝外耸肩

这种动作一般用来表达不确定和信息的缺失。在特定情境下，完全和轻微的耸肩动作可以传达很多信息。当老板问员工"你知道这个客户的投诉吗？"，而员工回答"不知道"同时做出半个耸肩的动作时，很可能表明他对刚才所说的话并不坚定。一个真实和诚实的回答会导致双肩急剧而对称地上升。当一个人对他的回答非常自信时，我们可以发现他能够做出完全对称的耸肩动作。但如果一个人的肩膀只轻微耸起，或者只有一侧耸起，很可能这个人对自己所说的话并不怎么坚定，甚至可能在回避或欺骗。而掌心朝内、双手自然下垂地耸肩则表示此人很沮丧，情绪很消极，没有安全感。

（七）抚摸下巴

当你有机会在一群人面前演讲时，仔细观察他们，你可能会注意到大多数人会把一只手举到脸上，做出一个评估的手势。当你的演讲快结束，你请大家对你的想法给出意见或建议时，评估手势通常会停止，然后你会发现听者开始抚摸下巴，这个动作是听者正在做决定的信号，而下一个动作将表明他们的决定是消极的还是积极的。此时你最好的策略是保持安静，观察他们的下一个动作。例如，如果某人在抚摸下巴之后交叉双臂和双腿，然后靠在椅子上，那么很可能他的答案是否定的；如果某人在抚摸下巴之后身体向前倾，双臂张开，或者用你刚才说的想法举例，那么你差不多就得到他的同意了。

（八）点头

在大多数文化中，点头表示"是"或"同意"。其实点头起源于鞠躬，这是一种"发育不良"的鞠躬方式，人们象征性地鞠躬，但突然停止，这就是点头。鞠躬是一种顺从的姿态，所以点头表示我们同意对方的观点。即使天生失聪、失声和失明的人，也用这个动作表示"是"，所以这似乎是一种天生的屈服动作。在印度，人们会左右摇晃头部，这被称为"摇头"，表示"是"。这让欧洲人感到困惑，因为他们的这个动作表达的是"也许是，也许不是"。在日本，点头并不一定表示"是的，我同意"，它通常表示"是的，我听到了"。在阿拉伯国家，他们只用一个向上的头部动作表示"不"，而保加利亚人则用常见的"不"的手势表示"是"。

（九）手托头

当听者开始用手托着自己的头，这是表示无聊的信号，这个动作是为了阻止自己入睡。听者的无聊程度与他的手支撑头部的程度有关。通常开始时，听者用拇指托住下巴；然后随着兴趣减弱，听者用拳头托住脸颊；当头部完全被手托住时，听者表现出的是极度的缺乏兴趣。用手指敲桌子和用脚不停地敲地板常常被误解为无聊的信号，但实际上是不耐烦的信号。手指或脚敲击的速度与听者不耐烦的程度有关，敲击得越快，听者就越不耐烦。如果你正在对一群人讲话，并且看到了这些信号，那么你必须采取一些策略，让那些敲桌子或跺脚的人参与到谈话中来，以避免他们对其他听者产生负面影响。同时表现出无聊和不耐烦的听者都是在告诉演讲者，演讲是时候结束了。

四、面部表情与眼神交流

（一）瞳孔

芝加哥大学心理学系前主任、瞳孔测量学研究的先驱埃克哈特·赫斯（Eckhard Hess）发现瞳孔大小受一个人的一般唤醒状态的影响。一般来说，当人们接触到刺激他们的东西时，瞳孔会放大，比如看到美食、听到喜欢的音乐或者搞笑的段子时瞳孔会放大。这种刺激也包括不愉快事物，比如残缺的肢体、战争场景。赫斯还发现，瞳孔大小与解决问题的心理活动呈正相关关系，当一个人提出解决方案时，瞳孔会放大到最大。相反，愤怒、消极的情绪会导致瞳孔缩小，形成俗称的"小珠子眼"或"蛇眼"。

解读瞳孔放大和缩小的能力是大脑固有的，完全是自动发生的。为了测试这一点，我们可以先用手遮住图5-13（B），让旁边的人盯着图5-13（A），我们顺便观察他的瞳孔，然后让他盯着图B，你会看到他的瞳孔是如何由放大到缩小的。还有一种说法，看图5-13（A）时瞳孔放大是因为大脑认为我们在看那些吸引人的眼睛。女性瞳孔放大的速度比男性快，这是为了与他人迅速产生共鸣。

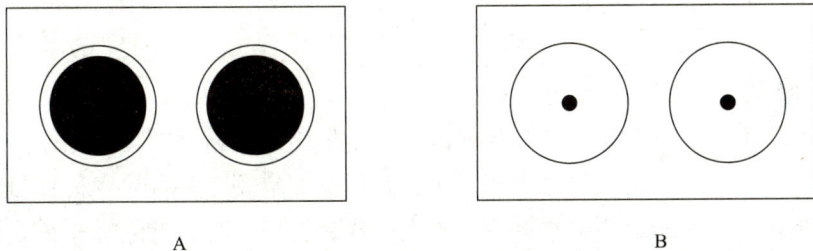

图5-13　瞳孔模拟图

（二）凝视

只有当我们与另一个人面对面交谈时，才能建立真正的交流基础。有些人在和我们交谈时能让我们感到舒适，但有些人却让我们感到不自在、不值得信任，这与他们说话时凝视我们的时间长短有关。英国社会心理学和非语言沟通技巧的先驱迈克尔·阿盖尔（Michael Argyle）发现，欧洲人交谈时，他们的平均凝视时间占61%，其中说话时的凝视时间占比为31%，倾听时的凝视时间占比为71%，相互凝视时的时间占比为31%。他记录的平均凝视时间为2.95秒，相互凝视的时间为1.18秒。以谈话为例，目光接触的比例从25%到100%不等，这取决于说话的人以及他们的文化。当我们说话时，我们保持40%到60%的目光接触；而当我们倾听时，平均保持80%的目光接触。这条规则有个明显的例外，一些亚洲和南美地区，长时间的目光接触被视为咄咄逼人或不尊重，日本人往往会把目光移开或盯着你的喉咙，这可能会让没有相关文化经验的欧洲人感到不安。

阿盖尔发现，当A喜欢B时，他会经常看B，这使得B认为A喜欢自己，所以B也会渐渐注意到A，对他感兴趣。换句话说，在大多数文化中，为了与另一个人建立良好的关系，你的目光应该在60%到70%的时间里与他们的目光接触，这也会让他们开始对你有好感。因此，一个紧张、胆怯、与我们目光接触的时间占比少于1/3的人很难得到我们的信任。

社交凝视的范围应该在对方的双眼到人中这个三角区内，亲密凝视的范围可以从眼睛一直往下，权利凝视的范围则是从对方双眼到眉心这个三角区域。

（三）说谎

大多数说谎者其实都会直视你的眼睛，但很多人把说谎和看别处联系在一起。亚伦·皮斯（Allan Pease）进行了一项实验，要求参与者在采访中对其他人说谎。观众被要求判断谁在说谎，谁没有说谎。这项实验的结果与人们对说谎者的普遍看法相反。大约30%的说谎者在说谎时总是把目光移开，而观众在80%的情况下发现了这些谎言，其中女性的识破率高于男性。另外70%的说谎者与他们的受害者保持强烈的眼神交流，他们认为如果他们做了与人们期望相反的事情，他们就不太可能被抓住。最终识破谎言的平均成功率降至25%，其中男性的成功率为15%，女性为35%。女性的大脑比男性更善于察觉声音变化、瞳孔缩放和其他能识破说谎者的线索。这表明，凝视并不是说谎的可靠信号，你还需要观察其他因素。

而根据比伯·雷蒙德（Bibble Raymond）的理论，以下这些因素都是判断一个人说谎的关键：减少眼神接触、姿势变化增多、完全空白的停顿、微笑变少甚至没有、说话速度较慢。

（四）眉毛

眼睛不断睁大，眉毛下垂是人类向他人展示统治或侵略意图的方式，而眉毛扬起则表示服从。研究发现，几种猿类和猴子也认同这一准则，并且故意扬起眉毛的人被它们认为是顺从的，而那些把眉毛放低的人被认为是好斗的。芭芭拉·皮斯（Barbara Pease）在她的行为语言学著作里为我们展示了女性如何通过扬起眉毛和眼睑来放大眼睛，创造出小婴儿般的"娃娃脸"外观。这对男性有强大的影响，通过释放激素到大脑中，刺激他们保护和捍卫女性的欲望。如果男性修眉，他们会从眉毛的顶部往下修，使他们的眼睛看起来更窄，从而使他们看起来更具权威。

如图 5-14、图 5-15 所示，眉头极低让美国电影演员詹姆斯·卡格尼（James Cagney）看起来咄咄逼人，而美国前总统约翰·肯尼迪（John Kennedy）向下低垂的眉毛让他看起来既权威又关心民众。

图5-14　詹姆斯·卡格尼　　　　图5-15　约翰·肯尼迪

（五）负面情绪面部特征

不高兴、厌恶、反感、恐惧和愤怒这些情绪使我们紧张，这种紧张在身体内部和身体表面以多种方式表现出来。我们的面部可能会同时显示出一系列表示紧张的信号：下巴肌肉收紧，鼻翼张开（侧翼扩张），眯起眼睛，嘴巴颤抖，或者嘴唇紧闭（嘴唇似乎消失了）。再仔细一点，你可能会注意到有负面情绪的人眼神焦点是固定的，颈部僵硬，头部不倾斜。这个人可能不会说任何关于紧张的事情，但如果这些表现存在，毫无疑问，他很沮丧，他的大脑正在处理一些消极的情绪，这些消极的情绪表现在世界各地的人身上都是相似的。

（六）眼球运动

人的眼球运动可以告诉你他们是否在回忆他们所看到的、听到的、闻到的、尝到的或触摸到的东西，从而揭示出他们的思想在关注什么。这一发现是由美国心理学家格林德（Grinder）和班德勒（Bandler）提出的，被称为神经语言编程。比如你对面的人眼球看向1点钟方向，表明他在回忆某种图像信息；眼球看向3点钟方向，说明他在回忆某种声音信息；眼睛看向5点钟方向，说明他可能是在自言自语；眼睛看向7点钟方向，说明他在回忆一种经历过的感觉。神经语言编程的难点在于，这些眼球运动在现实中可能在不到一秒的时间内就完成了，而且是杂糅在一起的，这使得"实时"阅读变得更加困难。但是，我们可以借助录像回放，看到一个人所说的和他真正所想的之间差异有多大。神经语言编程是一个了不起的发现，也是一种强大的交流工具，应该作为一个单独的主题来讨论，建议闲时自行阅读格林德和班德勒的著作。

与观众保持眼神接触。在演讲时，怎样吸引观众的注意力并让他们感到参与其中呢？在最多50人的小组中，我们可以与每个人进行眼神交流。而在更大的群体中，演讲者通常需要站得更远，因此需要采取不同的方法。通过在群体的每个角落和中心点确定一个真实或想象的点或人物，当你站在距离前排一米多远的位置时，大约有20个人会感觉到你在个别地注视他们，这样你就能与大部分观众建立亲密的联系。

课堂练习

肖像艺术家会密切关注肢体语言，以捕捉他们所描绘对象的性格特点。在这幅凡·高的画作《吉努夫人的肖像》（见图5-16）中，肢体语言揭示了什么？

图5-16　《吉努夫人的肖像》

小贴士

理解并运用好肢体语言，需要注意以下几点。

（1）注意肢体语言的五大功能，包括象征、解释说明、情感表现、调节以及适应环境，以提高自我认知和沟通效果。

（2）遵循正确解读肢体语言的3个规则，结合肢体语言的整体性，注意观察不同情境下的肢体语言，并结合言辞进行综合分析，以更准确地理解他人的意图和情感。

（3）了解肢体语言在文化与性别上的差异，尊重并理解不同文化和性别背景下的肢体语言习惯，避免产生误解和冲突。

（4）进行手势与身体姿势的训练，包括练习自然而又得体的手势和身体姿势，以增强自信和表达能力。

（5）注重面部表情与眼神交流，学会通过面部表情和眼神传递情感和意图，使沟通更加生动和有效。

第五节　场景表达

一、毕业答辩的场景表达

情景创设

毕业答辩是小王大学生涯的重要节点，也是他本科阶段的压轴之作。小王的研究课题是新型能源材料的研究与应用，这是一个备受关注的领域，对于未来能源发展具有重要意义。小王的研究成果在实验室取得了一定的突破，但也面临着一些挑战和争议。

评委老师分别代表着学术界的不同观点和立场，他们对于新型能源材料的研究与应用有着各自独到的见解。科研型教授注重理论和实验数据的严谨性，教授坐姿端正，眉头微蹙，一边翻阅着小王的论文一边质疑："小王，你在实验设计上为什么选择了这样的参数？数据处理的方法是否考虑到了潜在的误差？我觉得你的实验结果似乎并不能完全支撑你的结论。"

而实践型教授则更加看重新型能源材料的应用和市场的前景，他对小王的研究成果充满期待，认为其具有重要的应用潜力。他坐在那里，时不时地点头微笑，对小王的研究成果充满赞赏："小王，我对你的研究成果很感兴趣，你的研究成果如果能够成功应用到实际生产中，将会有很广阔的市场前景。你有没有考虑过将这项技术产业化？"

小王作为答辩者需要在这个充满挑战的情景中展现自己的沟通素养和自我认知能力。

学习设计要求

在答辩前对自己的论文和研究进行全面准备，包括对可能遇到的质疑和反驳进行充分的预演和准备。在答辩过程中，展现出自信的一面，同时要有足够的自我认知，能够在激烈的争论中保持理性。同时，要在答辩中展现出对自己的论文和研究的深刻理解和扎实的基础，冷静应对评委老师的质疑。这个毕业答辩情景将为学生提供一个真实而具有挑战性的练习机会，让他们在实践中提升自己的沟通技巧水平和自我认知能力。

二、职场沟通的场景表达

📖 情景创设

T公司是一家总部位于中国的跨国科技公司，主要从事互联网相关服务和产品的开发与运营，其业务涵盖社交网络、电子商务、在线游戏、金融科技、音乐娱乐、云计算等多个领域。作为一家民营企业，T公司在市场中有着广泛的影响力。

小美，一位设计学专业的毕业生，凭借出色的才华成功加入T公司四川分公司的视觉设计部门，主要负责公司品牌形象、宣传素材及广告创意的平面设计工作，她的创意与审美为公司的视觉传达与品牌推广注入了新鲜活力。短时间内，小美的工作表现便赢得了上下级的一致好评。然而，一次与领导的对话却让小美陷入了沉思。领导以较为严肃的态度指出了小美着装风格及日常表现中的不足，认为其非职业化的装扮与过于随和的态度，尤其是在正式场合如工作汇报、客户洽谈时缺乏必要的专业严肃性，可能对公司的专业形象造成不利影响。领导还特别提到，若小美不加以调整，可能会影响到其试用期的评估结果。

面对领导的批评，小美内心五味杂陈，她自认为在着装与待人接物上并无原则性失误，内心感到颇为委屈。

📖 学习设计要求

在职场中，上下级间的观念差异往往给下级带来不小的心理压力。有效沟通成为解决此类职场矛盾的关键手段。首先小美需要冷静情绪，理性分析领导的反馈，自我审视是否确实存在不足之处。比如深入研究T公司的企业文化、着装规范及职场沟通准则，从职业形象塑造、职场礼仪遵守、情绪与表情管理等多个角度进行自我评估，识别哪些行为可能违背了公司文化或专业标准。在处理此类矛盾时，保持冷静与专业性至关重要。小美应尊重领导的意见，同时表达自己的感受与想法，共同寻找到双方都认可的解决方案。

三、申辩的场景表达

情景创设

随着电商的蓬勃发展和人们对生活便利性需求的提升，快递行业近年来取得了长足的发展。互联网技术不断进步，电子商务已经成为人们日常生活中不可或缺的一部分，而快递行业作为电商"最后一公里"配送的关键环节，承担着将商品送达消费者手中的重要任务，为电商行业的发展提供了坚实的物流基础。该行业不断壮大，越来越多的偏远地区也能够享受到快递服务，这使得城乡物流网络更加完善，拉近了城乡之间的物流距离，促进了资源的合理配置。该行业的快速发展也为社会创造了大量的就业机会，包括但不局限于快递员、分拣员、客服人员、管理人员等多个岗位，为社会各界提供了广阔的就业空间。随着市场竞争的加剧，快递企业不断提升服务质量和效率，推动了整个快递行业的发展，为消费者提供了更加高效、便捷的物流服务。

S快递西南片区总公司是一家业务多元化的服务公司，致力于提供物流和网络相关的技术咨询和技术服务，第三方物流服务，以及装卸搬运、道路货物运输代理等一系列服务，同时还涉足技术服务、技术开发、技术咨询、技术交流、技术转让、技术推广等领域。其业务涵盖快递、物流、仓储、供应链管理、物流解决方案、电商物流、末端配送、跨境物流等板块。

商科毕业生A经过几年历练，晋升为S快递西南片区总公司的经营管理部负责人。A每月都会和财务BP①核对公司各部门经营成本的预实差异②，并在周例会上做分析。在核对过程中，A发现市场销售部上个月在营销专项上超支2万元，领导知悉后要求A在例会上问清超支原因，以进行警示和整改。但是A在例会上抛出问题时，市场销售部负责人直言自身并不清楚钱款去向，将矛头指向A，暗示A在调查分析工作方面缺乏经验、能力不足。此时公司领导选择相信市场销售部负责人的说辞，斥责了A。A准备为自己辩解。

学习设计要求

运用本章所学的沟通技巧，厘清思路和逻辑，控制情绪、控制场面，明确清晰地表达自身的观点和立场，应对反对意见、化解冲突，从而达到最初的沟通目的，完成有效沟通。

表达训练

角色：经营管理部负责人A（1名）、市场销售部负责人（1名）、公司领导（1名）

线索：市场销售部负责人明知自己超支使用经费，很心虚，但是色厉内荏，伴随夸张的撒谎肢体语言。公司领导清楚市场销售部负责人的问题，但因为A沟通不当，无法强行责怪，偏帮一方。

---

① Business Partner，商务伙伴。

② 预算与实际开销之间的差异。

四、团队沟通的场景表达

情景创设

目前中国芯片产业与国际水平相比还存在一定差距，技术相对滞后，核心技术和关键设备仍依赖进口资源，产业链不完善，核心知识产权相对薄弱，先进的制造工艺基本由国外企业垄断。芯片市场竞争如此激烈，中国政府出台了一系列支持芯片产业发展的政策和计划，包括资金支持、税收优惠和人才培养；加大了对芯片技术研发的投入，并积极推动国际合作；同时，致力于构建完整的芯片产业链，提高整体芯片产业的竞争力和自主创新能力。庞大的市场需求也成为推动中国芯片产业发展的重要动力。尽管面临技术水平、人才培养和市场竞争等诸多挑战，但中国的芯片产业正逐步实现自主创新和自主可控，已取得了一定的成果。

目前工科应届毕业生李华正就职于 A 公司，协助进行某电子通信产品的研发。B 公司负责为 A 公司现阶段研发产品提供芯片，B 公司宣称他们生产的芯片性能可以对标国际一线产品，但在实际研发过程中，经多方测试，A 公司发现 B 公司提供的芯片各项指标均未达到其宣传的效果和性能，导致最终的电子通信产品性能不达标，无法通过验收。

现 A 公司研发团队与 B 公司召开会议，协商沟通芯片返工事宜，但 B 公司依然坚持自己的产品具有优良的性能，双方爆发了激烈的冲突。李华应该怎样和团队处理这次矛盾，让 B 公司认识到自己的失职，并给出对应的善后措施？

学习设计要求

职场中的矛盾一般是工作环境中不同利益、需求或观点之间的冲突导致的。这些矛盾可能来自团队合作、资源分配、角色冲突等方面，如果得不到妥善处理，可能会导致团队合作的破裂、工作效率的下降以及员工士气的低落。由于不同的工作风格、沟通方式、价值观差异等，职场矛盾是常见的现象，几乎在任何组织中都会出现。但这并不一定是坏事，它们可以促使团队成员思考问题、寻找解决方案，并在解决矛盾的过程中成长和学习。

通过沟通来化解职场矛盾是一种常见的方法。这包括倾听和理解对方的观点、清晰表达自己的需求、寻求共同利益、寻求妥协以及引入第三方来协助解决问题。然而，每种职场矛盾都是独特的，可能需要根据具体情况采取不同的解决方法。

最重要的是，处理职场矛盾时要保持冷静和专业，尊重他人的观点和感受，并寻求建设性的解决方案。同时，也要意识到解决职场矛盾可能需要时间和努力，有时候可能需要更深层次的沟通和妥协才能达成长期的解决方案。

表达训练

角色：

A公司参会人员：项目负责人（1名）、研发人员（1名）、李华

B公司参会人员：产品负责人（1名）、技术支持人员（2名）

A公司已有测试数据证明B公司的产品确实不达标；但B公司代表与A公司领导层交好，有恃无恐。双方争执激烈，肢体语言夸张，结局开放。

综合练习

一、单项选择题

1. 以下哪种方法不能有效帮助我们规范自己的语音特点并修正发音技巧？（　　）

    A. 学习国际音标（IPA）以准确了解和描述不同语音的发音方式

    B. 使用镜子观察自己的口腔形状和舌位来正确发出元音音素

    C. 通过阅读无声小说来提高辅音连读和语调变化的技巧

    D. 观察真实生活中的对话，注意说话者之间的语调变化

2. 在处理人际关系中的冲突时，根据威廉·威尔莫特和乔伊斯·霍克的观点，以下哪一项不是冲突产生的必要条件？（　　）

    A. 斗争的外在表达，即双方或多方之间的明显斗争状态

    B. 至少两个相互依赖的个体之间存在某种形式的斗争

    C. 冲突各方都意识到彼此的目标是完全一致的，只是实现方式有分歧

    D. 冲突双方或多方都在试图实现各自特定的、可能相互冲突的目标

二、判断题

1. 文化冲突理论强调了相同文化背景下人们不同行为和价值观的矛盾。（　　）

2. 为了达到平静的效果，我们应该增加对自己、对周围的人和事的评判。（　　）

三、问答题

1. 冲突是人际关系不佳的标志吗？为什么？

2. 我们应该怎样解读肢体语言？

3. 如何打造自己的语言沟通风格？

4. 请分析"交叉双臂"这一肢体语言的意义和情绪。

5. 请举例论述文化维度中的"不确定性规避"。

第六章　日常交际与沟通方法

【知识目标】

1. 认识到日常交际与沟通在个人生活和职业发展中的重要性以及其对人际关系的影响。

2. 掌握有效沟通的基本原则，包括倾听、表达、尊重他人等，从而增强日常交际与沟通的效果。

3. 掌握日常交际与沟通的技巧，包括非语言沟通、积极反馈、善用问候语等，从而提高沟通的效率和质量。

【素养目标】

1. 培养情感表达能力，能够真诚表达自己的情感，同时培养倾听他人的能力，理解他人的情感需求。

2. 培养建立良好人际关系的能力，能够在日常交际与沟通中建立积极的人际关系，增强团队合作能力。

3. 培养解决问题和处理人际冲突的能力，能够在日常交际与沟通中更好地化解矛盾，提高沟通效果。

第一节　人际沟通的基础

维琴尼亚·萨提亚（Virginia Satir）被《人类行为杂志》（*Human Behavior*）誉为

"每个人的家庭治疗大师"，她曾说过这样一句话："Communication is to a relationship what breathing is to maintaining life." 翻译过来就是："沟通之于关系，就像呼吸之于维持生命。"

微课堂

人际沟通的基础

为了理解人际沟通，我们必须首先理解它与两个更大的范畴的关系：一般的沟通和人类的沟通。一般的沟通可以被定义为任何形式的信息交换过程，包括使用语言、符号、视觉、电报、电话、收音机、电视或其他工具作为媒介来传递信息。而人类的沟通是使用语言和非语言信息创造意义，使世界变得有意义并与他人分享这种意义的过程。我们通过听觉、视觉、味觉、触觉和嗅觉来了解世界，然后与他人分享我们的结论。人类的沟通方式有很多，包括演讲、电子邮件、歌曲、广播、电视新闻、在线讨论组、信件、书籍、文章、诗歌和广告等。

人际沟通是一种独特的、可以相互影响的人类沟通形式，通常以管理关系为目的。这一定义的 3 个基本要素区分了人际沟通与其他形式的人类沟通。

多年来，许多学者将人际沟通简单地定义为两个人面对面互动时发生的交流。这个有限的定义表明，如果两个人在互动，他们就在进行人际沟通。今天，人际沟通不仅取决于沟通的人数，还取决于沟通的质量。当我们把对方当作一个独特个体时，人际沟通就发生了。越来越多的人通过智能手机等设备及微信、QQ、微博等社交通信软件联系。研究证实，我们中的许多人认为，我们用来与他人联系的各种电子手段是建立和维持关系的自然方式。口袋里有了智能手机，我们就可以随时联系到朋友、家人和同事。

我们可以将所有人类的沟通方式，无论是通过媒体进行的还是面对面的交流，都视为一个从非人际沟通逐渐过渡到人际沟通的连续过程。非人际沟通发生在这样一种情况下：你将他人视为无生命的物体，或者仅仅是对他们的社会角色做出回应，而不是将他们看作具有独特个性和情感的个体。例如，当你在餐厅向服务员要一杯水时，你是在与他的角色进行互动，而不一定是与他这个个体进行互动。这是一种非人际沟通。

随着科技的发展和互联网的普及，如今社交媒体成了人们沟通和连接的重要平台之一，社交媒体提供了一种数字化的方式来帮助人们管理人际关系。研究发现，即时信息对我们的人际关系有非常积极的影响。电子邮件、短信和其他形式的联系方式似乎主要用于维持现有的关系，尽管它们确实在与他人建立初步联系方面发挥了作用。更多的研究发现，在线沟通和即时信息起初被认为是比面对面交流质量还低的一种沟通方式，但随着时间的推移，它的地位大幅上升。总之，无论是线上还是线下，人际沟通都能帮助我们管理自己的人际关系。

一、人际沟通的规则

我们目前认为人际沟通有 5 个规则：人际沟通将我们与他人联系起来，人际沟通是不可逆的，人际沟通是复杂的，人际沟通受规则支配，人际沟通包括内容和关系两个维度。

（一）人际沟通将我们与他人联系起来

除非你住在山洞里，或者是一位世外高人，否则你每天都会与他人互动。作家邓肯（Duncan）说，我们不是先建立关系再交谈，而是通过交谈建立关系。理解人际沟通的基础是认识到人际关系的质量源于与他人沟通的质量。毫无疑问，人际沟通是无法逃避的，而且它将我们与他人联系在一起。

尽管人际沟通是连接我们与他人的重要纽带，但并不是所有的人际关系问题都可以归咎于沟通问题。人际沟通促进了人际关系的建立，当人际关系出现裂缝时，可能问题的根源并不在于人际沟通，而是人们的意见不合。当 A 对他心烦意乱的伴侣 B 大喊"你不理解我"时，他似乎认为他们之间的问题是沟通问题。然而，A 和 B 也许完全理解彼此，只是他们可能过于以自我为中心，或者说脾气太过暴躁，他们可能只是意见不合。由此可见，人际关系中的问题可能并非沟通问题，而在于一个不关注他人、只关注自己的沟通者。

人际沟通的普遍性并不意味着他人总能准确地解读你传递的信息。他人会根据可用信息对你和你的行为做出推断，这些推断可能是对的，也可能是错的。即使你默默站在拥挤的电梯里，不与其他乘客进行眼神交流，这可能也传达了你不愿意互动的意愿。即使你在睡觉，你的无声的表现可能也会给他人提供线索。人们根据我们的行为来评判我们的想法，或许这些想法并不是我们的本意。即使在已经建立并维持良好的人际关系中，我们的行为可能也会引发意想不到的反应。

（二）人际沟通是不可逆的

有时候，我们在不经意间说错话或做错事，给身边的人带来了伤害。尽管我们事后可能会尝试解释："我其实没有那个意思。"但大多数情况下，伤害已经造成，难以挽回。人际沟通兼具物理和情感的双重属性，其影响力深远且持久。如同滚动的雪球，随着时间和经历的积累，逐渐变大、变重，最终以一种我们难以预测的方式呈现。

人与人之间的交流是不可逆的，一旦信息传达出去，就如同箭离弦、话出口，无法再回到原点。例如，我们在朋友聚会上无意中透露了某个人的秘密，或者在工作中向同事表达了不满的情绪，这些沟通一旦进行，就无法再像未发送的短信那样被撤回。尽管我们可能事后会后悔、会想要收回，但沟通的过程已经发生，其影响也已发生。

（三）人际沟通是复杂的

没有任何形式的沟通是简单的。如果有的话，我们就会知道如何减少世界上的误解和冲突。巴恩隆德（Barnlund）认为，沟通的一个目的是减少我们对当前发生的事情的不确定性。由于人际沟通中涉及的变量，即使是一句简单的请求或者问候也会变得非常复杂。此外，巴恩隆德还指出，每当你与另一个人进行交流时，实际上至少涉及 6 个"人"：①你认为自己是谁；②你认为对方是谁；③你认为对方认为你是谁；④对方认为自己是谁；⑤对方认为你是谁；⑥对方认为你认为他或她是谁。当你的沟通中加入更多的人时，情况会变得更加复杂。

此外，当人类进行沟通时，他们将来自他人的信息解释为符号。符号是代表其他东西（如思想、概念或物体）的词语、声音或视觉形象，它可以有各种不同的含义和解释。语言是一种符号系统。例如，在英语中，代表"牛"的词语（符号）看起来与牛一点也不相似；而世界上某个地方的某个人认为"牛"应该表示咀嚼反刍并产奶的动物。依赖符号进行沟通会带来巨大的挑战：我们经常会被误解，或者理解不了对方的意思。有时候我们没见过某个符号，而只有当我们了解当地的俚语时，才会知道，"fo' shizzle"①意味着"当然"，"bro down"②是指男孩们的夜晚聚会。

当我们传达信息时，它们并不总是被理解为我们所期望的那样。斯堪的纳维亚通信学者维奥（Wiio）指出了与他人沟通时的困难之处，并提出了以下准则。

（1）如果沟通可能失败，那它就有可能失败。

（2）如果一条信息可以被理解为不同的意思，那它往往会被理解为对自己造成最大伤害的意思。

（3）总有人比你更清楚你所传达的信息的意思。

（4）沟通越多，成功的沟通就越困难。

虽然我们不必像维奥教授那样悲观，但我们不能否认的是相互理解是具有挑战性的。因为人际沟通是复杂的，所以可能每个人际沟通问题都有简单的解决方案是一种错误的观念。有时候简单地说"对不起"或"我原谅你"可以缓解紧张气氛，但人们心中观念的形成受到多种因素的影响，我们不能简单地假设人际沟通问题总是有简单的解决方案，清晰地表达信息并获得他人的准确回应是一个多方面、多步骤的过程。可以说，人际沟通是一项复杂的任务。

（四）人际沟通受规则支配

在任何特定情境中，用于界定适当和不适当人际沟通的规则可以是明确的，也可以是隐喻而含蓄的。我们接受九年制义务教育，又从高中来到大学，明确的规则可能会在教学大纲和学生手册里面列出。但还有其他隐藏的规则，它们不是书面的，也不是口头的，因为我们很久以前就学会了。例如，一次只能有一个人发言，举手示意得到老师允许后才能发言。人际沟通的规则是由参与人际沟通的人以及其所处的社会制订的。很多时候，通过观察与他人互动，我们从经验中学习人际沟通规则。如果对人际沟通的规则没有清晰的认识，人们可能会依赖于不正确的人际沟通规则，这可能会给人际沟通带来不必要的问题。

英国研究人员阿盖尔和他的同事们让人们找出发展和维持人际关系的一般规则，然后给它们的重要性打分。这项研究得出了以下最重要的人际沟通规则。

（1）尊重彼此的隐私。

（2）不要泄露对方的秘密。

（3）谈话时要看着对方的眼睛。

（4）不要公开批评别人。

---

① "fo' shizzle"是一种非正式的美国俚语，源于非洲裔美国人社区的英语。它是"for sure"的变体，意思是"肯定""当然"或"没问题"。

② "bro down"是一个非正式的英语单词，通常用来形容一群朋友之间的聚会或活动，特别是男性之间的。它可以包括各种活动，如聚餐、户外运动、看电影、打游戏等。

（五）人际沟通包括内容和关系两个维度

你说的话（言辞）以及你说话的方式（语调、眼神接触的程度、面部表情和姿势）可以揭示出你所传达的信息的真正含义。比如，你每天会点外卖，或者从食堂将饭菜打包回寝室吃，但是吃完后你不会及时扔掉那些垃圾，一夜过去，它们会散发出难闻的味道。你的一个室友受不了了，突然大声地朝你吼道："你能不能扔一下你的垃圾！"而另一个室友使用了相同的言辞，但更温和，像开玩笑一样地说："你能不能扔一下你的垃圾！"两者都传达了同样的信息，但是这两条信息具有不同的人际关系暗示。大声吼叫的信息暗示着室友 A 对宿舍里仍然留着昨天的残羹剩饭感到不堪忍受，而室友 B 的请求则暗示着他对这样的凌乱感到哭笑不得。通过观察一个人说话的方式，人们可以了解到这个人与对方的关系如何。

如果你使用友好和尊重的语气，表明你可能与对方有着良好的人际关系。相反，如果你使用疏离而冷漠的语气，表明你可能与对方有着紧张或不友好的人际关系。因此，除了传达信息内容外，我们在人际沟通中还通过各种方式提供了关于自己与他人关系的线索。这些线索可以影响对方对你的态度和反应，并对人际沟通的效果产生影响。同时，人际沟通中的关系维度还透露了说话者对他人的情感、态度以及相对于他人的权力和控制感。温和的语气与友好的表情表明说话者对对方抱有积极的情感和态度，并愿意与对方平等交流；疏离的语气和冷漠的表情表明说话者对对方抱有负面情感和态度，并试图在交流中掌握更多的权力。这些线索对于理解信息的真正含义至关重要，这也解释了为什么文字记录可能会给人与口头传达的信息完全不同的感觉，因为这些线索在书面记录中无法被准确地捕捉到。

二、人际沟通的开始

很多的人际沟通都始于一段自我介绍，我们建立人际关系的目的千差万别，因此每个人在做自我介绍时的目的都不尽相同。但是很多人都陷入了一个误区——一套自我介绍就像万金油一样哪儿都可以用。这个认知不能说不对，但穿衣说话都要分场合，更不用说能够给人留下重要第一印象的自我介绍了。

自我介绍的具体内容应该根据场合以及语境而定。比如，作为导购的你准备向顾客推销利润高的洗护用品，你该怎样赢得顾客的信任并让其买下其实并不是特别需要的产品呢？毕业时四处投简历参加面试，你应该准备什么样的自我介绍才能让面试官在短短的一分钟内抬起头认真地看你并开始考虑你跟这个岗位的适配度呢？和同学同事一起出去聚餐，又应该如何在发言时不被大家忽视，得到基本的尊重呢？在完成自我介绍之后，我们应该怎样去判断别人是否对我们产生兴趣，怎样去判断他们是否跟着我们的计划走了呢？面对众多复杂而不同的场景，我们还能认为同一套自我介绍可以无限重复使用吗？

例如，在普通的部门聚会中，有一位刚入职的男性，他的目标是使自己尽快融入这个部门，和同事展开更多工作之外的交流，于是他在聚会上提出寻找一位能讨论足球、一起看球赛的同事。那么我们可以推断，对足球感兴趣的同事都和他热烈地讨论起来，即使对足球完全没兴趣的人，也会被这种热火朝天的氛围所感染。但试想，"希望吸引到能一起讨论足球、一起看球赛的人", 是否真的有人会把这样的兴趣爱好在工作场合或者面试环节展现出来? 当然不排除体育相关的专业领域真的会讨论这些, 但在工作或面试中, 能够得到对方的青睐才是我们的最终目的。我们更需要传递的信息是"我有什么核心竞争力""我可以为这家企业带来什么"。大概没有人会相信, 我们最后拿到Offer 的原因是"我很喜欢看球赛"。自我介绍的内容不一样, 能够吸引的人群也不一样。内容过于丰富会让对方抓不住重点, 根据场合设计内容, 并把这次沟通必须传达的信息放在最显眼的位置, 如此一来, 对方才有可能跟着我们的计划走。

三、自我介绍的3种类型

(一)一句话介绍自己

一般来说, 一句话介绍自己的情况多发生在陌生人较多的交流会和聚会上, 我们需要用一句话给出想让对方知晓的信息。在公共场合, 就算没有限制我们介绍自己的时间, 也需要尽量简洁明了, 因为不会有人愿意听长篇大论, 或者浪费太多时间, 他们需要充足的时间去做自己的事情, 比如社交。假设现在你是一名实习生, 刚入职不久公司就开年会, 出于为以后转正铺路, 又或是想多认识一些行内前辈的考虑, 你应该怎样用一句话介绍自己, 给前辈们留下印象呢? "前辈您好, 我是 ×× 部门新来的 ×××, 负责 ××× 业务。"这方便他们在之后的工作对接中迅速定位到你本人。"前辈您好, 我是 ××× 部门的小 ×, 是 ××× 的学生 / 徒弟。"这就是打"感情牌", 如果你的师长或者朋友跟这位前辈相熟, 接下来你们有很多话题可以聊。当然这只是举例, 不一定在社交场合就要按照这个模板来, 但必须简明扼要地让对方听一句话就明确你的身份、职责等。

(二)20秒介绍自己

这个时间长度的自我介绍一般多用于商务会谈, 或者有目的性的交谈。一般我们需要在这 20 秒内介绍以下信息。

(1)姓名: 简单地介绍你的姓名, 让对方知道你的名字。

(2)背景: 提及你的背景信息, 例如你的职业、学历或专业领域。

(3)经验: 强调你在相关领域或行业的经验, 突出你的专业能力和技能。

(4)成就: 简要提及你在工作或学习中取得的成就, 以展示你的能力和价值。

(5)目标: 表达你的目标或愿望, 说明你希望在这次交谈中实现什么。

(6)个人特点: 突出你的个人特点或优势, 例如团队合作能力、创造力或领导才能。

当然这些并不是都要提及, 我们可以根据场合、沟通的目的将以上要素简单进行拼凑。以下场景模板供参考。

(1)求职面试: 在这种情况下, 你可以强调你的工作经验、专业技能和取得的成就, 以及你对该职位的兴趣和求职动机。

(2)商务会议: 在这种情况下, 你可以介绍你的职务和所属公司, 突出你的专业背景和在相关领域的经验, 以及你希望在会议中达到的目标。

(3)学术研讨会: 在这种情况下, 你可以介绍你的学术背景、研究领域和取得的成果, 以及表达你希望与其他学者交流和合作的意愿。

（4）社交活动：在这种情况下，你可以简要介绍你的身份和兴趣爱好，以及你希望通过参加活动结识新朋友或与他人建立联系。

（5）创业路演：在这种情况下，你可以介绍你的创业项目、市场需求和商业模式，以及表达你希望获得投资或找到合作伙伴的意愿。

（三）1分钟介绍自己

这是非常正式的场合才会提供的自我介绍的时间长度，比如求职面试、岗位竞聘等。这种场合肯定会存在竞争对手，所以一定要保持自信，挺直脊背，整理着装，保持微笑，然后从容不迫地开始你的自我介绍，我们可以参考这个框架结构来填充内容。

（1）开场白（5秒）：以一个简洁而引人注意的方式开始，例如"大家好，我是×××"。

（2）背景介绍（20秒）：简要介绍你的教育背景、工作经验和专业领域，突出与当前场合相关的方面。

（3）技能与成就（20秒）：强调你的专业技能、特长或取得的成就，与你所在行业或领域的需求相匹配。

（4）目标与动机（10秒）：表达你对当前场合的兴趣和参与的动机，以及你希望在这个场合实现什么目标。

（5）结尾（5秒）：简要地总结，并表达感谢，例如"感谢大家的倾听，期待与各位共同学习和合作"。

很多时候，教育背景、工作经验、技能与成就都是既定事实，我们不能改变，与别人相比优势不大，那么可以引起听者注意的无非就是开场白和结尾，以及这1分钟里可以表现出来的思想格局、雄心抱负或者优良品格等。曾经听到过一个非常有趣的自我介绍开场白，这个男生中文名字有个"虎"字，所以他的英文名叫"Tiger"，每次认识新朋友时他都这样介绍自己的名字："Hi, I'm Tiger, wild but mild." 大家对他的印象都非常深刻，加之他本身健谈风趣，阅历广，初次见面的情况下人们很难不对他产生好感。

> 📋 **小贴士**
>
> 要想在人际沟通中取得良好的效果，需要注意以下几点。
>
> （1）倾听至关重要：在人际沟通中，倾听与说话同样重要，要学会倾听他人的观点和感受，尊重他人的意见，这有助于建立良好的沟通关系。
>
> （2）理解复杂性：人际沟通是复杂的，因为每个人都有不同的背景、文化和情感状态，在交流时要考虑到这些因素，尊重差异性，避免产生误解和冲突。
>
> （3）区分场合：不同的场合需要不同的沟通方式和风格，要根据具体情况灵活运用不同的沟通技巧，以取得更好的沟通效果。
>
> （4）自我介绍的灵活运用：根据场合和需要，学会灵活运用不同长度和形式的自我介绍，更好地展示自己并与他人建立联系。

第二节 沟通策略与技巧

通过上一节的学习，我们已经掌握了人际沟通的基础规则和相关理论，也尝试了实用的自我介绍。你可能会对自己说："嗯，我觉得还不错。但是，怎样才能改善我的人际沟通能力呢？难道有些人天生就比其他人更擅长处理人际关系吗？他们天生就懂得这些技巧吗？"就像有些人生来就在音乐、跑步、绘画方面有更多天赋一样，这个世界上确实也存在一些天生就擅长与他人沟通的人。

一、成为合格沟通者的两大策略

成为合格的沟通者意味着能够有效而恰当地传达信息，当你的信息被他人所理解并达到预期效果时，你就是在有效地进行沟通。例如，你不希望室友再用你的吹风机，你和他谈话后，如果他真的没有再用过你的吹风机，那么你的信息就是有效的。合格的沟通者还应该是恰当的，所谓恰当，是指沟通者应该考虑到信息的时间、地点和整体背景，并对听众的感受和态度保持敏感。

我们建议采取两步策略来成为合格的沟通者。首先，合格的沟通者需要具备知识、技能和动力。这意味着我们自身应该有一定的知识储备，能够理解和运用有效的沟通技巧。我们还应该有足够的动力和积极性，愿意主动参与和投入沟通。其次，合格的沟通者需要利用自己的知识、技能和动力来关注他人。这意味着我们不仅仅要关注自己的需求和目标，还应该关注他人的需求和感受，我们需要倾听和理解他人的观点和意见，展示出关心和尊重他人的态度。

（一）策略一：知识、实践、动力三位一体

增加知识量相当于已经走在了提升人际沟通能力的康庄大道上，合格的沟通者了解沟通的基本原理，了解沟通过程的组成部分、原则和规则。虽然了解这些知识是提高人际沟通有效性的必要前提，但仅凭这些知识，我们并不能成为合格的沟通者。就像我们不会让只读过一本《汽车发动机的构造与原理》的人来修理汽车发动机一样，知识必须与实践相结合，只有通过实践，我们才能获得真正的技能。

所以，要成为合格的沟通者，需要将知识转化为实践，需要操练技能，需要通过实践和他人的反馈来确认自己的行动是否合适。学习社交技能与学习开车或操作计算机并没有太大的区别，都需要分解为可以学习和实践的子技能。"听到它，看到它，做到它，纠正它"是学习任何新事物最有效的公式。

此外，有动力和渴望才能与他人建立联系。一个人即使具备某种技能，但如果缺乏动力和意愿去运用这种技能，最后与他人的关系可能也不会有所改善。例如，有些人可能知道如何开车并具备驾驶技能，但由于缺乏动力，他们可能不愿意开车上路；有人参加了公众演讲课程的培训，但由于缺乏动力，他们永远不愿意站在人群面前演讲。因此，动力是实践技能和提高沟通能力的关键因素。

（二）策略二：以他人为中心

以他人为中心意味着在人际关系中考虑到他人的思想、需求、经历、个性、情感、动机、欲望、文化和目标，同时保持自己的完整性。这是一种有意识的努力，会让我们站在

与我们互动的人的角度来思考世界。当我们与喜欢的人或与我们相似的人交流时，以他们为中心几乎是自然而然的，因为我们与这类人更容易互相理解并产生共鸣。但当我们与不喜欢的人或与我们区别很大的人交流时，以他们为中心就更加困难，需要更多的努力和承诺。这意味着我们需要超越自己的立场和观点，去理解和尊重他人的想法和感受。通过以他人为中心的沟通，我们能够更有效地选择和表达信息，更好地满足他人的需求，并建立更健康、互惠的人际关系。这不仅有助于改善我们的沟通技巧，还能促进理解、尊重和共融。

我们在沟通中常常表现出以自我为中心的倾向，当我们只关注自己而不考虑他人时，我们可能会忽视他人的感受和需求。尽管以自我为中心可能有助于个体生存和繁衍，但在有效沟通上却是一种阻碍。研究表明，以自我为中心的沟通方式对于建立健康的人际关系是不利的。如果我们无法根据他人的特点和需求来调整我们的信息，就很难实现沟通目标。他人通常能够察觉出我们是以自我为中心还是以他人为中心的沟通者，尤其是对于那些敏感、注重他人感受的人来说。因此，为了有效沟通，我们需要更加关注他人，并满足他们的需求和期望。

社会学家简·腾格（Jean Twenge）认为，与之前的几代人相比，如今的人们更加自恋、更加以自我为中心，她称之为 "Me Generation" （自我的一代）。在人际沟通的研究中，腾格提出了"以他人为中心"的原则。以他人为中心意味着我们要意识到他人的想法、感受、目标和需求，并以适当的方式回应，给予他人支持。但这并不意味着我们要放弃自己的需求和兴趣，或者贬低自己的自尊。腾格称这种状态为 "have integrity" （我们暂且翻译为"有气节"）。"有气节"意味着我们要以思考和整合的方式对待他人，同时忠于自己的核心信念和价值观。以他人为中心绝不是毫无底线地赞同他人或屈服于他人的要求。

有人会问，这种"有气节"算不算拍马屁？马屁精和真正以他人为中心的人的区别是，马屁精是指那些只为了满足自己需求而虚伪地赞美他人的人，他们可能表现得关注他人，但实际上他们的行为只是出于自私的目的；与之相反，真正以他人为中心的人会真心地关注他人的想法、感受和需求，会经过深思熟虑，诚实地选择是否回应这些想法、感受和需求。

为了培养以他人为中心的意识，我们可以通过角色扮演来练习。先扮演一个不注重他人感受而更关注自我的沟通者，然后以一个注重他人感受的沟通者的身份重新演绎同一场景，这个人会考虑对方的想法和感受，同时保持自己的"气节"。

课堂练习

根据以下情境练习沟通能力。
- 与室友一起看英雄联盟比赛，你们各自喜欢的战队刚好是对手，他喜欢的战队输了。
- 与不太能吃辣的同学一起吃饭，一个爱吃辣的同学准备点五六个很辣的菜。
- 一项任务的完成时限是10天，现在组长在为每个阶段的负责人分配完成时间，小贾想要5天的时间。
- 霞光超市的收银员错误扫描商品价格，导致你多给了几十元钱，你要去找她退钱。

- 请求你的导师多给你一天时间写你的论文。
- 朋友在你生日那天送了你一本非常无聊的书作为礼物。
- 向老师请求允许自己选择已达到最大选课人数的课程。
- 在地铁上提醒你旁边的人把视频外放的音量调小一点。

二、沟通技巧详解

斯坦福大学对已毕业超过 10 年的工商管理硕士们进行毕业追踪调查，发现毕业生的学分和绩点并不影响他们的成功，他们与他人沟通的能力却成了重要的影响因素。这意味着在现实生活中，与他人有效沟通的能力比纯粹的学术成绩更重要。同时，有调查结果显示，尽管大多数人喜欢面对面沟通，并认为自己是相当好的沟通者，但近 1/5 的人承认在社交场合中进行闲聊时感到不舒服。这表明有些人可能存在社交困难，这可能是因为他们不擅长与他人交谈或与他人交谈时感到不自在。

我们会发现，无论是在学校还是在职场，总有一些人会给一场本来很顺利的沟通增加困难。比如这些人会急着打断别人的谈话，发表与谈话无关的评论；还有一些人说话很有压迫感，唯我独尊，好像世界必须围着他转；还有一些人跟你倾诉烦恼，你诚恳地给出了建议，但是他根本不会听，继续自说自话。这些场面使人感到尴尬，最后大家不欢而散。可能我们是"一些人"中的一员而不自知，也可能我们一直苦恼于为什么总是在沟通中遇到这些人。

📋 小贴士

下面总结了一些高效的沟通技巧，希望可以帮助大家更好地与他人沟通，并改善大家在社交场合中的表现。

1. 开始对话的技巧
- 问对方感兴趣的问题。
- 询问与当下环境相关的问题。
- 谈论关于对方的问题。

2. 维持对话的技巧
- 提供和回复额外的信息。
- 表明观点的来源。
- 保持对话连贯性。
- 适当参与轮流发言。

3. 结束对话的技巧
- 总结主要观点。
- 以赞美或积极的陈述结束（如果合适的话）。
- 如有必要，安排再次见面的计划。
- 用特有的"结束语"表示结束对话。

（一）开始对话

如何通过提问引起他人的兴趣，吸引他人参与对话呢？在开始对话时，我们的目标是表达对对方的兴趣和关注，并让他们积极参与对话。为了实现这一目标，我们可以尝试询问对方感兴趣的问题，询问与当下环境相关的问题或者询问关于对方的问题，如此可以让对方更容易参与对话。提出能吸引别人的问题最简单的方法之一就是以对话发生地的环境为切入点，进行发散式提问，示例如下。

（1）在大学公选课的教室里，可以问："你对这个教授了解多少？""刚才老师讲的你听懂了吗？""你觉得期末考试会重点考哪一章？"

（2）排队看电影，可以问："最近好多新片，你还想看哪一部？""这部电影的预告片好像还不错吧？""你喜欢恐怖片吗？"

（3）在音乐酒吧，可以问："他们一般请什么类型的乐队？""这家店什么小吃是最有特色的？""哪儿还可以看高质量现场表演？"

我们应该尽量用积极的方式进行沟通，提出开放性的问题。负面的开场问题可能会让对方不愿意参与对话，并且给人留下负面印象。例如，在音乐酒吧问一个负面的问题："你不觉得这儿的音乐很难听吗？"你极有可能会得到这样的回应："那你走啊。"提出开放性的问题，有助于我们获取可以用来维持对话的信息，例如："你对我们刚刚读的这一章有什么看法？"这能鼓励对方给出有意义和详细的回答。对开放性问题的回答往往是描述性的，这至少可以让我们了解对方的想法和真实感受。相比之下，封闭性问题，比如："你喜欢这一章吗？""你喜欢昨天那个人吗？"通常只能引发对方是否性的回答，可能无法提供我们继续对话所需的额外信息。

（二）维持对话

想象你自己处于这样一种情况，你正在与某人进行有效且适当的沟通，但是感觉快没什么可说的了，那么如何让对话继续？为了有效地维持这段对话，我们可以回应并提供一些额外的信息，保持对话的连贯性，进行适当的轮流发言等。

提出开场问题的一个好处是，它们可以为我们提供信息，以便我们能够维持对话。额外的信息是指"超出你要求或期望的信息"。使用额外的信息符合数量最大化原则，因为它给了我们足够的信息来维持对话。我们可以通过询问有关额外信息的其他问题或利用额外信息转换到其他话题来继续对话。我们还可以通过提供额外的信息帮助对方进一步深入探讨他的观点。例如，假设我们在大学公选课教室中以这样的对话开场："你对这位教授了解多少？"对方可能会回答："不是很多，但上学期我的学姐告诉我选这个教授的课没错，值得一听。"对方的回答至少给了我们两条额外的信息：他的学姐已经上过这门课了，他的学姐应该很了解这位教授并把信息都告诉他了。我们可以使用这些额外的信息问更多的问题，例如："这位教授是不是很和蔼，比较平易近人？""这学期你还选了什么课？""你觉得哪门课的老师讲得好？"

对话连贯性指的是对话的组织方式，即一个人的发言应与其他人的发言相关。这种技巧反映了关联性最大化原则，即提供与正在讨论的主题相关的信息。同时，对话连贯性还要求对话清晰有条理，符合方式最大化原则。突然转换话题会打乱对话，违反关联性最大化原则。如果要转换话题，可以使用过渡性的评论将当下的话题与另一个话题联系起来，并进行元沟通（沟通本身）。[①] 例如，"说起×××，我想起了×××"和"气氛都到这儿了，我必须跟你聊一下……"这样的评论可以有效且适当地从一个话题过渡到另一个话题。保持对话连贯性，可以使对话更加有条理和易于理解。

研究表明，有效的轮流发言会给对方留下你和他相处得很好的印象，或让对方觉得你是非常有能力的社交达人；而缺少轮流发言则可能会让对方认为你话比较多、"粗鲁"（因为你打断对话次数过多）、"占主导地位"（因为你不够谦让）或"令人沮丧"（因为他无法表达重要观点）。换句话说，如果你在沟通中适当地分配发言机会并顺畅地进行轮流发言时，会给对方留下积极的印象，对方会认为你与他之间有着良好的默契，并且你们两人都是善于沟通的人。相反，如果你在对话中打断对方发言的次数过多，或者不够谦让，或者对方无法清晰地表达重要观点，就会给对方留下负面的印象，认为你是粗鲁、占主导地位或令人沮丧的沟通者。

所以，合格的沟通者应该将"轮流发言"的规则切实运用到每一次沟通中。首先，我们应该适当地推动轮流发言，确保每个人都有机会参与对话，不让某个人占据过多的发言机会。其次，每人每次发言的时间也应该适当，不应该过长或过短，避免一个人独占舞台或仅能做出简短的回应。此外，我们还应该识别和遵守轮流发言的指导性提示，比如通过眼神交流或音调的变化来表明自己的意图。最后，除非为了澄清自己或表示赞同，我们应该避免打断对方的发言。这些规则有助于保持对话的平衡和流畅。

此外，在和别人沟通交谈时，我们所说的每一个观点不可能都是自己原创的，我们应该在讲出这个观点时给它署名。在一次学术讨论会上，同学甲听到了一位教授关于某个研究领域的独到见解。随后，在与同学乙的交流中，同学甲提及了这些观点，但并未指出其来源于教授。同学乙听后，误以为这些观点是同学甲的原创，并在之后的讨论中多次引用，且未提及同学甲或教授。不久后，这位教授在另一场活动中偶然听到了同学乙分享这些观点，并产生了误会，以为同学乙在剽窃自己的想法。实际上，这是由于同学甲在初次传播这些观点时未能正确署名所导致的。给某观点和某言论标记出处与在书面论文中注明脚注或参考文献类似，为这些观点和言论署名会带来很多好处。一是听众可以确定源头发言人对此事有无偏见，有无足够的知识来评论此话题。二是注明来源也反映了我们坚持质量准则的立场，因为我们不会剽窃他人的想法。三是口头承认我们知道的消息来源（如朋友和熟人）可以防止他们因为想法被剽窃而感到愤愤不平。生活中很常见，突然有一天我们的朋友当着众人的面发表了一番入木三分的见地，大家都很赞同他的看法，但其实那就是昨天我们才跟这个朋友讲的，我们是否会觉得很难受？我们的同学同事、朋友亲人，包括我们自己，都会感激他人在谈话中赞同他们的原创观点，承认他们的功劳。

（三）结束对话

当一个话题已经被"讨论"完，或者当一个参与者不得不离开时，这一次的沟通通常

① Littlejohn, S. W. Theories of Human Communication. Belmont, CA: Wadsworth Publishing, 2003.

就结束了。"嗯，那今天就这样吧。""大家闭嘴吧，是时候结束了。""我不想聊了，我想去吃饭了。""好的吧，下次再约。"——这样的结束语可能不总是尽如人意，对方会觉得敷衍、突兀，甚至不礼貌、不被重视。我们可以尝试一下以下这些方法。

（1）总结对方所表达的主要观点。这不仅表明对话即将结束，也表明我们一直在倾听并理解对方所说的内容。

（2）以赞美或积极的陈述结束，比如"我很喜欢和你聊天"或"我很感激你跟我讲这些道理"。

（3）制定计划，如果之后还计划跟对方见面，仅仅说"我们下次再聚聚吧"或"我过会儿给你打电话"可能会给人留下这样的印象：就嘴上说说，不一定要实际行动。相反，如果用具体的时间和地点，比如"我们周二下午1点在图书馆见面"会给人很靠谱、很真诚的感觉。

（4）如果之前的技巧行不通，或者没有被对方视为结束的信号，那么我们需要一个恰当且可信度高的"借口"。切入点通常集中在沟通之外的情况，这些情况可能会导致我们得出这次的沟通即将结束的结论。例如："我还没有吃午饭，所以我得赶在下节课上课之前去买点吃的。"另一个可以在聚会上使用的退场台词是："我已经很久没见某某人了，趁他还在这儿，我去跟他叙叙旧。"

传达离开信号的非语言行为包括减少眼神交流，将身体朝向出口。或者一边讲结束语一边伸出手进行握手，频繁看手表或者手机屏幕上的时间，收拾自己的物品，如果坐着的话，双手放在大腿上（这样可以帮助站起来）。

> 📋 **小贴士**
>
> 在使用提高沟通效率的相关准则和技巧时要尊重实际并合乎时宜。通过发散式提问来引入沟通并不总是有效的。此外，试图用结束语来结束对话可能会适得其反（例如，对话伙伴可能会回答："你还没吃饭？我也没有！我们一起去买根烤肠吧！"）。回想一下，沟通能力是基于沟通对象的感知，而不是基于我们对自己的有效性和适当性的感知。换句话说，我们可能认为我们是一个有能力的沟通者，但如果别人不同意我们的看法，我们的社交可能会被削弱。

📝 **课堂练习**

> 4人一组，练习维持对话所涉及的技巧。2名参与者先进行沟通，另外2名参与者评估对话者在使用额外信息、保持对话连贯性、轮流发言以及表明观点的来源方面的表现。评估者应做笔记，并在3~5分钟后口头评估对话参与者。然后评估者与对话参与者交换角色，重复上述流程。对话可以从对话参与者询问与周围环境或与沟通对象相关的问题开始。

三、跳出沟通困境

尽管生活中大部分的沟通都能成功，但有时候我们会感到无论说什么都不对，无论说什么都会导致问题或不良结果的产生。这种困难的沟通境遇被称为沟通困境。沟通困境并不一定是由违反沟通规则引起的，但当我们意识到自己可能会陷入其中时，这会给我们带来尴尬、戒备、防御等负面情绪。以下是一些常见的沟通困境。

- 被发现撒谎。
- 说了不应该说的话。
- 说什么都是错。
- 在坦诚地说出真相（即使它是伤人的）和委婉撒谎之间犹豫不已。

假如你的好朋友打算跟一个你不怎么喜欢的人结婚，朋友询问你，他是否应该跟这个人结婚，你该怎么回答？

（1）直接回应，也就是直言不讳，想说什么就说什么，例如，"我觉得这个人不太行，不适合结婚"；或诚实但机智地沟通，例如，"如果我想结婚，可能会考虑找一个性格不同的人"，如此可以展开分析朋友与这个人结婚的利弊。

（2）间接回应，包括策略性的模棱两可、含糊其词，避免直接说出真相，以及采用讽刺、暗示、幽默和非语言暗示等方式，例如，"你在问我该不该吗？我这辈子没打算结婚，所以不要问我'婚姻问题'"。

（3）欺骗对方，出于某种原因不想说实话，对事实进行包装和歪曲，例如，"我认为这个人会是一个好的伴侣"。

（4）曲线救国，包括道歉、借口、解释和保证，例如，"作为你的朋友，在关键时刻不能帮上你，我感到很抱歉，因为我看人不太准。然而，我所看到的一切都告诉我，那个人在未来会是一个好伴侣"。

（5）以退为进，包括妥协和让步，以避免冲突或额外的尴尬，例如，"好吧，好吧，我说我说，但不管你最后结没结婚，如果你后悔当初做的这个决定了，都不要怪我"。

（6）抽丝剥茧，询问更多的信息或请求对方的合作来摆脱这个困境，例如，"嗯，首先告诉你为什么想和这个人结婚，现在我不太明确你想要的是什么，所以很难回答这样的问题"。

研究人员发现，具有良好沟通能力的人能够以一种既保全自己又保全他人的方式解决沟通问题。这样的人往往比沟通能力较差的人更能做出复杂和有效的回应。然而，我们不能简单地认定某些策略就比其他策略更有益。决定一个最优方案的过程颇为复杂，它要求我们全面考量沟通中涉及的各方人士、沟通所处的背景环境，以及每位参与者的目标追求。对于不同的个体而言，某种回应可能更受欢迎；而在特定的情境下，另一种回应或许更为贴切。此外，有时对于个体而言，处理复杂性问题至关重要，但在另一些情况下，则可能并非如此。

> **📋 小贴士**
>
> 改善人际沟通能力，需要注意以下几点。
>
> （1）注重平衡策略：在沟通中，要注重平衡自我、他人和情境的关系，不仅要表达自己的观点和需求，还要考虑他人的感受和情境的影响，以实现有效的沟通。

（2）以他人为中心：在沟通中，要以他人为中心，尊重对方的意见和感受，善于倾听和理解他人的需求，从而建立良好的人际关系，取得良好的沟通效果。

（3）掌握沟通技巧：包括积极倾听、明确表达、善用非语言沟通技巧等，这些技巧有助于增强沟通的效果，减少误解和冲突。

（4）摆脱沟通困境：当遇到沟通困境时，要学会冷静思考，寻找解决问题的方法，可以适时调整沟通策略和技巧，化解矛盾，以取得良好的沟通效果。

第三节　构建有效沟通

常春藤联盟中的一些大学做过一项研究，该研究发现与在亲密关系中进行有效沟通的人相比，缺乏情绪滋养、缺少沟通的人患冠状动脉阻塞和癌症的概率更大。此外，密歇根大学社会研究所的科学家们发现，多与他人沟通可以改善记忆和日常决策能力。研究人员认为，与家人和朋友交谈可以保护和增强心理功能。这些研究表明，人际沟通与身心健康息息相关。但并非所有的人际沟通都能使我们有效地适应不断变化的世界，增进我们的人际关系或增加我们成功的概率，并对我们的心理健康和认知过程产生积极影响。

沟通学者斯皮伯格（Spitzberg）和库帕克（Cupach）将沟通能力描述为在人际环境中既有效又适当的能力。有能力的沟通也是文明和道德的。当我们具备以下条件时，能够以一种有能力的方式进行沟通。

（1）有沟通的动机。

（2）对自己、他人、话题、环境和沟通本身有充分的了解。

（3）在沟通技巧的表现上既有效又适当。

需要注意的是，我们并不能保证一个有效、适当、文明、道德、有动机、有知识和技巧的沟通者在交谈中被对方认为是有能力的，因为我们的文化、家庭、朋友、同事、性别和个人特点都会影响我们对沟通能力的认知。由于沟通能力是情境性的，所以我们需要构建有效沟通的概念，运用适当的沟通技巧，并选择最适合特定情境的行为。

一、沟通的有效性和适当性

有效性是指实现我们的目标，而适当性是指符合特定情境的期望或沟通规则。在人际沟通中，我们需要遵守沟通规则，这些规则告诉我们在特定情境中应该或不应该说什么话、做什么事。如果我们违反了这些规则，就可能会受到负面制裁，例如别人给我们不悦的表情、戳我们的肋部、意外地笑出声，或者口头警告。我们可以以下面两个情境为例来具体分析一下。

微课堂

构建有效
沟通

情境一：有个同学在考试前一天想借你的笔记，但他没有征求你的同意就拿走了笔记，虽然他达到了借用笔记的目标，但他的行为违反了情境的期望，因为他没有征求你的同意。这个例子说明行为虽然具备有效性，但不适当。

情境二：另一个同学也来向你借笔记，他征求了你的许可，但你拒绝了他的请求，虽然他的行为符合情境的期望，但由于你的拒绝，目标没有实现。这个例子说明行为虽然具备适当性，但无效。

这两个情境表明，要成为一名有能力的沟通者，行为需要同时具备有效性和适当性。我们需要在实现目标的同时，遵守情境的期望和沟通规则。

二、沟通与道德

被认为具有沟通能力的人通常也被认为是讲伦理道德的。伦理道德可以被定义为一套基于正确与错误的准则，规定人们应该做什么。当我们思考自己在人际沟通中的表现时，我们会形成自己的个人伦理道德准则。伦理道德对于沟通的研究非常重要，因为每当人们进行沟通时，都会涉及到对错的问题。如果我们的沟通达到了我们的目标，并且他人认为它是合理的，那么很可能会被视为是符合伦理道德的。举个例子，假设有一个同学以有效和适当的方式请求借用你的笔记。但是，如果这个同学未经你的允许将笔记复印并通过出售给其他同学获取了丰厚的利润，你很可能不再认为这个同学具有沟通能力，因为他的行为是不道德的。

通过思考以下问题，我们可以评估自己在日常生活中的行为是否道德。

第一个问题：我是否践行了美德？我们需要考虑自己是否展现了诚信、值得信赖、诚实和负责任等品质。例如，如果我们认为刻板印象是错误的，但当朋友讲了一个性别歧视或种族歧视的笑话时我们却笑了，那就是缺乏诚信。又如，如果有人告诉我们一个秘密，但我们为了个人利益而泄露了这个秘密，那说明我们并不值得信赖。如果因为拒绝接受迟到扣分而散布教授的谣言，那就是不诚实、缺乏责任感。通过思考这个问题，我们可以更好地评估自己的行为，并努力成为有道德的沟通者。

第二个问题：我今天的善举比带来的伤害多吗？回想一下我们的行为，例如，我们是否特意表达了对室友、朋友或者同事的感激之情？我们是否赞美了身边的人？

第三个问题：我是否尊重他人？尊重是指对人们的信仰、态度、价值观和权利表示关注。例如，当生气时，我们是否会无端大声喊叫别人的名字？是否会无端反驳与我们观点不一致的言论，甚至贬低他人的态度和价值观？

第四个问题：我待人是否公平公正？公平意味着不区别对待，而公正则指在分配利益和责任时要公平合理。例如，我们是否要求伴侣承担特定的家务或承担车贷房贷？我们是否以相同的方式与权力较小的人（如弟弟妹妹）沟通，就像与权力相等的朋友沟通一样？

第五个问题：我是否为社会做出了贡献？这个问题的答案范畴很广，可大可小，关键在于我们是否愿意主动承担。例如，我们是否愿意无偿帮助需要帮助的人？在听音乐、看短视频，或在公共场所交谈时，我们是否会考虑到他人的想法和感受？这些行为是否可以推动社会的发展？

三、倾听方式

奥普拉·温弗瑞（Oprah Winfrey）曾在自己的脱口秀节目上说过这样一句话：我们都是普通人，但我们都有着同样的追求，这无关我们的肤色、种族、国籍、所处的环境，以及我们的地位，我们都想要确认一点，我们很重要。温弗瑞通过倾听和共情鼓励她的嘉宾敞开心扉，坦诚地讨论他们的问题。在你的生命中是否也出现过一个善于倾听他人并给予认可的人？因为你的倾听和回应方式，人们是否感到舒服并愿意与你讨论他们的问题？倾听和回应他人传达了我们对他人的尊重，以及对他们思想和情感的认可。

回想一下上学的时候，老师是否教了我们很多阅读、写作和发音相关的技能？我们家里可能有很多练习册，我们练习写作、学习词汇和发音。然而，老师教过我们如何倾听吗？我们听的时间比阅读、写作和发音的时间更多，但我们很少被教导如何倾听他人。倾听被定义为一个复杂的活动，涉及接收、理解并回应语言和非语言信息等。与阅读、写作和发音相比，我们大约有 60% 的沟通时间用于听。我们可以将"听"分为以下几种模式。

（1）综合倾听——当我们想要学习、理解和记忆信息时。听老师讲课就是综合倾听的一个例子。

（2）评估性倾听——当我们想要判断信息的合理性时。本节稍后将讨论批判性思维，帮助我们分析和评估所听到的信息。

（3）欣赏式倾听——当我们想要享受和欣赏听到的信息时。例如，当沟通对象一边说话一边表演时，我们可能会格外关注其非语言信息。

（4）共情倾听——当我们想要理解和体验沟通对象的感受时。本节稍后将讨论如何用情感释义来进行共情倾听。

不幸的是，我们中的大多数人都不是很善于倾听。在人际沟通中，我们听到的信息在两天后可能只有 25% 能被记住。例如，大学生在听完教授的讲座后，可以有效听取大约 50% 的内容，但两天后也只记得 25%。许多公司要求员工具备的五大技能中往往都包含倾听，因为当员工以一种无效的方式倾听时，会导致严重的工作失误和利益损失。我们中大多数人的倾听方式都是否认性倾听，即不承认和不尊重说话者的语言和非语言信息。否认性倾听的形式如下。

（1）防御性倾听：我们将信息解释为批评和个人攻击。

（2）假性倾听：我们假装在倾听，但实际上我们的注意力只放在自己的想法上，错过了说话者的信息。

（3）对抗性倾听：我们仔细倾听信息中的错误，以反驳它们或对说话者进行攻击。

（4）字面倾听：我们只关注信息的内容层面，而忽视了说话者的意图和情感状态；同时，忽视非语言信息的情感色彩也属于字面倾听，这种倾听方式可能导致我们对说话者的真实感受和意图产生误解。例如，当朋友叹了口气并犹豫地说"我感觉还好"的时候，我们却开心地回答"嗯！你感觉不差就好！"就是基于字面倾听来回应的。

四、倾听的3个阶段

"喂，你在认真听我讲吗？"你是否这样怀疑过正在与你沟通的朋友？接收是倾听的第一个阶段，当我们关注环境中的听觉刺激时，听觉就会发挥作用。然而，听觉发挥作用并不等于倾听，因为倾听还包括对听觉刺激的解释，这是倾听的第二个阶段，即释义。倾听还包括回应，这是倾听的第三个阶段。我们可以通过图 6-1 大致了解倾听的 3 个阶段。

第一个阶段：接收		第二个阶段：释义		第三个阶段：回应
• 排除噪声 • 选择性倾听	⇒	• 批判性思维 • 记忆	⇒	• 积极倾听 • 确认性回应

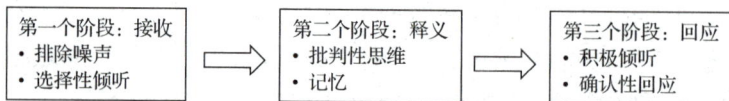

图6-1 倾听的3个阶段

（一）第一个阶段：接收

在第一个阶段，我们接收语言和非语言的信息。这意味着我们从环境中选择性地接收来自他人的语言和非语言信息，并关注这些信息。有时候，我们通过听觉渠道接收信息，例如听别人说话；有时候，我们通过视觉渠道接收信息，例如观察别人的表情和姿态。然而，有一些障碍可能会妨碍我们有效地接收信息和倾听他人。其中一个障碍是信息过载，即每天遇到的大量信息使我们难以始终进行有效的倾听。我们可能无法处理所有的信息，只能选择性地接收或忽略一些信息。另一个障碍是入神，即我们经常过度沉浸在自己的思想中，无法专注地接收他人的信息。当我们被自己的想法、问题或情绪所占据时，我们很难有效地倾听他人。此外，信息的复杂性也可能成为障碍。当信息变得复杂时，例如包含行话、外语、俚语或技术数据时，我们可能会感到困惑或无法理解，从而导致我们不愿意倾听。除了以上障碍外，噪声和选择性也可能影响我们的倾听。

噪声可以是任何可能倾听的声音。它可以是外部的物理噪声，例如电视节目的声音会干扰我们全神贯注地倾听他人。此外，语义噪声也可能干扰我们的倾听，例如陌生人使用不受欢迎的称呼方式（比如我很年轻但一个同龄人喊我"阿姨"）会引起我们的注意力分散。心理噪声，如疲倦、饥饿或心神不宁，也会干扰我们的倾听。此外，即使没有外界干扰，我们自身的心理机能也会产生干扰，导致我们的注意力游移，停止倾听他人的话语。

选择性倾听是指我们倾向性地关注信息中的某些部分而忽略其他部分。由于我们无法选择和关注环境中的所有听觉刺激，在这个快节奏和技术导向的社会中经常面临信息过载的情况，所以我们有时会忽视那些不感兴趣、让我们感到不舒服或与我们观点相冲突的信息。同时，我们也会筛选出那些我们感兴趣、让我们开心或我们赞同的信息。例如，一个人收到了一条分手信息："我们还是做朋友吧。"这个人可能会选择性地忽略信息中的"我觉得我们不合适，不应该再见面了"的潜台词，反而愉快地得出结论：这段关系还有救，因为对方想要保持朋友关系。

我们需要减少或消除干扰，提高我们接收语言和非语言信息的能力，例如屏蔽杂念和其他外界因素，以便更好地专注于倾听对方讲话。在听完对方的发言之前不做评判，给予对方充分的表达空间，避免过早下结论。我们还需要意识到自己选择性听取的倾向，为了克服这种倾向，我们可以在沟通中尝试用自己的话来概括对方的意思，以确保我们正确理解对方的观点和意图。这样做有助于建立有效的沟通和理解，同时也能避免误解和冲突的发生。

在第一个阶段，我们需要意识到这些障碍，并努力克服它们，以便更有效地接收他人的信息。

（二）第二个阶段：释义

在第二个阶段，我们需要解释语言和非语言信息的含义。我们的解释能力受到批判性思维和记忆能力的影响。批判性思维是指分析和评估信息的能力。为了成功地分析一条信息，我们需要延迟做出判断，而不是立即形成观点。例如，回忆一下你上次听到一些负面信息的情况，你是立即相信这条信息是真实的，还是试图寻找事实进行推断，评估信息的来源和可信度？在接受信息的有效性之前，我们应该对所听到的信息进行批判性分析。此外，相关研究表明，我们有各种类型的记忆，并且我们在倾听的过程中以不同的方式进行记忆。短期记忆在人际沟通中至关重要，例如可以在求职面试中给人留下积极的印象。具体来说，在面试中短期记忆强的人会比短期记忆弱的人提出更多的问题，他们往往被认为具有出色的倾听能力。

在解释语言和非语言信息时，我们应该运用批判性思维来区分事实和推断。事实是可以独立验证的，而推断是对事实的解释和评估。假设一个同学说："他们说明星 A 和明星 B 离婚了！我前几天还看到一张记者拍到的他们在民政局的照片。应该所有明星结婚都是结着玩儿的吧。"我们不应立即接受这个信息的有效性。首先，这位同学声称明星 A 和明星 B 离婚，但这只是一种推断，并不是可以直接证实的事实。虽然看到他们在民政局的照片，但我们不能确定他们就是去办理离婚手续的。其次，我们评估信息来源，同学声称"他们说"，但我们没有任何理由相信"他们"是一个可靠的消息来源，因为我们没有足够的证据来证明"他们"的可信度；最后，从推理形式的角度分析，这位同学暗示所有明星结婚都是结着玩儿的，他的推断形式是根据有限数量的具体实例（一张记者拍的两位明星在民政局的照片）得出一般性的结论，这种错误的推理形式会导致不准确的结论，因为它没有考虑到其他可能的情况和证据。因此，在解释信息时，我们应该保持批判思维，不要轻易接受推断，而是寻找更多的证据和确凿的事实来支持我们的解释。

（三）第三个阶段：回应

在第三个阶段，我们需要积极倾听。积极倾听是一种有效的沟通技巧，它要求我们不仅仅是听到对方说话，还要表达出我们正在关注和理解对方的意思。这意味着我们需要全情投入，真正理解对方的意图，并以有效和适当的方式做出回应。相比之下，被动倾听是一种被动的态度，认为听者只需要被动地接收信息，而说话者有责任确保听者理解。被动听者认为只要他们听到了对方的话，就已经完成了倾听的任务。然而，这种被动的态度忽视了倾听的重要性和复杂性。如果出现误解或沟通问题，被动听者往往会把责任归咎于说话者，而自己不承担任何责任。因此，积极倾听是一种更加主动和负责任的倾听方式，它要求我们付出时间和努力去理解对方的意思，并积极地参与沟通。

确认性回应是通过语言和非语言信息来验证自己是否准确理解他人的意思，表达出对他人的爱护、尊重和关心。我们可以根据与对方的沟通情况、我们自己的情况和具体情境，策略性地选择最有效和适当的评论。研究者布兰特·R. 伯莱森（Brant R. Burleson）发现，使用多种回应方式的人是敏感的、关心他人的、投入沟通的。因此，学习进行积极倾听和确认性回应，我们可以提高与他人沟通的效率和自身的理解能力。

五、回应的形式

当说话者忽然提了一个问题，但听者没有回应，这可能并不是因为他们不想回应，而是因为他们不知道如何回应。这种情况下，作为说话者，你可能会感到被忽视或不被重视，因为你期望听者能够关注和回应你。而作为听者，当你无法做出合适的回应时，你可能会感到尴尬或无助。回应是倾听的重要组成部分，它表达了我们对说话者的关注和兴趣，以及我们对所听内容的反应。我们可以使用各种类型的确认性回应来表达我们的关注和兴趣。这些回应包括提示和提问、安抚和表达关切、分析和建议、建设性批评以及释义。通过这些回应，我们向说话者传达了我们在倾听他们时的专注和兴趣。此外，我们还可以使用支持性沟通来回应，这是一种意在提供帮助的确认性回应。在某些文化中，支持性沟通被广泛接受，并被视为一种表达关心和提供帮助的方式。通过这种回应，我们向说话者传达了我们提供协助和支持的意愿。总之，回应在交流中起着重要的作用，它不仅传达了我们的关注和兴趣，还可以帮助营造良好的沟通氛围，并表达我们对说话者的支持和理解。

（一）提示和提问

这是一种积极倾听的技巧，通过使用沉默、声音或词语表达对说话者的关注，并鼓励他们继续讲话和提供更多信息。这种技巧可以让对方知道我们正在认真倾听并理解他们的意思。

提示可以采取不同的形式，从完全的沉默到发出声音（如"嗯"和"嗯嗯"）再到使用词语（如"是的"）和完整的句子（如"我明白了"和"继续说"）。通过给予适当的提示，我们可以向对方传达我们的兴趣和愿望，让他们感到被重视，鼓励他们继续表达。然而，提示也可能存在问题。如果提示是以虚伪的方式传达，或者在传达提示的同时并没有真正关注对方，这可能会导致对方感到被忽视。例如，在电话交谈中，如果我们听到对方回答"嗯"和"嗯嗯"，但同时听到他们在键盘上敲字，这可能会让我们感到被否定，因为对方在暗示我们所说的不如他们手上的工作重要。因此，为了有效地使用提示，我们应该给予对方充分的关注，并将提示与其他类型的确认性回应方式结合使用，以确保对方感到被尊重和理解。

通过提问，我们可以获取额外的信息，或者引导说话者得出我们心中的某个结论。开放性问题鼓励他人详细回答并提供细节，而封闭性问题通常指向肯定或否定的答案。这两种类型的问题都可以表明我们对对话感兴趣。然而，在提问时，我们需要注意以下几点。首先，避免一次性提出过多的问题，这可能会让对话离题，导致真正的话题被忽视。同时，过多的问题也可能让说话者觉得自己受到了"审讯"，产生防御心理。其次，我们应该避免提出批评性问题，或者提引导性问题和含蓄性问题。引导性问题暗示了"正确"的答案，试图引导说话者回答，并传达评判和批评的意思。例如，"你是说你终于和他分手了？"就是一个引导性问题，这个问题并不是为了澄清或支持，而是暗示说话者分手早该发生。含蓄性问题则预设了尚未被证明或接受的事情，并可能限制了说话者的选择。例如，"你想和那个人一起出去还是和我一起出去？"就是一个含蓄性问题，因为可能还有其他选择——你可能想和其他人或者根本不想和任何人出去。这些问题可能被认为是不道德的，会导致说话者产生防御心理，认为自己被操纵。提问是一种重要的沟通技巧，但我们需要谨慎使用，避免提出批评性问题，以确保有效的对话和理解。

（二）安抚和表达关切

一种方式是安慰。"我很担心你，但我相信你会没事的""我曾经有过类似的经历，所以我知道你正在经历什么"，这些回应进行了安抚表达了关切。安抚和表达关切的回应传达了我们对说话者的关心，对说话者的同情，以及与其感受的共鸣。我们可以暗示我们理解其想法和感受，因为我们曾经有过类似的经历，这种类型的回应被称为关系反馈。另一种方式是共情，与同情不同的是，共情指我们不仅试图理解他人的思想和感受，还能够在某种程度上体验到他人的情绪。假设一个朋友流着泪告诉我们他心爱的宠物被安乐死了，我们可以通过想象自己失去宠物的悲痛来安慰朋友。通过换位思考和观察对方的非语言信息，我们可以提高自己的共情能力，更好地理解和关心他人。

当我们在与他人进行沟通时，如果我们过多地谈论自己在类似情况下的经历，而不是关注对方的问题，对方可能会认为我们的回应没什么帮助。因此，在提供关系反馈时，我们应该尽量简洁地提及个人经验。安抚和表达关切有时也会被当成缺乏兴趣和理解。例如，当我们向他人表达关切时，对方回答"我知道你能处理这个"或者"哦，换作是你应该会没事的"，我们可能会感觉到对方并不在乎。这种情况下，我们需要注意避免给人一种错误印象：你现在这样有些夸张。安抚和表达关切，最好结合其他类型的确认性回应，这意味着我们还要给予对方其他形式的肯定和支持。

（三）分析和建议

分析是指对他人的评论进行解释或重新定义。通过分析，我们可以告诉说话者我们对某种情况的真实感受，分享对问题不同的看法，或传达心理洞察。例如，当朋友在派对上遇到一个长相不错的陌生人向她要电话号码，她给出了电话号码，可对方3天都没有打来电话，朋友可能会感到沮丧，并认为对方并不是真正感兴趣。在这种情况下，我们可以通过给出新的解释来进行分析，比如，对方可能是太害羞了，或者他可能输了电话号码却没保存，或者他非常忙碌，等等。然而，分析他人情况也存在一些问题。如果我们在分析之前使用"我知道你真正的问题是……"或"你生气的原因是……"这样的评论开头，可能会被视为自以为是。当有人暗示他们比我们更了解我们自己时，我们通常会产生负面反应。因此，在进行分析时，我们需要谨慎行事，因为我们的分析可能是错误的。因此，可以考虑以下准则以确保我们的分析是恰当和有效的。

（1）询问说话者是否愿意听一听关于这个问题的其他解释。

（2）以一种试探性的方式提出我们的解释。

（3）确保我们的解释可信。

当有人向我们寻求帮助时，我们通常会提供建议。然而很多人急于告诉别人如何解决问题，没有真正尝试去理解问题的本质。提供建议可能会导致一些不良后果，比如对方会产生防御心理，因为提供建议的人仿佛处于更高的地位，这可能会威胁到对方的面子。另外，建议可能会适得其反，导致情况变得更糟。我们应该都有过这种经历，别人接受建议后情况变得更糟，或者别人接受建议后结果却并不如预期，然后我们被责备。为了应对这些潜在问题，我们可以考虑以下几点。

（1）在对方询问我们之前，不要提供建议。这意味着我们不应该主动提供建议，而应等待对方明确表示需要我们的建议，这样做可以确保我们的建议是真正被需要的。

（2）如果建议不如预期那样有效，给自己留条退路。这意味着我们在提供建议时要以试探性的方式表达，我们可以在建议之前加上"这对我有用，但不能保证对你有效"或"我并不是说这个解决方案总是有效的，但你可以考虑一下"的前缀，通过这种方式，我们可以减少对方的防御心理，并且在建议不起作用时，使自己少一点尴尬或挫败感。

（3）如果我们的建议被拒绝，一定要读懂对方更深层次的需求。当对方对我们的每个建议都说"是，但是……"时，这是一种拒绝信号，但这并不是对我们个人能力的否定。相反，我们应该尝试理解对方的真正需求，并考虑是否有其他方式可以更好地帮助他们。有时候，对方可能更需要我们的关切和安慰，而不仅仅是简单的建议。

（四）建设性批评

"谢谢你把所有的餐具都放进了洗碗机，你把一切都安排得很好。但是你没有事先刮掉盘子上的食物残渣，这可能会导致清洗不到位。下次把餐具放进去之前，能不能先刮掉上面的食物残渣呢？"这段话展示了建设性批评的沟通方式。

评判是对某些事物进行好坏、有利不利、正确错误等方面的判断。当我们对他人进行评判时，我们是在表达我们对其行为或观点的看法。建设性批评是一种旨在肯定他人并提供改进建议的评判方式。尽管批评一词通常带有负面含义，但建设性批评的目的是引起他人对问题的关注，促进他人的成长和学习。建设性批评包括4个步骤。

（1）用具体和详细的例子描述对方的行为。假设我们陪同一个刚拿驾照的朋友练车。在练习中，我们注意到这位朋友每次变道都不会提前看后视镜。我们可以说"我注意到你每次变道时不喜欢看后视镜。"以此提出建设性批评。因为这是基于观察的描述，驾驶员不太可能产生防御心理。

（2）尽可能在批评之前加上赞扬。确保赞扬是真实的，而不会被视为软化批评的表面技巧。在对这位朋友进行批评之前，我们可以说："这次开得很不错，比上次进步了很多。"

（3）我们可以通过表达自己的思想和感受来传达这样一个信息，即我们给出的是我们的评价，而不是"绝对真理"。我们可以用试探的方式提出我们的评价。例如："我觉得变道前还是要养成看一眼后视镜的习惯，每次你直接变过去，隔壁车道的司机脸都吓白了。"

（4）由于建设性批评侧重于行为而不是攻击个人，因此我们建议改变行为是合适的。例如："下次变道前，要记得瞟一眼后视镜，看是否有车再变吧。"

即使我们的建设性批评是出于对对方的肯定，但当我们开始表达对方应该改变观点或行为的意思时，他们还是有可能会产生防御心理。因此，我们可以等对方主动请求建设性批评，或者询问对方是否愿意听取我们的评价。我们还应该避免使用类似"我早就告诉过你！"或者"我只是为了你好！"这样的话，因为这些话会让我们处于高位，导致对方产生防御心理。综上，我们应该以一种尊重、温和与谦虚的方式提出建设性批评，以促进有效的沟通和改变。

🖊 课堂练习

两人一组，进行建设性批评练习。

（1）谈了两年恋爱，你的另一半开始冷落你，很少赞美你，很少给你打电话，也不再征求你的意见。建设性地批评你的另一半。

（2）你的同事刚刚写完一份项目报告，准备交给老板。这位同事似乎对这份报告感到非常自豪，并暗示他可能因此而升职。他在交给老板之前拿报告来征求你的意见，你认为这份报告很糟糕。建设性地批评你的同事。

（3）你最好的朋友再一次告诉你她麻烦的爱情生活，可是你总觉得你的朋友遇上了错误的人，她也知道，但就是不愿意及时止损。建设性地批评你的朋友。

（4）这周轮到你的室友打扫宿舍了，当你下课回去，你的室友在门口迎接你，脸上带着微笑，显然他为他所做的工作而自豪。可你仔细一看，宿舍依然很脏。建设性地批评你的室友。

（五）释义

"所以你现在可能有 3 门课的考试都不及格，我理解得对吗？"这个句子是一种典型的释义。释义是一种将说话者的信息重新表述的技巧。它不是简单地重复说话者的话，而是通过我们对其意义的理解，用我们自己的话来传达这个意义。通过释义，我们可以检查自己是否正确理解了说话者的信息。即使我们的释义被说话者指出是错误的，他们也会感到我们在认真倾听，并且会感到被重视，因为我们真诚地试图理解他们的思想和感受。释义的目的是帮助建立有效的沟通，而不是立即提供解决问题的建议。它尊重他人解决自己问题的能力，并给予他们自己解决问题的空间。通过释义，我们可以更好地理解他人，并与他们建立更深入的人际关系。释义包括以下内容。

（1）将说话者的话重新表述，以传达我们对说话者意图的理解。

（2）以试探性的方式重新表述，避免给人一种我们对真相有绝对把握或者比说话者更了解他们的意思和感受的印象。

（3）以请求反馈或上升的语调结束表述，以获取说话者对我们理解清晰度的反馈。

（4）以非评判性的方式重新表述，避免使用评价性词语（例如好、坏、对、错），或者非语言信息（例如摇头、翻白眼）表达我们不赞同说话者或对说话者持批判的态度。

总体而言，重新表述可以分为两种类型：一种是内容重新表述，侧重于字面内容；一种是情感重新表述，侧重于说话者的感受，即使这些感受没有通过语言表达出来。在尝试理解他人的思想和感受时，我们很可能会使用这两种类型的重新表述。

内容重新表述可以在我们听到大量信息、接收到复杂的指示或说明，以及当信息具有技术性并带有陌生行话时使用。内容重新表述还可以用于确定关系层面的意义，理解可能没有明确传达的其他意义，并为自己在激烈的讨论或争论中冷静下来争取时间。假设朋友说不近人情的教学秘书坚持让他上一门没什么人报名的晚课。我们可以通过关注关系层面的意义来回应说话者，比如回应"听起来教学秘书在刁难你"或者"你刚才是在说教学秘书不尊重你和你的意愿吗？"。我们还可以暗示说话者没有明确传达的意义，比如"我觉得这样好不公平！"即使在激烈的讨论中，我们也可以进行内容重新表述。内容重新表述可以减缓对话的速度，因为它迫使我们在实际回应之前思考如何回应。具体而言，内容重新表述会验证说话者所说的话，因为我们会用自己的话试探性地总结出与其沟通的意义，并在说话者回应我们的观点之前验证我们的解释是否正确。

情感重新表述是通过观察说话者的非语言信息来理解他们可能的情感状态，并用自己的话重新表述出来。这样做的目的是传达对对方情感的认可和理解。比如我们可以对刚才那位被安排上晚课的朋友说："你现在是不是被气到无语？"这能确定他现在的情感状态。当人们情绪激动时，他们往往无法进行理性思考。使用情感重新表述，我们可以让对方感受到他们的情感被认可和尊重，从而帮助他们冷静下来并以理性的方式回应。然而需要注意的是，情感重新表述并不适用于所有情况。对更强大或非理性的说话者使用情感重新表述，可能会引发他的愤怒或不满。在这种情况下，最好的策略可能是保持沉默，因为我们无法说服一个非理性的说话者来验证我们的猜想。

📝 课堂练习

练习你的释义能力，阅读以下陈述，转述说话者的话来表达自己的想法和感受。

（1）"我的女朋友/男朋友答应给我打电话，然后又没有打。我很生气，但随后我得到了她/他的道歉，所以我又给了她/他一次机会。这种情况已经持续至少一个月，非常令人困惑。"

（2）"我的老板给我布置了3份报告，让我在接下来的5天里完成。5天3份报告！将近2万字！你有没有过因为工作太忙而不得不边上厕所边赶报告的经历？"

（3）"他把音乐放得那么大声，以至于每晚我都睡不好。最后，我在凌晨3点打电话给他，把我的想法告诉了他。然后他今天整个上午都在放英语四级听力材料，这更糟了。我想我昨晚大概就睡了3个小时。"

（4）"上次我回家的时候，我妈妈和我大吵了一架。我觉得她还是把我当成一个小朋友，对我一直颐指气使的。我告诉她我可以自己做决定，但她一直唠叨。最后我叫她少管闲事，气冲冲地摔门而去。我现在想告诉她我很抱歉，但她也需要向我道歉。"

📔 小贴士

要构建有效沟通，需要注意以下几点。

（1）确保有效性和适当性：在沟通中，要确保信息传达的有效性和适当性，不仅要关注信息的准确性和清晰度，还要考虑听者的需求和情境，以确保沟通的成功。

（2）注重道德：在沟通过程中，要遵循道德原则，尊重他人的隐私和权利，避免使用欺诈或欺骗手段，建立诚信和尊重的沟通关系。

（3）学会倾听：倾听是构建有效沟通的重要环节，要善于倾听他人的观点和感受，理解对方的需求，从而建立良好的沟通关系。

（4）做好确认性回应：根据不同情境和需求，灵活进行不同形式的确认性回应，包括提示和提问、安抚和表达关切、分析和建议、建设性批评、释义等，以达到更有效的沟通效果。

第四节　沟通实践：求职面试的准备

就业是经济发展的"晴雨表"、社会稳定的"压舱石"。近年来，我国就业形势总体改善，保持基本稳定，我国青年人口总量稳中有增，高校毕业生规模持续增加，就业工作依然繁重，就业难的问题依然存在。在竞争激烈的就业市场中，高校毕业生需要具备专业知识和技能，同时也需要具备良好的沟通能力、团队合作精神以及适应能力。通过不断学习和提升自身素质，高校毕业生可以更好地适应职场环境，展现出自己的价值和潜力。下面针对求职面试讲解相关沟通技巧。

一、求职面试的准备

求职面试是指求职者与用人单位面试官进行的一次会面，求职者通过这次会面接受用人单位的考查与能力评估，在此过程中深入了解用人单位的相关情况，以决定是否愿意加入这家单位。求职面试是求职者与用人单位之间进行的一种双向的、综合的考评。在进行求职面试前，求职者需要做好以下几方面的准备。

微课堂

求职面试的准备

（一）信息准备

求职者在应聘前应对用人单位的基本情况进行全方位的信息采集，从行业分类、单位性质、基本信息、业务方向、注册资本、部门设置、发展前景、经营分类、财务状况、福利待遇、晋升通道、文化价值观、社会口碑等角度，对用人单位做一次全面摸底。通过收集这些基本信息，求职者可以准备有针对性的问题和答案，向面试官展现自己对用人单位和岗位的深入了解，展现自己的真诚、主动与求知欲，给面试官留下积极的印象。同时，在了解相关信息的过程中，求职者可以判断自己是否认同用人单位的文化和价值观，判断自己的能力、诉求与用人单位的岗位是否吻合，从而决定是否希望在这样的环境中工作，避免陷入不合适的工作内容与环境，降低工作的不稳定性。

常言道，知己知彼，百战不殆。对用人单位的了解既可以帮助求职者更好地展示自己的能力，又可以在求职前帮助他们判断是否适合该单位，是准备求职面试的重要步骤。

（二）资料准备

简历是一份关于个人能力、学习与工作经历和个人技能的陈述性文件，它可以帮助用人单位快速了解求职者的背景和专业技能，以考查求职者是否符合本单位的需求。简历是用人单位对求职者的第一印象，在求职过程中扮演了至关重要的角色。大部分求职者往往是通过向用人单位投递简历获得面试资格的。

一个岗位招的人不是也不可能是全才，而是最合适的人。要让自己的简历在成百上千份简历中脱颖而出，首先要考虑的是匹配性原则，这就需要求职者将个人能力与岗位关键词、岗位技能连接起来，充分展示自己的适应性。一份合格的简历应该目标明确，其所有内容都必须简明、扼要，高度贴合岗位需求。

简历的设计通常包含个人基本信息、求职意愿、职业目标、学习及工作经历、职业技能展示与自我评价等部分，这些内容既要真实展现求职者的生平履历，又要凸显个人的特点与优势，每一个内容板块都应分条分类来写，逻辑清晰，叙述得当，通过可量化的结果展现求职者的专业精神和细致思考能力，在实事求是与精巧包装之间达到平衡。简历设计的整体要求以简洁大方、重点突出、文字精练为主，在制作时也要注重细节，避免出现错别字和排版问题。

求职者面试时还可以根据用人单位的需求和个人需求携带其他相关资料，如学历学位证书、所获奖励文件、重要支撑材料、身份信息材料、照片等。

（三）仪容仪表准备

人在第一次交往过程中给他人留下的印象会在对方的头脑中占据主导地位，这在心理学上叫作首因效应，也就是我们通常讲的第一印象很重要。

求职面试过程中，第一印象是面试官评价求职者比较重要的标准之一。遵约守时是最基本的礼仪，这既是对时间的尊重，也展现了求职者对求职面试的重视，侧面反映了求职者未来可能在工作中的认真程度及个人的可靠性和责任感，遵时守约有助于为求职者在求职面试开始前在面试官心目中树立一个积极的形象。

着装得体、服饰整洁是对求职面试着装最基本的要求，这直接展现了求职者的生活态度、职业素养，能让面试官联想到其将来的工作状态和精神状态。整洁的仪容往往会给人留下干净、大方、精干、勤快的好印象。在面试中，男士一般穿西装、衬衫，女士穿套装，以服装整洁、没有污渍、干净清爽、端庄大方、合身得体为主要原则。

（四）心理准备

在求职面试中，很多求职者会由于心理压力大、过度焦虑而表现得不尽如人意。求职者一旦将某一次求职面试当作一次关乎未来前途与命运的机遇，必然会增加求职面试前的焦虑情绪，且会因为求职面试临近而表现得越强烈。同时，高校毕业生在离开学校之后将会面临人生十字路口，这时候开始意识到求职面试所产生的对未来的影响，在缺乏求职经验和临场应变能力的情况下，紧张似乎成了一种必然心理。

想要克服求职时的紧张心理，就需要求职者明确每一次求职面试都是一次双向选择，而不是面试官对求职者的单方面筛选、考查和审视，求职者既要有主动竞争的意识，也要保持一颗平常心。求职者在求职面试前确实需要认真准备、全力以赴，但求职面试不管成功与否，它也只是漫长人生道路中的一小段，过分患得患失、过于在意结果反而容易弄巧成拙，保持镇定才会有更好的结果。

二、求职面试中的常见问题

求职面试中的自我介绍，是指求职者将自己的个人基本信息、学识、能力、经历等内容针对面试官的考查提问所做的推销性的自我介绍。对于每个求职者来说，自我介绍可说的内容都很多，但究竟该怎么介绍、哪些内容该重点介绍却并不是盲目的，而是要有针对性。求职面试的本质不是一问一答，而是亮点展示，而亮点则要围绕着个人的能力和与岗位的匹配度来打造。

求职面试中的自我介绍在很大程度上影响了面试官接下来的提问方向，所以在自我介绍时，我们需要分3步走：第一，梳理自己的经历，挖掘出自己的亮点；第二，分析用人单位的岗位需求，提高自身和岗位的匹配程度；第三，做出挑选并重组，以精练的语言做充满策略的自我介绍。这要求求职者的自我介绍紧紧围绕着所应聘的岗位的用人标准来介绍自己，扬长避短，既不妄自尊大，也不妄自菲薄，恰如其分地评价自己。请注意，在求职面试中，求职者希望面试官注意到的个人亮点、特点、关键性信息等是需要由求职者多次提及以引导面试官去关注的。

在求职面试中，尽管不同行业、不同领域、不同单位的面试官提出的问题千差万别，但通常情况下除了各自领域的专业性问题，面试官所提的问题仍是有一定规律可循的，即这些问题必然与岗位要求和求职者的基本素质相关。这些问题表面上看来不具备回答难度，答案也较为主观，但往往围绕着求职者的受教育情况、求学就业经历、个人性格特点、社交能力、思维模式、临场反应能力、对社会的认知和看法、心理健康状况等方面展开。求职面试中的常见问题可分为以下几类。

（一）个人状况类

这类问题主要围绕着求职者的个人情况、学习生活经历、性格特征等方面展开，考查求职者的自我认知、语言表达能力与逻辑思维能力，示例如下。

（1）你的优点与缺点分别是什么？

（2）你从事这份工作的优势与劣势分别是什么？

（3）你在求学生涯或工作生涯中最难忘的经历是什么？

（4）你的业余爱好是什么？

（5）你认为应该如何处理工作和生活的关系？

（6）你与家庭成员的关系是怎样的？

（二）职业规划类

这类问题主要是为了了解求职者的职业观、工作习惯、此前的工作业绩等，考查求职者的求职动机、工作能力、处事能力、专业素养、团队合作能力等综合素养，示例如下。

（1）你为什么应聘本用人单位或本岗位？

（2）如何理解你的岗位？

（3）未来5年你有什么样的职业规划？

（4）你在团队合作方面有什么经验？

（5）你对加班有什么看法？

（6）你此前的工作经历中遇到过大的挑战吗？

（7）你在大学里担任过什么职务？

（三）薪资待遇类

在求职面试中，询问薪资及福利待遇类问题，既有助于用人单位评估自身的薪资标准是否能够满足求职者的期望，了解求职者对自身价值和市场行情的认知，从而决定是否继续了解该求职者，也有助于求职者根据薪资待遇评估是否满足自身期望。一般情况下，这类问题会出现在双方双向选择的重要阶段，既可以由求职者提出，也可以由用人单位提出，示例如下。

（1）你的期望薪资在什么样的区间范围？

（2）除了薪资待遇，还有什么福利最吸引你？

（3）你对该岗位的晋升通道还有什么问题？

（4）如何看待本单位的劳动纪律？

（5）你还有什么疑问？

（四）情景设置类

这类问题通常是用人单位设置一个与求职者工作场景与内容相关的情境，让求职者处理或做出判断，以此来评估求职者在较为真实的工作情境下的问题解决能力、分析思考能力、沟通能力和决策能力，有助于用人单位更全面地评估求职者。这类问题还常以"无领导小组考核"的方式提出，就是将多位求职者分配到一个没有指定领导人的小组，观察他们在无领导状态下的协作、决策和执行能力。在此情况下，求职者可能需要共同制订目标、分配任务、协调资源，并最终达成共同的成果。这类考核方式可以评估求职者的领导能力、沟通能力、团队合作能力和解决问题的能力，为招聘决策提供更有价值的信息。

三、求职面试应答的技巧

（一）认真倾听问题

求职面试是以面试官与求职者之间的问答为主要形式展开的，求职者注意力集中、认真倾听面试官的问题并及时给予回应非常重要，只有这样才能确保提供恰当、切题、准确的答案，展现出个人的专业素养和对他人的尊重，避免陷入注意力不集中、不认真或其他主观上的干扰造成的答非所问的窘境。如果确实没有听清问题或出现理解偏差的情况，求职者可以请求面试官重述或者解释问题，也可以在回答问题之前用自己的话复述问题，以确保自己理解准确。此外，在面试官提问的过程中，切忌随意打断他人说话或抢着发言，这会给面试官留下无礼、急躁、轻浮的印象。

（二）用事实证明

求职面试中，求职者要尽可能避免对自己过度地夸大，谈论到个人的话题以展现个人能力时，与其用各类形容词去显示自己的专业性，不如用实际的事例去证明自己所言非虚。求职者通过对事实、做法、细节的具体描述，可以建构一条完整的证据链帮助打造自我形象，突出个性，也可以让自己提出的特征与优势更加有理有据，生动可信。

（三）审时度势，灵活应答

求职面试中，求职者要想在有限的时间里得体、有效、大方地展示自己，就需要对问题做到心中有数，有的放矢，如果希望面试官多多关注自己某方面的能力，可以在举例中重点提及这段经历，强调自身长处，展示自己的适应性和主动性，不要漫无目的地反复陈述、离题万里、拖延时间。求职者可以恰当地引导求职面试而不是主导求职面试，掌握节奏的权力要交给面试官，求职面试中如果出现自己此前没有准备过的问题或一些突发情况，不要惊慌，先快速分析对方的提问意图，再言简意赅地表达自己的思考过程，围绕问题的核心展现自己的见解和分析能力。

四、求职面试的语言要求和仪态举止要求

（一）语言要求

1. 逻辑严密，表述清晰

求职面试是一项目的性和专业性很强的活动，针对具体的场景，注重具体问题的解决，因此双方交流在语言上要做到主题明确、用语文雅、条理清楚。在求职面试中，求职者听到面试官提出问题后，应该迅速思考自己可以从哪些方面回答，并组织语言，向对方提供相应的信息，紧扣主题，不说空话、套话和不文明用语，避免做过多铺陈、表达歧义性内容或表述含混。简洁明了、重点突出的语言有助于求职者突出问题的核心内容，让面试官更直接地理解求职者的观点和想法，让求职面试更高效地进行。

2. 专业性与通俗性相结合

在求职面试中，求职者可根据具体的行业和工作岗位，适度展示相关的专业术语和表达方式，展现自己对行业的了解和个人的专业素养。但有时专业术语过度堆砌也难免造成他人的反感，且有卖弄之嫌，因为不同面试官可能有不同的学历背景和专业知识，为避免过度使用专业术语引发对方的困惑与排斥，求职者要考虑对方的接受能力，以专业性与通俗性相结合的语言展现专业素养。

3. 符合身份，不卑不亢

求职面试时，从容镇定、不慌不忙、不卑不亢地展示自我，会给用人单位留下更好的印象。不卑不亢意味着既不过分谦逊和自卑，也不过于自大和傲慢。适度的自信可以让面试官感受到求职者对自己能力的信心与积极向上的心态，求职者以谦逊的态度接受面试官的反馈也表现了其对面试官和其他求职者的尊重。在求职面试中，清晰明了地表达个人观点、展示自己，又能温文尔雅、不骄不躁，待人接物注重礼仪，对于给面试官留下积极的印象至关重要。

（二）仪态举止要求

在求职面试中，个人的专业、态度、素养都可以通过仪态举止展现。

1. 姿态

坐姿要端正、稳重，不要交叉双腿，一般坐在椅面的前 2/3 处，双脚放平，背部挺直。站立时要保持身体笔直，双脚并拢或稍微分开，双肩放松，双手可以自然放在身体两侧或者交叉放在小腹前，表现出自信和沉稳。

在求职面试中，避免过度的和无意识的动作，如抓头发、挠头、转笔、搓衣角、抖衣服、玩手指、抖臀等。尽管适当的动作可以辅助表达，但不要用过度的动作分散面试官的注意力；不要捂嘴作答，以免给面试官留下不好的印象。

2. 眼神

在求职面试中，要注意与面试官的眼神交流。眼神要坦诚、自然，保持适当的眼神接触，展现出对面试官和面试问题的重视，但不要一直盯着对方，以免让对方感到不适。如果有其他面试官在场，眼神需要在全场流转，照顾到每一个人。

3. 微笑

微笑是最美的语言，求职面试时要保持微笑，这能够消除紧张情绪和防备心理，展示出积极、乐观的态度，还会增进沟通，拉近求职者与面试官之间的距离。尽量避免皱眉及其他表现出紧张、焦虑、担心的表情，不做夸张的面部表情。

> **小贴士**
>
> 要想在求职面试中取得良好效果，需要注意以下几点。
>
> （1）语言要求：在求职面试中，要注意口齿清晰、表达流畅，避免使用口头禅和不必要的填充词语，保持自信和礼貌的口吻，展现良好的沟通能力。
>
> （2）仪态举止要求：在求职面试中，要注意仪表整洁、着装得体，姿势端正、眼神坦诚，展现出自信和专业的形象。
>
> （3）认真倾听问题：在求职面试中，要认真倾听面试官的问题，确保理解问题的要点，以便给出恰当的回答。
>
> （4）用事实证明：在回答问题时，尽量以具体的事实和案例来支撑自己的观点，让面试官更好地了解自己的实际经验和能力。
>
> （5）审时度势，灵活应答：求职面试中可能会遇到意想不到的问题，需要灵活应对，审时度势地给出恰当的回答，展现自己的应变能力和思维敏捷性。

第五节　场景表达

一、小组合作的场景表达

情景创设

很多大学教师会要求学生进行小组合作，小组合作可以促进学生学会有效地与他人合作、沟通和协调，培养团队精神和合作能力；同时也可以促进学生之间的交流与分享，不同学生的观点和经验可以互相补充，从而丰富学习内容，激发创新思维。小组合作需要学生们共同分析和解决问题，这有助于培养他们的问题解决能力和决策能力，为他们将来的职业发展做好准备。不同背景的学生在小组合作中会带来多元化的思维和观点，促进思想碰撞和创新，这能培养学生的开放性思维和包容性。

商科背景的教师为了培养学生的团队合作能力、解决问题的能力以及商业分析和规划能力，会让学生合作研究市场情况、竞争对手、消费者行为，制订市场营销策略和推广方案；分析真实或虚拟的商业案例，包括分析公司的经营策略、财务状况、市场定位，提出解决方案和建议；研究市场需求、商业模式、风险评估，让学生共同制订创业计划和商业模式；

合作研究宏观经济政策、产业政策，分析其对企业和市场的影响，并提出建议。

　　小强现在是电子商务专业的一名大二学生，老师上个星期布置了一份电子商务平台分析的小组作业，本周每个小组派代表展示成果。小强所在的小组包括他自己在内一共有5个人，A负责市场调研与消费者体验分析，B负责商家服务与运营模式分析，C负责技术支持与安全性评估，小强负责数据分析与竞争对手比较，D由大家推选出来上台进行汇报，因为他形象和台风都很好，思维敏捷，表达能力强。但问题是D并不想去做汇报，他被迫接受了这个分工，内心很抗拒，因为其他4人各自做好分析调研将数据汇总给他时，他还要花费大量时间消化，做PPT，如果汇报得不好也会影响小组的得分，他的压力很大。在临近汇报的前一天，他告诉同组成员，他要退出。此时A、B、C和小强4人准备劝说D。

学习设计要求

　　本情景的创设旨在帮助学生理解并掌握有效的沟通和协调技巧，以解决团队合作中可能出现的问题。通过此案例，学生将学会倾听和理解他人的需求与困难，同时也将学习如何有效地劝说、倾诉和协商，以达成团队共识并解决团队内部矛盾。此案例还能帮助学生理解团队合作中沟通与协调的重要性，以及团队成员之间相互支持和协助的价值。

　　培养学生的沟通技巧，使他们更好地应对团队合作中的挑战，包括解决团队成员之间分工不均、压力过大等问题。提高学生的团队协作意识，让他们更好地处理团队内部矛盾与问题，营造团队的良好合作氛围。通过这个练习，学生将有机会在实际情境中应用所学的沟通技巧，同时也能够更深入地理解团队合作中的挑战。

表达训练

　　角色：小强，学生A、B、C、D

　　线索：小强与D是很好的朋友，A、B、C 3人一开始就在私下商量推选D做汇报，在分工时抱团投票取胜，所以A、B、C 3人是一个小团体，小强也想帮助D，但是他内心认为D确实适合做汇报。

二、竞赛的场景表达

情景创设

　　中国大学生竞赛呈现出蓬勃发展的态势，越来越多的大学生积极参与各类竞赛，展示自己的专业技能和创新能力。这些竞赛涵盖了多个领域，包括电子、机械、计算机、航空航天等。许多大学和企业都举办自己的竞赛活动，为大学生提供了锻炼和展示的平台。

　　在竞赛中，大学生运用设计、制造、编程等技能解决实际问题，通过团队合作和个人努力，不断挑战自我、追求卓越，展现出创新思维和实践能力。许多优秀的作品和项目在竞赛中涌现，引起了学界广泛的关注和认可。政府和学校也积极支持大学生竞赛的发展，为大学生提供资金、设备和导师指导等各项支持，为大学生提供更好的条件和资源。同时，竞赛成绩也成为评价大学生综合能力的重要指标之一，对大学生的就业和升学有着重要的影响。

然而，大学生也面临一些挑战。竞赛竞争激烈，大学生需要付出更多的时间和精力来准备和参与竞赛。同时，一些大学生可能面临资源不足、团队合作困难等问题。

E大学的竞赛氛围非常浓厚，学校里各科各级学生都在积极踊跃参与。A团队的竞赛项目需要使用学校里唯一的一台设备，在获取了使用许可后，A团队却发现该设备近期一直被B团队占用。现在A团队急需使用这台设备，但B团队拒绝让出使用权，A团队前往实验室找B团队交涉。

📚 学习设计要求

在本情景中，尊重、理解和合作是关键。在沟通过程中要保持冷静和尊重，尽量理解对方的立场和需求。表达自己的观点时，避免使用攻击性语言或指责对方。明确表达你的需求，确保对方清楚你的需求，并且明白你的需求是合理的。认真倾听对方，了解他们为什么一直占用设备，尝试理解对方的情况。一起探讨可行的解决方案，寻求双方都能接受的妥协方案。如果无法在沟通中达成一致，可以考虑寻求老师、主管或其他相关人员的协助，他们能够提供更客观的意见和解决方案。在沟通过程中要一直保持积极的态度，尽量避免争吵或情绪化的表达。

📙 表达训练

角色：A、B团队项目负责人及成员（各1名）

线索：A团队必须在3天内用设备拿到测试数据，B团队的研究其实已经接近尾声，两个团队的负责人私交不太好，但各自的成员是好朋友。

三、求职的场景表达

📚 情景创设

小陈是市场营销专业的一名应届毕业生，他在大学期间积极参与各种实践活动，拥有丰富的市场营销实习经验和优秀的团队合作能力。他对市场营销领域有着浓厚的兴趣，并希望在一家知名的跨国公司开始自己的职业生涯。

D公司是一家全球知名的跨国企业，在市场营销领域拥有雄厚的实力。D公司产品畅销全球，拥有广阔的市场前景和发展空间。D公司注重员工的专业能力和团队合作精神，为员工提供良好的职业发展平台和广阔的发展空间。

李经理是D公司的人力资源总监，具有丰富的招聘经验和敏锐的市场洞察力。他在面试中注重求职者的沟通能力、团队合作精神以及对市场营销行业的了解和热情。作为人力资源总监，他希望招募具有潜力和能力的年轻人才，为D公司的发展注入新的活力和创造力。

在面试中，小陈显得非常自信，他面带微笑，坐姿端正，展现出了积极主动的沟通态度。当被问及对D公司产品的了解时，他眉头微皱，语速自然地加快，充满激情地介绍自己对D公司产品的研究和理解，同时用手势强调自己对市场营销的热情和执着。

而李经理则保持着专业的面试风格，目光锐利，不时点头对小陈的回答表示认可，同时也不失机会地提出深入的问题，考查小陈的专业知识和应变能力。在面试的过程中，小陈不断观察着李经理的肢体语言，灵活地调整自己的表达方式，以更好地与面试官产生共鸣。

📙 学习设计要求

小陈需要在面试前充分准备，包括了解 D 公司背景、行业动态、市场营销知识等，并且针对常见的面试问题进行准备和训练。他需要了解 D 公司的产品和市场定位，同时也要展现出自己的学习能力和团队合作精神。小陈可以通过模拟面试来进行表达训练，这包括回答关于个人状况、职业规划、薪资待遇以及情景设置等方面的问题。他可以找到一些类似的面试问题，并且结合自己实际情况进行回答，同时也可以寻求他人的反馈和建议，不断提升自己的表达能力。在整个过程中，小王需要展现出自信，进行清晰的表达，同时也要注意倾听和理解面试官的问题，以便给出恰当的回答。

> #### 📙 表达训练
>
> 角色：小陈、其他求职者（3名），李经理、其他面试官（2名）
>
> 线索：在整个面试过程中，小陈展现出了优秀的沟通技巧和表达能力，他的自信和真诚打动了李经理，最终成功获得了Offer。

四、实习工作的场景表达

📙 情景创设

现在的青少年体育竞赛对于青少年的身心健康和全面发展有着积极的影响。参与体育竞赛可以帮助青少年养成良好的锻炼习惯，增强体质和耐力，促进身体健康。与队友合作，互相支持，可以培养青少年的团队合作意识，并使他们学会在团队中扮演不同的角色。青少年的竞争意识和挑战精神也得到了激发，参与体育竞赛让青少年学会面对挑战、克服困难，并在压力下保持冷静和专注。通过参与体育竞赛，青少年可以树立强大的自信心和自尊心，他们在比赛中取得的成绩和进步将增强他们对自己的认同感。

国家现在很重视青少年体育竞赛，教练需要认识到每个青少年的身体条件、能力和兴趣爱好都不同，需要根据个体差异制订个性化的训练计划和目标；确保合理的训练量和强度，避免过度训练导致身体和心理的疲劳；鼓励青少年与队友合作，互相支持，通过团队活动和合作训练，培养他们的团队合作精神和领导能力；鼓励青少年保持积极的心态，使他们面对挑战和失败时有坚韧的意志和乐观的态度；帮助他们树立正确的竞争观念，将比赛当作学习和成长的机会；同时注重他们的品德教育和全面发展，通过体育竞赛，培养他们的自信心、自尊心和责任感。

在一场全国青少年篮球比赛中，教练发现一名队员自主意识太强，不按照战术比赛，导致队伍接连失分，士气低迷。教练决定将这名队员换下，但该队员不服气，与教练产生了争执，教练需要与其进行有效的沟通，让该队员意识到错误并改正。

学习设计要求

在与这名队员进行对话时，保持冷静和理性非常重要，要避免情绪化的回应，以免加剧矛盾。给予他充分的时间表达他的观点和感受，认真倾听他的意见，并尊重他的观点，让他感到被理解和重视。向这名队员解释战术在篮球比赛中的重要性，强调团队合作和战术执行对于取得胜利的重要性，以及每名队员在战术中的角色和责任。通过具体的例子说明他的个人行为对整个团队的影响，引导他反思自己的行为是否符合团队的利益和整体战术。同时让他感到教练对他的成长和发展非常关心。

最重要的是与这名队员进行开放、诚实和尊重的沟通，建立良好的信任关系，通过积极的沟通和指导，帮助他意识到自己的错误，并激励他积极改进和成长。

表达训练

角色：教练（1名）、队员（1名）、队员家长（1名）

线索：该队员的家长比较纵容他，所以他一直很自我，没有团队意识，但该队员确实很有天赋。

综合练习

一、单项选择题

1. 以下哪个行为最符合释义的定义和目的？（　　　）

　　A. 小明在听到老师的讲解后，立刻提出了一个解决问题的具体方案。

　　B. 小红在倾听朋友倾诉时，尝试用自己的话复述朋友的经历，并以试探性的方式询问对方自己的理解是否正确，同时保持非评判性的态度。

　　C. 小华在与同事讨论项目时，直接指出同事方案中的错误，并提出自己的改进建议。

　　D. 小李在参加会议时，对领导的发言只是简单地重复，并没有加入自己的理解和反馈请求。

2. 以下哪个选项最准确地描述了巴恩隆德关于沟通复杂性的观点？（　　　）

　　A. 沟通的目的是增加我们对当前发生的事情的不确定性。

　　B. 在两人沟通中，实际上只涉及到两个人和他们的直接理解。

　　C. 人类沟通时依赖的符号系统总是能够准确无误地传达信息。

　　D. 人际沟通涉及多个层面的自我认知和对他人的认知。

二、判断题

1. 你在餐厅向服务员要一杯水，这是一种人际对话沟通。（　　　）

2. 真正以他人为中心的人与马屁精的核心区别在于，前者虚伪地赞美他人以满足自己的需求，而后者则真实地关注他人的想法、感受和需求，并诚实地回应这些需求。（　　　）

三、问答题

1. 请说明发展和维持人际关系的一般规则。

2. 请阐述沟通的规则。

3. 请举例说明维持对话的技巧。

4. 学生 A 经常对母亲的唠叨不耐烦，有时候会出现对母亲大吼大叫、挂断电话、摔门而去等行为，请用认知行为疗法帮助他，以取得良好的沟通效果。

5. 一个同学说："我看到 ××× 用的手机是华为，她为什么还要申请助学金？而且她都没有去外面兼职，可能并不是缺钱吧。"请用批判性思维分析以上信息。

6. 在日常生活与人际交往中，道德行为是衡量一个人品格与素质的重要标准。请结合本章 5 个关于道德行为的评估问题，论述如何在日常生活中践行道德沟通，并分析这些行为对个人成长及社会风气的影响。

参考文献

[1] 陈桦，史宝辉. 语音学与音系学新发展研究 [M]. 北京：清华大学出版社，2021.

[2] 杜金榜，桂诗春. 电脑化阅读诊断测试的实验研究 [J]. 外语教学与研究，2000，32（5）：350.

[3] 李东穗. 四川乐山方音系统研究 [D]. 南昌：江西师范大学，2017.

[4] 叶蜚声，徐通锵. 语言学纲要 [M]. 北京：北京大学出版社，2010.

[5] 加洛. 乔布斯的魔力演讲 [M]. 徐臻真，译. 北京：中信出版集团，2010.

[6] 斗南. 世界上最伟大的演讲词 [M]. 北京：中国华侨出版社，2015.

[7] 钟德玲. 应用文写作项目化实训教程 [M]. 北京：中国轻工业出版社，2018.

[8] 夏晓鸣. 应用文写作 [M]. 上海：复旦大学出版社，2012.

[9] 戴承元，李景林. 写作实训教程 [M]. 成都：西南交通大学出版社，2016.

[10] 岳海翔，舒雪冬. 公文写作范例大全：格式、要点、规范与技巧 [M]. 北京：清华大学出版社，2018.

[11] 夏京春. 应用文阅读与写作 [M]. 北京：现代教育出版社，2018.

[12] 安德森. 演讲的力量：如何让公众表达变成影响力 [M]. 蒋贤萍，译. 北京: 中信出版集团，2016.

[13] 岑泽丽，吴冰洁. 演讲与口才 [M]. 郑州：郑州大学出版社，2018.

[14] 卢森堡. 非暴力沟通 [M]. 刘轶，译. 北京：华夏出版社，2021.